김일성과 문선명

- 적과 동지, 극과 극의 접점과 분기점 -

김동규 지음

교육과학사

| CONTENTS |

| 머리말 |

이러한 내용의 책을 마음속으로 막연하게 구상하기 시작한 것은 약 20년 전부터였다. 그것은 나의 정신세계가 김일성과 문선명에 관련된 것으로 채워져 살아 왔기 때문이다.

다시 말해 김일성에 관해서는 1974년 일본 와세다早稲田대학에서 박사학위 논문주제로부터 시작하여 25년간에 걸친 대학에서의 북한학 강의를 거듭하는 과정에서 나름대로 김일성과 북한정권의 본질에 관하여 지식과 정보를 쌓아 왔으며, 문선명은 1964년 고려대학 재학시절에 우연히 같은 하숙집의 학생이었던 손대오(문과대 국문과)가 이끄는 '원리연구회'라는 동아리를 계기로 통일교라는 신흥 종교단체의 이름을 처음으로 접하기는 했지만 그 뒤 10여 년간에 걸친 유학생활로 서로가 잊고 지냈으나 1978년 귀국과 함께 다시 인연을 맺으면서 통일교의 이론과 사상을 학문적으로 이해하기 시작했던 것이다.

이러한 가운데 수십 년간의 교수생활을 통하여 전공인 북한의 김일성과 그의 정치사상을 가르치고 한편으로는 문선명의 사상과 세계관을 접하면서 두 사람간의 극단적인 가치관과 국가관 그리고 세계관에서 전혀 다른 이질성이 있는가 하면 동시에 매우 많은 동질성도 공유하고 있음을 발견하고 하나의 글로 남기고 싶었던 것이다.

비록 한 사람은 세기의 독재정치의 지도자였고 한 사람은 세기의 신흥종교 지도자라는 전혀 다른 차원의 삶을 살았지만 두 사람이 가진 이론과 사상이 상반되는 절대가치에 기초하고 있어 피할 수 없는 상호 충돌로 나타나면서 서로 간에 상극적인 분기점을 만들고 있으나 한편으로는 절대가치와 절대가치가 서로 부딪히기 전까지의 모습은 적어도 형식과 구조적으로 볼 때는 유사한 동질적인 접점을 발견하게 되었던 것이다.

이것은 사실상 적과 동지라는 극과 극이라는 분기점이면서 동시에 하나가 다른 하나를 포용하고 수용할 때에는 변증법적인 지양止揚을 거치면서 극과 극의 극적인 접점으로 돌변하는 양면성을 보여주고 있다. 극과 극의 대치對峙는 곧 극과 극의 공존共存과도 같다는 논리이다.

우리는 자연현상과 인류문명사에서 극과 극, 적과 적은 서로간의 긴장과 대립이 어떤 임계점臨界点에 다다르면 순간적으로 통합과 합일로 돌변하면서 적과 적은 동지로 극과 극은 합일로 돌변하는 현상을 흔히 보게 된다. 이러한 원리는, 물이 액체에서 고체로, 고체에서 기체로 변하지만 다시 기체는 액체로 변하는 순환성이나, 독사의 독으로 독을 없애는 해독제를 만드는 것이나, 사회심리학적으로는 독일의 정신분석학자 프로이트S. Frued가 인간의 잠재적인 본능설에서 사랑과 증오, 삶과 죽음, 평화와 전쟁과 같은 상반욕구를 동일욕구로 설명하고 있는 데서도 알 수 있다. 그래서 인류사에서는 영원한 적과 영원한 동지는 없다는 말이 있는 것이다.

그런데 바로 우리 시대의 문선명과 김일성 간에서도 이러한 관계를 찾아볼 수 있다. 바로 김일성과 문선명은 악과 선으로, 증오와 사랑으로, 전쟁과 평화로 보낸 삶의 족적에서는 분명한 분기점을 형성하고 있으나 문선명에 의하여 악을 선으로, 미움을 사랑으로, 폭력을 화평으로 접점을 추구하다 떠나간 자리에는 상호접점의 공간을 보여주었던 것이다.

모든 자연현상에는 명과 암, 빛과 그림자가 상대적으로 공존하게 마련이다. 따라서 인류사회에서도 절대선이나 절대악 그 어느 쪽도 절대적인 가치로 자존自存할 수 없다. 다만 그 질質과 양量에서 비교우위론적인 기준에 의한 선과 악 그리고 맞음과 틀림이라는 가치판단적인 차이만이 있을 뿐이다. 이러한 관점은, 사회학자 베버M. Weber의 '판단중지'epoche라든가 세기의 물리학자 아인슈타인A. Einstein의 '상대성 이론'에서도 설명이 가능할 것이다.

이 지구상에 수십억의 인류가 존재하지만 서로 얼굴이 다르고 지문指紋이 다르듯이 사고방법과 가치관이 다르게 마련이다. 따라서 공공선公共善이나 사회정의와 같은 개념을 최소공배수로 정리하기란 매우 어려운 일인지도 모른다.

그러나 이러한 가운데서도 보편진리 즉 자유와 평화, 인권과 평등과 같은 가치는 부자유와 전쟁, 반인권과 불평등과는 다른 절대선의 영역으로서 인류가 부단히 추구해 온 가치임에는 틀림없을 것이다.

김일성과 문선명, 두 사람은 변태적 공산주의자와 철저한 반공, 평화주의자로서 극과 극의 위치에서 우리나라의 현대사에 커다란 족적을 남기고 떠났다. 비록 한 사람은 악명 높은 정치지도자로서 한 사람은 신흥종교의 교주로서 세계인들에게 널리 알려지고 평가되고 있는 인물이지만, 1980년대까지의 첨예한 이데올로기의 대립과 동서냉전의 대치의 극점에서 세계사의 시대정신을 대표했다고도 평가할 수 있다.

18세기 영국에서 세계동포주의라는 이념으로 결성되어 각국의 주요 지도자들이 가담되어 있는 〈프리메이슨〉Free-Mason이라는 국제비밀

결사조직에서는 한국의 최고인물로 문선명과 김일성을 지적하고 있으며 외국의 일부 학교의 종교 교과서에서는 한국의 대표적인 종교지도자로서 주체교主體教의 교주로 김일성과, 통일교統一教의 교주로 문선명을 대비시켜 설명하고 있기도 하다.

문선명과 김일성, 인류 보편적 가치기준에서는 분명히 물과 불의 관계요 물과 기름의 관계이지만 불이 물을 끓이고 물이 불을 소멸시키듯이 공존불가의 적대적 관계이면서도 물과 불이 상보적으로 음식을 만드는 것처럼 공존하는 동지로 변하는 모습도 보여주었던 것이다. 그러나 그들의 삶에는 분명히 접점보다는 분기점이 많았던 것이다.

따라서 이 글은 우리 독자들과 동시대에서 살다 간 두 인물의 행적을 조명하여 대비시킴으로써 민족분단의 근원을 또 다른 시각에서 선명하게 이해할 수 있을 것이며 동시에 새로운 판단기준으로 내일의 올바른 역사관을 갖게 하는 데 많은 도움이 되리라고 본다.

이 책이 나오기까지 전체적인 내용을 감수해주신 (사) 한국평화연구학회 손대오 회장의 정성과 문법적인 오류를 일일이 바로잡아 준 작가 임종욱 선생 그리고 교육과학사의 김동규 사장의 배려가 많았다. 은혜를 잊지 않겠다.

* 김일성과 문선명에 대한 호칭은 다양하지만 일반적으로는 김일성 주석과 문선명 선생님으로 대표된다. 그러나 본문에서는 이러한 경칭을 모두 생략했다.

왜 김일성과 문선명인가?

우리나라 현대사에 있어서 김일성과 문선명은 알게 모르게 수많은 족적을 남기고 떠난 사람이다. 그 유산이 우리 민족의 역사발전에 긍정적이었는가 부정적이었는가는 먼 훗날 역사가들이 최종적으로 평가할 일이지만, 여하튼 어떠한 정치가나 사상가 그리고 종교가들 못지않게 커다란 파장을 일으키면서 때로는 태풍으로 나타나기도 했던 것이다.

다시 말하지만 한 사람은 정치지도자로서 한 사람은 종교지도자로서의 생애를 마감하였으므로 두 사람을 동일 선상에 놓고 비교평가하는 것은 적합하지 않을 수도 있겠으나, 그들의 성장배경이나 토양 그리고 족적에서 극과 극의 이질적인 면모를 보여주고 있음과 동시에 동질적인 접점을 발견하게 된다. 그리고 한 사람은 군사독재 장기집권자로서 다른 한 사람은 신흥종교 교주라는 이유로 세간의 비난과 비판을 누구보다 많이 받았다는 점도 하나의 접점이라고 본다.

선과 악, 적과 동지라는 극과 극의 대치관계 과정임에도 극적인 합일과 융합, 이러한 아이러닉한 모순공존은 세계사에서 많은 사례를 찾아 볼 수 있다. 마르크스K. Marx는 이것을 그의 유물변증법에서 정正과 반反의 지양止揚을 통한 합合이라고 했고, 문선명의 통일사상에서는 이것을 선악분립善惡分立에서 선이 악을 굴복시켜 합일合一로 바꾸는 원리 즉, 정正과 분分의 지양止揚을 거친 합合이라고 했다.

필자는, 고려대학교에 북한학과를 창설(1987년)하고 평생을 북한연구와 교육으로 보내면서 북한정권의 본질과 김일성의 주체사상에 대한 지식을 쌓았고 동시에 통일교 조직의 하나인 〈세계평화교수협의회〉라는 학자들 중심의 연구단체에 가입하여 오랫동안 활동하면서 나름대로 문선명의 통일사상과 원리를 이해하는 과정에서 두 사람의 생애와 사상에 수많은 상호간의 접점과 분기점이 내포되어 있음을 발견하였던 것이다.

나는 평생을 두 사람의 그늘 아래서 그들의 사상과 이념 그리고 국가관을 뒤적이면서 살아 왔기에 세상으로부터 갖은 오해와 수모 그리고 고통을 당하기도 했지만, 이것은 분단조국에 태어난 피할 수 없는 자신의 숙명과 함께, 사랑과 포용을 늘 외치면서도 종교자체가 태생적으로 지니고 있는 절대성과 배타성이라는 모순 때문에 어쩔 수 없이 나타나는 결과의 일면이라고 이해하고 있다.

그리고 두 사람을 비교평가하는 과정에서 그 판단기준을 명과 암, 선과 악이라는 이분법적인 가치관으로 접근할 수밖에 없었다는 점과 또한 현실적으로 남한의 가치기준에서 북한의 실체를 평가하는 이른바 외재적外在的인 접근법이었고 또한 통일교의 교리와 문선명의 세계관에서 개신교의 교리와 김일성의 정치이데올로기를 비교평가하였다. 이러한 과정에서 다소 객관적인 신뢰도와 타당성에 많은 논란이 야기될 수 있다는 점을 전제해야 할 것이다.

대부분의 사람들은 어떤 현상에 대하여 세간의 악평이나 호평에 대하여 일부분을 전부로 확대해석하거나 반대로 전부를 일부분으로 축소, 해석하는 것으로 왜곡시켜 판단하는 오류를 범하게 된다. 이것은 매우 잘못된 사고방식인 것이다. 모든 사물과 현상에는 반드시 선과 악, 진실과 허위, 옳음과 그름, 좋음과 나쁨과 같은 명암을 동시에 내포하고 있다. 다만 선이 우세한가 악이 우세한가, 옳음이 많은가 그름이 더 많은가의 문제일 뿐이다. 다시 말해 이 세상에는 절대적인 전선全善과 절대적인 전악全惡이란 존재할 수 없다는 말이다. 있다면 상대적인 선과 상대적인 악만이 있을 뿐이다.

이러한 관점에서 김일성과 문선명이 한국 현대사에 드리운 명과 암에서 그들의 공통점은 무엇이고 다른 점은 무엇인가를 비교하고 평가하여 독자들에게 새로운 지식과 정보를 제공함으로써 사고의 지평을 넓히게 하는 것도 매우 뜻있는 것으로 보아 이 글을 쓰게 되었다.

이 책의 성격은 김일성과 문선명의 평전과 같은 것이지만 두 사람의 이론과 사상, 행적에 관한 자료가 워낙 방대하고 다양하여 누락이나 미비한 부분도 많을 것이다. 따라서 수집된 한정된 자료에 근거하는 데서 오는 신뢰성과 타당성 문제, 그리고 주관적인 해석의 우려도 있을 것으로 본다. 앞으로 독자들의 지적과 비평으로 수정보완을 계속해야만 할 것이다.

실제로 이 책을 구상하면서 관련 자료를 모으기 시작한 것은 몇 년 전부터였다. 그러나 당시 김일성은 고인이었고 문선명은 생존해 있었기에 두 사람의 비교평가는 불가능한 조건이었다. 그러나 지금은 두 사람이 이미 고인이 되었다. 사람이란 죽어서 관 뚜껑에 못을 박기 전에는 절대로 평가해서는 안 된다는 말이 있다. 수시로 변하는 것이 인간의 본질이기 때문이기도 하다.

어떤 인물을 정확하게 평가하려면 적어도 사후 수십 년이 지나서 역사학자들에 의하여 수행되어야만 한다. 실제로 선각자나 위인들은 언제나 당대에 대중으로부터 소외와 온갖 핍박을 받게 마련이지만 그들의 사후에야 점차 그들의 선견지명이나 위대함이 현실로 나타나기 때문이다. 인류사에서 수많은 위인들과 훌륭한 지도자들이 바로 그랬던 것이다.

그리고 이 책의 마지막 부분에 다소 장황하게 이어져 있는 〈부록〉은, 어떻게 보면 본론과는 관계없는 나의 사사로운 이력서 같아 다소 망설여졌으나, 북한문제로 누구보다 앞서서 학위논문(적어도 교육학 분야에서)을 시도하는 과정에서 야기된 행위로 인해 보안사에 잡혀가서 보안법 위반자로 사경에 이르기까지 내몰린 고문을 당했다는 점과 동시에 통일교 관련 교수단체의 회원이 되어 승공이론을 설파했다는 이유로 운동권 학생단체와 개신교의 '대학생선교회'라는 동아리 회원 학생들로부터의 부당한 공격과 수모를 받은 내용이 바로 김일성과 문선명에게도 직결되는 것이기 때문에 참고 자료로 기록한 것이다.

선과 악, 사랑과 미움은 한 뿌리

인류사의 중심에 섰던 수많은 위인들과 영웅들, 그리고 지도자들에 대한 후세의 역사가들이 어떻게 평가하고 기록하는가는 시간과 공간적인 기준에 따라 다양하게 나타나지만, 일반적으로는 인류의 보편적 가치인 자유와 평등, 평화 그리고 인권 및 사회정의의 실현에 얼마나 기여했는가를 중심개념으로 삼고 있다. 그러나 이러한 보편적인 가치관과는 달리 철저한 억압과 폭정, 그리고 전쟁으로 수많은 사람들을 살상한 독재자들도 인류사의 어두운 일면으로 동시에 기록하고 있다. 그래서 밝은 면이 인류의 평화사平和史라면 어두운 면은 전쟁사戰爭史인 것이다.

이처럼 인류사가 선과 악의 역사로 이루어져 있음은 인간의 내면적인 본성에서 비롯되고 있으므로 어쩔 수 없는 본능의 결과인지도 모르겠다. 이것을 독일의 저명한 정신분석학자 프로이트S. Freud는 그의 심층 심리학에서 잘 설명하고 있다.

그는 인간의 무의식세계는 선善을 지향하려는 본능과 동시에 악惡을 지향하는 원초적 본능이 공존하면서 상호간에 길항적拮抗的으로 작용하고 있다고 보면서 그것을 삶(생식)의 욕구Eros와 죽음(자살과 타살)의 욕구Thanatos로 설명하였다. 타나토스의 내향적 현상이 자살이고 외향적 현상이 살인인 것이다.

여기서 에로스는 사랑과 창조욕구, 평화추구로 발현되지만 타나토스는 증오와 파괴, 폭력과 전쟁욕구로 발전된다는 것이다. 이러한 그의 이론은 인류사가 전쟁과 평화가 반복적으로 점철하고 있다는 데서 그 근거를 충분히 설명할 수 있다고 본다. 그러나 실제로 전쟁보다는 평화의 역사가 우세한 까닭은 인간은 이성의 힘으로 감성적 본능욕구를 가능한 억제하고는 있지만 그 대신에 폭력과 파괴의 욕구를 거친 스포츠(권투나 레슬링, 투우, 투견 등)를 통하여 발산하는 대리만족으로 보상해 왔기 때문이다.

이러한 그의 정신분석 이론에서 암시하는 상반성과 대칭적인 논리는 비단 개개인의 본능적인 심리기제에서 뿐만이 아니고 자연의 섭리와 사회현상에서도 그대로 작용하고 있다는 점이다. 즉, 음과 양, 명과 암, 강과 약, 삶과 죽음, 선과 악, 진실과 허위…… 등이 상반적으로 존재하기보다는 상보적으로 작용하고 있다는 것이다. 따라서 이러한 상반성의 본질은 그 뿌리가 둘이 아니고 하나의 동일체로서 다만 주어진 환경에 의하여 분별된다는 것이다. 개인이 처한 환경조건에 따라 잠재의식 속의 악의 본능이나 선의 본능이 우세하게 나타나면서 결국 악인과 선인으로 결정된다는 일종의 환경적 낙인설烙印說인 것이다.

이와 같이 프로이드가 설명하고 있는 인간의 본질문제에서 본다면 김일성의 인식세계는 그 바탕이 죽음의 본능을 충족시키는 증오와 파괴, 폭력과 복수와 적개심으로 발현되고 있는 데 대하여 문선명의 기본사상은 사랑과 희생, 평화로 이루어진 삶의 역동성을 그 원리로 하고 있어 양자 간의 분기점이 극명하게 나타나고 있다. 이러한 관점에서 두 사람간의 이질적이고 상반적인 의식구조가 어떻게 현실적으로 구체화되고 있는가이다.

그런데 분명히 둘 사이에는 극과 극의 분기점이 있는가 하면 동시에 동질성의 접점도 있다. 김일성은 세기의 전제군주독재자로서, 문선명은 당대의 세계적인 신흥종교 교주로서 절대적인 권위를 유지하였다는 점과 한쪽은 철저한 공산주의 이념의 가치관에 집착한 반면에 한쪽은 철저한 반공주의의 신념으로 살았다는 점에서는 동질성과 이질성 그리고 접점과 분기점을 동시에 보여주었다고 본다.

실제로 자연현상에서도 극과 극의 공존현상을 찾아 볼 수 있다. 북극의 빙하 가운데는 화산의 뜨거운 용암을 품고 있는 곳도 있으며, '승자와 패자만 있을 뿐 선과 악은 없다.'는 정글법칙만이 통하는 열대우림의 생태계에도 먹이사슬에 의한 전체균형이 이루어지면서 공존하는 현상을 보게 된다. 인간사회에서도 선과 악이 공존하지만 이성理性에 의한 규칙과 조례, 법과 같은 것으로 악을 제어하고 있을 뿐이다. 김일성이 불이라면 문선명은 물과 같다고 본다. 물은 불을 소멸시키지만 불은 물을 변화시키기도 한다. 그러나 김일성이 정글의 법칙으로 살았다면 문선명은 공존의 법칙으로 살았던 것이다.

이처럼 두 사람은 극과 극의 상극적 정점에 서 있으면서도 상호간의 접점과 분기점을 동시에 보여주고 있음은 매우 흥미로운 일이다. 마치 목숨을 끊는 극약이 때로는 생명을 회생시키는 명약이 되고 선과 악, 빛과 그림자가 공존하는 것이 자연의 조화로운 섭리이듯이 이들 두 사람의 사상과 행적은 극명한 대척점에 서 있었음에도 문선명의 사랑이 김일성의 증오를 극복함으로써 극적인 반전으로 공존의 가능성을 우리들에게 보여줌으로써 우리 민족의 미래사에 하나의 새로운 등불을 밝혀주었다고 하겠다.

여기서는 이와 같은 관점에서 김일성金日成과 문선명文鮮明이 우리들에게 남겨놓은 삶의 족적을 통하여 빛과 그림자를 가리는 동시에 그들의 사상과 가치관, 그리고 역사관과 국가관, 세계관에서 상호 접점(동질성)과 분기점(이질성)을 찾아 비교평가하여 보려는 것이다.

김일성의 증오사상과 폭력적인 사회주의 계급혁명론

원래 마르크스의 공산주의 사상은 적대계급에 대한 가차 없는 증오와 적개심을 갖도록 부추겨서 폭력혁명의 동기부여로 실천력을 배양하고 그 강도가 곧 충실도의 가늠자이며 오로지 혁명과업이라는 명분이 성취과정에서의 모든 잔인성이나 살인까지도 합리화하고 있다.

마르크스 자신이 가까이는 부모로부터 멀리는 조국에 이르기까지 가는 곳마다 배척과 소외를 당하면서 가난하게 살았기 때문에 그의 무의식 속에서는 정치적 지배자와 가진 자에 대한 증오심이 오랫동안 무의식 속에서 자라나고 있었다. 특히 영국에서 그의 아내 예니Jenny와 비좁은 다락방에 동거하면서 빵 한 개로 일주일을 버텼는가 하면, 그는 빵을 구하기 위하여 아내의 패물까지 들고 자주 전당포를 이용해서인지 고리대금업자들에 대한 증오심은 극심했다. 이러한 복수심과 증오심 그리고 적개심에 불타고 있던 와중에 등창까지 앓으면서 그의 유명한 〈자본론〉이 쓰여졌던 것이다.

그는 가진 자에 대한 저주를 "자본가의 넋은 자본이며 이것은 흡혈귀와 같아서 노동의 피를 빨아먹고 살아간다."라고 쓰고 있거나 "노동수단은 노동자를 타살한다." 등으로 표현하고 있다. 그는 평소 시를 읊기 좋아하였고 사회모순의 현실을 시로써 옮기기도 했다. 이것은 그의 〈도이취 공산주의〉라는 책에서 당시 독일의 유명한 유대 서사시인 하이네H.Heine의 시구를 '직조공의 노래'라는 제목으로 근사하게 바꾸어 다음과 같이 소개하고 있는 것에서도 잘 나타나고 있다.

> 우리의 고통과 굶주림은 너무 길다.
> 우리는 3개의 저주를 짜 나간다.
> 첫째는 신에의 저주다. 소경이고 귀머거리인 신에의 저주다.
> 둘째는 부자에의 저주다. 그 자는 우리를 개같이 사살한다.
> 셋째는 조국에의 저주다. 그것은 우리에게 한탄과 치욕만을 주었다.
> 우리는 짜 나간다.

한편, 그는 한때 독일에서 〈라인신문〉의 기자로 활동한 경험에서인지 다분히 저널리스트적인 요소로 글을 통한 대중선동과 문제제기에 능통했다. 또한 적대계급에 대한 감정도 시적인 문체로 대중들에게 쉽게 다가갔다. 그의 〈잔인한 노래들〉이라는 제목의 시, "우리는 무한한 사슬에 묶였고, 기진맥진했으며, 마음은 허하고, 겁에 질렸다./ 우리는 존재라는 이 대리석 토막에 영원토록 매어 있을 것이다."와 같은 것이 하나의 좋은 예이다.

마르크스의 계급혁명론이 목표달성을 위해서는 어떠한 폭력과 파괴행위라도 정당화시키는 것이기는 하지만, 김일성은 그러한 마르크스의 폭력혁명론과 함께 '주체사상'이라는 것을 덧붙여 그의 수령중심 독재정치론을 만들어 통치 이데올로기로 삼고 합리화하였던 것이다.

그런데 적어도 프로이트 인간본능설의 관점에서 본다면 김일성 독재체제가 타나토스와 직결되는 폭력적 욕구만족만을 추구할 수 없으므로 반드시 에로스의 욕구도 동시에 충족시켜 주어야만 되는데 김일성은 어떻게 하였을까?

다시 말해 인간이 증오와 파괴욕구가 충족되면 반드시 애정과 창조욕구를 보충해야 하기에 김일성은 유치원부터 대학까지의 학교교육을 통하여 절묘한 방법으로 문제의 어려움을 해소하였던 것이다. 구체적으로 어떻게 이용하여 왔는지를 몇 가지 사례를 들어 보겠다.

북한의 각급학교 교과서에서는 미국과 일본, 한국을 적(타나토스=증오와 복수심, 파괴와 폭력, 전쟁)으로 설정하고 온갖 저주와 증오의 표현으로 적개심을 고취하면서 동시에 한편으로 김일성과 김정일 그리고 김부자 일가(에로스=사랑과 충성, 화평)에 관해서는 최상의 찬사와 애정으로 표현하고 있는 것이다.

가령 "같은 하늘을 이고 살 수 없는 미제 승냥이 놈들을 우리 인민들이 달라붙어 각을 떠서 죽이자."라는 살벌한 표현이 소학교의 〈국어〉과 학습단원의 내용에 있는가 하면, 같은 단원에서 "민족의 태양이시며 만백성의 하느님이신 경애하는 어버이수령 김일성 원수님을 무한히 사랑합니다."와 같은 극찬으로 애정과 충성을 유발함으로써 적에 대한 복수심과 증오심을 고양시켜 타나토스를 만족시킴과 동시에 김일성과 김정일에 대한 충성과 효성을 나타내는 사랑과 애정으로 에로스의 본능을 만족시키는 양면효과를 취하고 있다. 따라서 승냥이 미제국주의라는 적개심의 강도는 곧 위대한 수령님이라는 애정의 강도와 정비례하게 되는 것이다. 에로스와 타나토스라는 상반욕구의 동시만족인 셈이다.

따라서 북한의 모든 교과목의 학습목표와 단원내용은 예외 없이 이러한 두 가지가 동시에 설정되어 있으며 학습내용 전개도 전반부는 미국이나 일본 그리고 남한에 대한 증오심을 고취하는 것으로 후반부는 김일성과 조선노동당, 사회주의조국에 대한 사랑과 애정을 부추기는 것으로 구성되어 있다. 이처럼 적들에 대한 극도의 증오와 복수심의 강도만큼 김일성에 대한 충성심으로 반전시키는 심리적인 효과를 '감성독재感性獨裁'라고 말하기도 한다.

교육심리학에서는 새로운 지식이나 가치관을 주입하고 의식화하는 데 있어서 학습효과의 최대치는 나이가 어릴 때일수록 가장 높다는 이론, 즉 '조기교육 효과의 원리'라는 것이 있다. 따라서 북한은 그동안 국방비 다음으로 교육예산에 집중투자해 왔으며 그 중에서도 고등교육보다 중등교육, 중등교육보다 초등교육 그리고 유치원과정의 교육을 매우 중시해 왔던 것이다. 이러한 교육제도와 함께 교육내용과 방법론에서도 사상중심 학습내용과 적과 동지, 복수심과 충성심과 같은 상반개념으로 투쟁정신과 애국심을 강조하는 이른바 '대비교양법'對比教養法이라고 부르는 교수법을 적용해 왔다. 대비교양 학습방법에 관한 한두 가지의 구체적인 사례를 들어보면 다음과 같다.

저주받을 반역의 무리

"경애하는 수령 김일성대원수님께서는 다음과 같이 교시하시였습니다.

〈…… 남조선괴뢰정권의 력대통치자들은 례외없이 미일제국주의자들이 길러 낸 그들의 앞잡이들이며 자기 상전에게 나라와 민족을 팔아 먹은 매국노들 입니다.〉

광복후 50여년에 이르는 오늘에 이르기까지 남조선에서는 끊임없이 〈정권〉이 바뀌었습니다. 그때마다 괴뢰정권의 〈대통령〉자리에는 각양각색의 반동통치배들이 틀어 앉았습니다.

그러나 그 역적의 무리들은 하나같이 미제국주의자들이 길러 낸 앞잡이들이었으며 자기 상전들에게 나라와 민족을 팔아 먹은 매국노들입니다.

광복후 제일 처음 〈대통령〉자리에 들어 앉았던 리승만역도는 일찍이 광복전부터 미국에서 상전이 던져주는 빵부스러기를 얻어 먹으면서 주구로 키워진 매국노였으며 리승만이 거꾸러진 다음 그 자리를 타고 앉은 장면놈도 역시 일제때 조선사람들을 일본사람으로 만든다는 일제의 악독한 정책의 앞장에 섰던 일제놈의 개였습니다.

그리고 박정희놈은 한때는 일제놈의 개가 될 것을 서약하고 일본군복을 입었던 친일주구였으며 그후에는 상전을 바꾸어 미제놈의 개로 복무한 미일제국주의자들의 2중주구였습니다.

…… 남조선에서 인민들의 반정부기세가 높아 가고 장면의 통치가 위태롭게 되자 미제는 저들의 심복인 박정희놈을 군사깡패로 길들였습니다. 박정희놈은 마침내 미제의 부추김밑에 1961년 〈5.16군사정변〉을 일으켜 장면을 밀어내고 〈대통령〉자리를 가로타고 앉았습니다.

미제는 이런 방법으로 전두환, 로태우, 김영삼 등 저들의 충실한 개들을 길러 냈습니다. …… 남조선의 력대 통치배들치고 인간백정이 아닌놈들이 없지만 전두환, 로태우, 김영삼 놈들같이 극악한 인간백정은 세상에 드뭅니다. 1980년 5월 전두환놈은 광주인민들의 봉기를 진압하기 위하여 땅끄로 깔아죽여 광주를 〈피의 목욕탕〉으로 만들었습니다.

김영삼역도는 인간 아닌 야만입니다.

김영삼놈의 정체는 위대한 수령 김일성대원수님께서 갑자기 서거하신 때에 여지없이 드러났습니다.

경애하는 수령 김일성대원수님의 서거는 우리 민족의 반만년의 력사에 일찍이 없었던 최대의 슬픔이고 가장 큰 손실이었습니다. 민족의 어버이의 서거는 온 민족, 온 인류를 비애의 바다에 잠기게 하였습니다. 세기의 위인을 잃은 손실에 접하여 진보적인민들은 물론 우리나라를 적대적으로 대하던 나라 수반들까지도 조전을 보내여 경애하는 대원수님의 서거를 추모하였습니다……. 력사는 이러한 반역의 무리들의 죄형에 대하여 준엄한 심판을 내리고야 말 것입니다.(고등중학교 2학년, 제11과, 공산주의 도덕)

수령님 만수무강 축원합니다.

하늘땅의 끝까지 따르렵니다. 해와 달이 다하도록 모시렵니다. 수령님의 그 은혜 길이길이 전하며 일편단심 충성을 다하렵니다. (소학교 4학년, 국어 제1과)

뜻 같은 말과 반대말

…… 존경하는 사람에 대하여는 같은 말이라도 높여 이르는 말을 써야 합니다. 즉 〈말〉은 〈말씀〉, 〈주다〉는 〈드리다〉, 〈있다〉는 〈계시다〉 등으로 써야 합니다. 그러나 원쑤놈들에 대해서는 〈머리〉는 〈대가리〉, 〈죽다〉는 〈뒈지다〉, 〈먹다〉는 〈처먹다〉 등의 속된 뜻같은 말을 써서 원쑤놈들의 더러운 몰골을 나타내야 합니다. (소학교 4학년, 국어 제21과)

한편 북한에서는 1950년대부터 지금까지도 주민들을 위한 사상교육과 청소년들의 학교교육과정에서 빠짐없이 줄기차게 비난해온 학습주제는 미국이었다.

미제승냥이

우리 나라가 광복되기전에 있은 일입니다.

어느 한 마을에 명섭이라는 소년이 어머니와 함께 살고 있었습니다. 그는 열한살의 어린 나이였습니다. 그러나 어머니의 일손을 돕기위해 매일 산에 가서 땔나무를 해 왔습니다.

이날도 명섭이는 제 키보다 더 큰 지게에 나무를 한짐 해지고 집으로 돌아오고 있었습니다. 명섭이가 허시몬이란 미제놈의 사과밭을 지날 때였습니다.

갑자기 우수수 가을바람이 불어 왔습니다. 그 바람에 새빨간 사과 한 알이 뚝 떨어져 울타리밖으로 굴러 나왔습니다.

〈야, 사과!〉

명섭이는 그곳으로 달려 가 사과를 집으려고 하였습니다.

이때 울타리곁을 지나던 허시몬놈이 이것을 보았습니다. 그놈은 말처럼 크고 사자처럼 사나운 사냥개를 풀어 놓았습니다. 사냥개는 사정없이 어린 명섭이를 물어 뜯었습니다.

명섭이는 작대기로 사냥개를 힘껏 내리쳤습니다. 사냥개는 주춤 물러 섰습니다.

그러자 이번에는 허시몬놈이 명섭이에게 달려 들었습니다. 그놈은 명섭이를 나무에 꽁꽁 묶어 놓고 청강수로 이마에 〈도적〉이라는 글자를 새겼습니다.

청강수방울이 이마에 닿을 때마다 뿌직뿌직 살이 타들어 갔습니다. 명섭이는 한참동안 몸부림치다가 그만 쓰러지고 말았습니다.

얼마뒤 이 소식을 듣고 명섭이의 어머니와 마을 사람들이 달려 왔습니다.

〈명섭아!〉

어머니는 명섭이를 부르며 목 놓아 울었습니다.

명섭이의 이마에서는 뻘건 피가 흘러 내렸고 얼굴은 퉁퉁 부어 있었습니다.

마을사람들은 분한 마음을 참을수 없었습니다.

〈미제승냥이놈을 때려 부시자!〉

마을사람들은 도끼와 몽둥이를 들고 허시몬놈의 집으로 달려 갔습니다. 그들은 제놈의 집에 숨어 있는 미제놈을 찾아 내어 그 자리에서 쳐죽이고 말았습니다. (소학교 2학년, 국어, 제26과)

* 이러한 사건이 실제로 비슷하게 있었다고 보는 주장도 있으나 매우 과장한 것임. (저자, 주)

그러면 김일성은 무엇 때문에 1950년대부터 본격적으로 이러한 학습내용과 방법으로 어린학생들에게 특히 미국에 대한 적개심을 배양시키려고 노력하고 있는가이다.

그것은 무엇보다 1950년 남침(6.25사변)으로 이른바 남조선해방을 눈앞에 두고서도 미군과 유엔군의 개입으로 목적이 좌절된 분노와 미 공군의 엄청난 폭격으로 초토화된 평양을 보고 느꼈던 적개심과 분노 그리고 몇 번의 남한정부 전복기회마저도 주한미군이 결정적인 걸림돌로 작용했기 때문이다. 이러한 가운데서 김일성은 독재정권유지를 위한 강화책으로 혁명전통론과 주체사상을 급조하여 전 인민과 학생들에게 사상학습과 학교교육을 통하여 미국과 남한정부에 대한 적개심을 고취시켜 사상적인 결속을 도모했던 것이다.

김일성의 주체사상 시리즈 가운데는 '수령론'首領論이라는 것이 있는데, 이것이야말로 '혁명전통론'革命傳統論과 함께 김일성 유일체제의 정당성과 신격화, 절대권력의 핵심이론인 것이다. 그런데 마르크스는 당과 수령과의 관계를 "인민대중이 있고서야 당이 있으며, 당이 있으면 수령이 있게 된다."고 규정하고 있으나 김일성은 마르크스의 당과 수령론을 정면으로 부정하면서 '수령이 있고서야 당이 있을 수 있고, 당이 있으면 인민이 있게 되므로 당과 인민은 수령을 최고의 가치로 알고 복무해야 한다.'는 말로 논리구조를 완전히 전도시키고 있다.

북한 중앙당의 이론가들은 이러한 수령론을, "수령은 복숭아의 씨앗과 같고 인민은 복숭아의 살과 같다. 복숭아의 살은 씨를 위하여 존재하듯이 인민은 수령을 위하여 존재한다."라는 비유를 하고 있을 정도이다. 또한 수령은 우리 몸의 두뇌이며 인민은 손과 팔다리와 같은 수족과 같은 것이라고도 했다. 한마디로 주체사상을 '사람중심 철학'이라고 요약 설명하고 있지만 여기서의 사람은 북한의 2천만 인민대중이 아니라 실제로는 김일성 한사람일 뿐이다.

오늘날 남한의 종북좌파들이 즐겨 사용하는 '사람사는 세상'

이라든지 '사람이 먼저다.'와 같은 표현이나 구호는 사실상 그 뿌리가 북한의 김일성 주체사상에서 비롯되고 있는 것이다. 여기서 '사람'이란 인민대중이 아니라 절대자 김일성을 의미하는데도 불구하고 종북좌파들이 즐겨 사용하고 있는 것은, 무지해서인지 아니면 알고서도 교묘하게 이용하고 있는지는 알 수 없으나 아마 후자에 가까울 것이다.

이러한 김일성의 계급투쟁적인 폭력사상에 대하여 문선명의 '통일사상'은 증오 대신에 사랑을, 복수 대신에 용서와 포용을, 폭력과 파괴 대신에 희생과 봉사정신을 기본으로 하는 평화사상을 내세우면서 하나님의 참사랑으로 남북통일을 성취하고 한민족과 더 나아가 인류의 평화세계를 구축하려는 철학과 접근법을 보여주고 있음은 극과 극의 위치에서 인류사를 바라보는 것으로 두 사람 간에 존재하는 커다란 분기점의 하나인 것이다.

김일성과 문선명의 어린 시절과 성장사

김일성의 출생과 백두산 줄기 혁명가족 혈통론

북한의 현대사에서는 김일성의 가계家系를 '백두산 줄기' 또는 '백두혈통'이라고 하면서 마치 신라의 진골眞骨이나 성골聖骨, 이조 5백년의 조선왕조처럼 절대불가침의 영역으로 기록하고 있다. 그런데 2013년 들어 김일성의 손자 김정은은 백두산 줄기라는 말을 '백두의 혈통'이라고도 했다. 그리고 김일성은 항일독립투쟁시 빨찌산 활동을 함께한 대원들도 백두산 줄기로 삼으면서 당과 군의 고위직에 배치하였고 특히 1950년 6.25전쟁 때는 최전선사령관으로 많이 임명했다. 무정, 최현, 김책, 이을설 등이 대표적인 인물이지만 현재는 거의 죽었고 92세인 이을설만이 유일한 생존자이다. 한편 1950년 6.25전쟁시 치열했던 낙동강 전선에서 싸웠던 지휘관들을 '낙동강 줄기'라고 하면서 사회적 특혜를 주기도 했다.

실제로 오늘날 북한에서는 김정은의 정통성과 통치 카리스마를 강조하기 위하여 '백두혈통'이라고 칭하면서 '1혈통 5줄기론'을 갑자기 강조하기 시작했다. 다섯 줄기란, 백두산 줄기(항일빨치산 혁명 1세대 출신)-압록강 줄기(김일성의 아버지 김형직 중심)-낙동강 줄기(6.25 전쟁 때 낙동강 최전선에서 싸운 노병들이나 전사한 군인 유가족)-후지산 줄기(북송 재일교포 인물이나 가족들)-한라산 줄기(탈북자들이 북한에 남은 부모형제들에게 송금하여 잘 사는 가족들)이다.

그러면 백두산 줄기의 중심인물인 김일성의 출생과 성장배경은 어떠한가.

김일성金日成은 1912년 4월 15일 평안남도 대동군 고평면 남리(지금의 만경대)에서 아버지 김형직金亨稷과 어머니 강반석康盤石의 장남으로 태어났다.

김일성의 증조부였던 김응우金膺禹를 북한의 〈조선력사〉에서는, 1817년 신미양요의 국난을 맞아 미국 상선 제너널-샤만 호가 대동강을 거슬러 오르자 평양시내 만경대에서 인민을 동원하여 밧줄로 강을 가로질러 묶어서 미국상선을 멈추게 하고 불을 질러 침몰시킨 주동적인 인물로 기록하고 있다.

할아버지 김보현金輔鉉과 할머니 이보익李寶益은 당시의 평양 근교였던 남리에 태어나서 농사를 지으면서 일제 식민지하에서 민족의 얼을 꿋꿋이 지키면서 농민으로 살았으며, 그는 손자(김일성)가 태어나자 장차 나라의 기둥이 되라고 손자의 이름을 성주成柱라고 지었다. 그리고 유년기의 김일성을 "천재적 예지를 지니신 위대한 장군님께서는 어린 시절부터 할아버님과 아버님께서 바라시는 대로 가정에는 효자동, 이웃에는 화목동, 나라에는 영웅동으로 자라시

었다."라고 묘사하고 있다. (전설적영웅 김일성장군님, 평양, 1976)

따라서 김일성의 본명은 성주로 지금의 김일성은, 당시 만주 일대에서 항일 빨치산 부대를 이끌고 일본 관동군을 가는 곳마다 괴롭히면서 백전백승의 전과를 올리다가 전사하여 당시 주민들에게 신화적인 독립군으로 알려진 김일성金一星의 이름을 도용한 것이라고 보는 가짜 김일성론을 주장하는 학자들의 연구논문과 저서들이 있다. 대표적인 것으로는 성균관대학의 정치학교수였던 이명영李命英의 〈4인의 김일성〉이라는 연구서이다.

〈조선력사〉에서는 김일성을 당대만이 아니고 선대에서부터 유일한 혁명전통의 혈통을 지닌 혁명후손으로 기술하고 있으며, 그의 외가의 가족까지 전부 혁명가문으로 연결시키고 있다. 가령 김일성의 조모인 이보익은 가난한 살림 가운데서도 아들(김형직)에게 항상 민족적 절개를 지키고 굳세게 싸워나가라고 가르쳤으며 일제의 탄압에도 당당하게 맞서 싸운 여성이라고 설명하고 있다.

그런데 김일성의 외할아버지 강돈욱康敦煜만은 착실한 기독교인으로서 일제에 항거하여 언제나 독립운동에 가담하면서도 1908년에 평양 칠골에 〈창덕학교〉昌德學校를 세워 신앙의 의지로서 민족정신 배양교육에 평생을 바쳤던 것이다. 오늘날 평양의 '칠골교회'가 그 뿌리일 것으로 본다. 기독교를 탄압한 김일성도 어린 시절에는 외할아버지가 설립한 기독교계의 학교에도 잠깐 다녔다는 것을 그의 자서전 〈세기를 넘어서〉에서 자백하고 있다.

또한 외조부인 강량욱康良煜은 1983년까지 생존해 있던 인물로 평양신학교를 졸업하고 정계로 진출하여 부주석직까지 지내다가 외국의 순회대사로 활동하였다. 또한 외삼촌인 강진석康晉石은 항일 독립단체인 '조선독립청년단'을 결성하여 김형직의 지도 아래 항일 독립투쟁을 하던 중에 일제경찰에 검거되었고 심한 고문과 13년간의 감옥생활에 따른 후유증으로 1942년에 병사했다고 기록하고 있다.

김일성의 아버지 김형직은 숭실중학교崇實中學校에 다니면서 민족의식을 배양하였고 후에 독립운동에도 가담하였다가 투옥되기도 했다. 1918년 일제의 감옥에서 탈출하여 압록강을 건너 만주 국경지방에 머물면서 한방업韓方業으로 재산을 모으자 만주 일대의 조선 독립운동가들에게 활동자금도 조달하였지만 그는 원래부터 공산주의자들을 싫어하여 공산주의적 독립투사들은 멀리하고 순수 민족주의계열의 독립투사들과 가까이 지냈다. 그런데도 훗날 그의 아들은 공산주의자가 되었다는 것은 매우 아이러닉한 것이다. 김형직은 가훈을 지원志遠이라고 정하여 아들이 장래에 조국을 위해 큰 뜻을 품으라고 했던 것이다.

김형직은 숭실중학교를 중퇴한 뒤에는 동네 서당과 순화학교淳和學校 등에서 아이들도 가르치면서 〈조선국민회〉라는 항일투쟁 비밀단체에 가입하여 활동하였는데, 1926년 32살의 젊은 나이로 갑자기 사망한 원인은 당시 그가 기피했던 공산주의자들로 조직된 독립운동가들에 의하여 테러를 당했다는 것으로 추측하고 있다. 실제로 당시 청년공산주의자들로 구성된 항일투쟁 조직 가운데는 사상이 다르면 아버지라도 제거하는 살부회殺父會라는 이름의 테러 집단도 있었던 것이다.

김일성의 아버지에 관한 북한의 자료에 의하면, 그가 숭실중학교 시절부터 비밀 학우회를 조직하여 반일감정을 학생들에게 전파시켰고 동맹휴학을 선도했으며 1920년부터 1924년에 걸쳐 여러 일제 기관들을 습격하여 많은 전과를 올렸다고 기록하고 있다.

김일성은 이러한 그의 아버지를 기리기 위하여 1975년에 평양사범대학을 '김형직사범대학'으로, 그리고 1976년에는 량강도의 후창군 인민병원을 '김형직인민병원'으로, 1980년에는 군의대학軍醫大學을 '김형직군의대학'으로, 1988년에는 후창군을 '김형직군'으로 개명하였다.

김일성의 삼촌 김형권金亨權은 형님의 항일투쟁을 적극 돕는 활동을 하다가 1936년 1월에 서대문형무소에서 옥사했다. 그래서 김일성은 1990년 종전의 풍산군을 '김형권군'金亨權郡으로 개명하였고, 그곳의 고등학교도 '김형권고등중학교'로, 그리고 함경남도 신포시에 있는 5년제 사범학교를 '김형권사범대학'으로 개명하였다.

그리고 김일성의 어머니인 강반석은 당시 예수교장로회 교회의 장로였던 강돈욱康敦煜의 둘째 딸로 그녀의 아버지와 가까웠던 김형직과의 인연으로 그와 결혼을 했던 것이다. 따라서 그녀는 독실한 기독교의 집안에서 태어나 자라면서 정숙하고 강인한 성격적 면모를 지니고 있었다.

김일성은 그의 어머니에 대한 기념물 축조사업도 벌이면서 평양에 '강반석고등중학교'를 만들었고, 1958년에는 당간부 양성과 독립운동의 유자녀들과 한국전쟁 고아들을 입학조건으로 하는 유명한 '강반석혁명유자녀학원'을 세웠다. 훗날 '만경대혁명학원'의 전신인 것이다. 그리고 1984년부터는 "강반석녀사를 따라배우자!"라는 구호를 만들어 주민들의 사상교육 강화를 위한 모델로 삼기도 했다.

김일성의 정식 부인은 김정숙金正淑이다. 그녀는 김일성이 1930년대 만주에서 항일유격대로 야영생활을 할 때 여성대원으로서 부대원들의 취사를 맡고 있었다. 그녀는 "위대한 수령님을 목숨으로 지켜 싸우시는 항일의 녀성영웅 김정숙동지"로 묘사되고 있으며, 해방 이후부터 그녀가 죽은 1949년 9월까지 "민주건설의 불요불굴의 공산주의혁명투사"라고 표현하였다. 현재 김정숙의 이름으로 기념하고 있는 것들은 량강도의 '김정숙고등중학교'가 1981년에 세워졌고 1990년에는 종래의 회령교원대학이 '김정숙교원대학'으로 개명되었다. 그 외에도 '김정숙사범대학', '김정숙제1고등중학교', 평양의 '김정숙탁아소'와 함께 강원도 고성군 온정리에 있는 '김정숙휴양소'와 함경북도 경성군에 있는 '김정숙료양소' 등등의 이름의 시설물이 있으며, 량강도에는 '김정숙군'과 '김정숙읍'과 같은 행정명칭이 있기도 하다.

1918년에는 김일성의 아버지 김형직이 일제관헌들의 단속을 피해 만주로 떠나면서 우선 부모만 먼저 가고 자녀들(김일성과 두 동생)은 평양에 남겨두었다. 당시 6살이었던 김일성은 외할아버지(강돈욱 장로) 집에, 두 동생은 작은 아버지 김형권金亨權의 집으로 보냈다.

이처럼 김일성은 어린 시절의 한때를 기독교 장로인 외할아버지 밑에서 지냈고 또한 아버지의 반 공산주의적이고 어머니의 기독교적인 분위기의 집안에서 자랐음에도 불구하고 훗날 철저한 반

기독교적인 사상과 공산주의자로서의 삶을 살게 되었다는 것은 역사적인 아이러니라고 하겠다.

그리고 김일성에게는 김철주金哲柱와 김영주金英柱라는 두 남동생이 있었다.

김철주는 1930년대 김일성이 만주 일대에서 항일독립투쟁을 할 때 같이 활동하다가 1935년 6월, 그의 나이 19살로 전사하였다. 북한은 그를 혁명투사로 추모하면서 1975년 전후로 그에 관한 기록물이 대량으로 출판되었고, 1990년부터는 중앙인민위원회 정령에 따라 평양사범대학을 '김철주사범대학'으로 바꾸었다.

김영주도 형과 함께 항일운동에 가담하여 활동했으며 해방 이후 일찍이 소련에 가서 모스크바고급당학교를 졸업하고 귀국하여 1962년 당 조직지도부장을 비롯하여 정무원 부총리, 부주석직과 같은 당 핵심부에서 김일성을 보좌하면서 1970년 11월에 이른바 〈당의 유일사상 10대 원칙〉이라는 김일성의 유일독재 정권을 보장하는 토대 이론을 그가 처음으로 만들었다. 그러나 그는 조카(김정일)와의 권력세습을 위한 정치투쟁에서 밀려났지만 숙청만은 면했으나 권력 중심부로부터 멀어지면서 잠시 외국으로 나가 있다가 1999년에는 최고인민회의 상임위원회 명예부위원장이라는 유명무실한 직위를 부여받았으나 그 이후의 행적은 미궁으로 남아 있다. 김정일은 심지어 1996년도에 발행된 〈조선대백과사전〉의 인명에서도 삼촌의 이름을 빼 버리고 말았다.

이러한 백두산 줄기, 백두혈통의 흐름은 결국 모두가 김일성을 중심으로 꾸며졌고, 그것은 아들 김정일金正日과 그의 손자 김정은金正恩

으로 이어지는 3대 세습의 현대판 이씨조선 왕권세습국가로 나타나고 있다.

〈김일성 일가 가계도〉

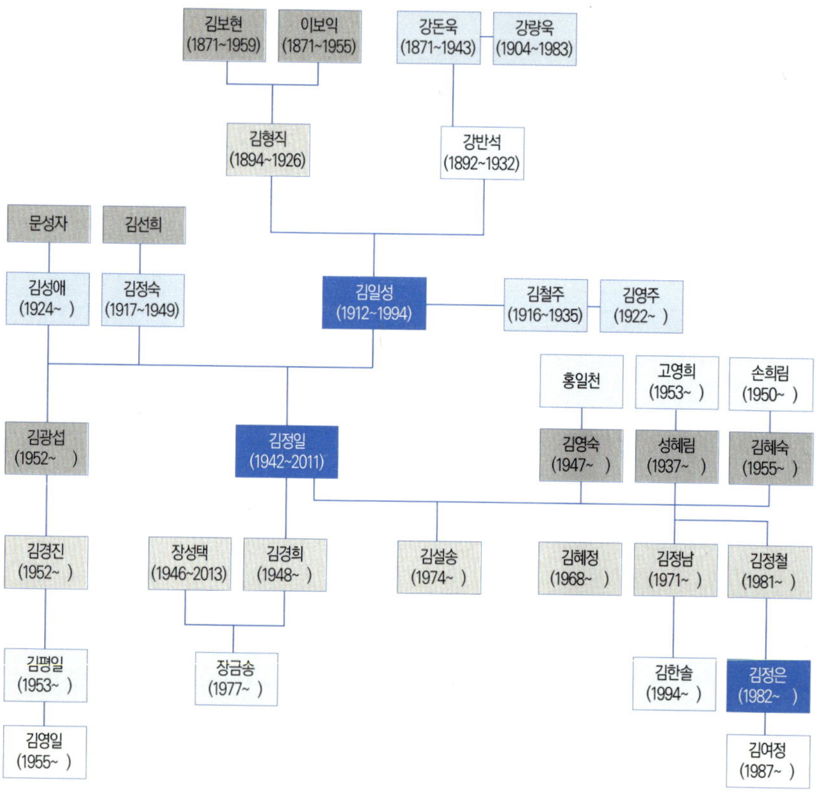

문선명의 어린 시절과 유년 시절의 비화

문선명文鮮明은 1920년 1월 6일(음력) 평북 정주군定州郡 덕언면德彦面 상사리上思里 2221번지 농촌마을의 외딴 농가에서, 아버지 문경유文慶裕와 어머니 김경계金慶繼의 둘째 아들로 태어났다. 원래 집안은 대대로 전통적인 유교 가정이었으나 문선명이 10살쯤이었을 때 전 가족이 기독교 신앙을 가지게 되었다. 그리고 문선명의 아명은 문용명文龍明이었지만 후에 선명鮮明으로 바꾸었다.

문선명은 어렸을 때부터 주위의 모든 사물에 대하여 지적 호기심과 탐구심이 많았다. 가령 남들이 어렵고 하기 힘들다고 하면 더 하고 싶어 하는 그런 성격이었다. 그리고 농사일에도 무엇이든지 곧잘 했으며 가난한 이웃들에게는 남다른 동정심이 많았고 불의에 대한 의분이 컸으며 또한 이상하게도 예견력이 뛰어나 문중과 마을 사람들은 그를 천부적인 영적 감각이 많은 아이로서 놀랍다는 평판이 자자했다고 한다.

문선명의 증조부인 문정흘文禎紇 때 상사리에 정착하였고 당시 상당한 부농으로 가난한 이웃에게 후한 인심을 베풀고 살았다고 한다. 조부였던 문치국文致國은 농군으로 일자무식이었으나 다른 사람들로부터 이야기로만 들었던 〈삼국지〉를 그대로 외어서 동네 사람들에게 재미있게 줄거리를 들려 줄만큼 총명했다는 것이다.

그리고 문선명의 막내 할아버지인 문윤국文潤國은 목사로서 1919년 3.1운동 당시에 평북 총책으로 오산학교 직원들과 학생들 그리고 교회신도와 주민들을 동원하여 만세시위를 일으켰다가 일경에 주동자로 체포되면서 2년간의 감옥살이를 했다. 옥살이를 끝내고 풀려난 문윤국 목사는 집안의 재산과 교회 신도의 광산을 저당 잡혀 마련한 거액을 가지고 몰래 상해 임시정부로 가서 김구에게 군자금을 대어주면서 독립운동으로 일생을 보냈다.

문선명의 아버지 문경유는 농부로서 활동적이었으며 작은 아버지의 영향으로 성경책도 읽고 예배당(교회)에도 다녔다. 그는 기억력이 뛰어나서인지 교회에 가서도 한번 들은 찬송가는 모두 외어서 다음에는 안 보고도 불렀으며 체격도 건장하여 힘이 장사 같았지만 실제로는 심사숙고형의 학자적인 타입이었다.

어머니 김경계는 13명의 자녀를 낳아 기르면서 농사일과 집안일을 도맡아 치러 내고도 장수했다. 특히 그녀는 둘째 아들인 문선명을 제일 좋아했다고 한다. 옛날에 보통 딸 많은 집의 아들들이 귀여움을 많이 받은 것은 유교적인 남존여비 사상의 영향에서였다.

문선명에게는 문용수文龍壽라는 형이 있었다. 그도 독실한 기독교 신앙으로 영성靈性이 깊어 마을의 대사大事를 예측하기도 했다. 그러나 문선명이 종교박해를 피해 월남하자 그의 식구들은 월남가족이라는 점과 기독교교인 가족이라는 구실로 당국으로부터 감시의 대상이었고 온갖 고초를 감내하다가 북한정권의 기독교인 말살정책에 의해 일찍이 희생되었을 것으로 보고 있다.

〈문선명의 가계도〉

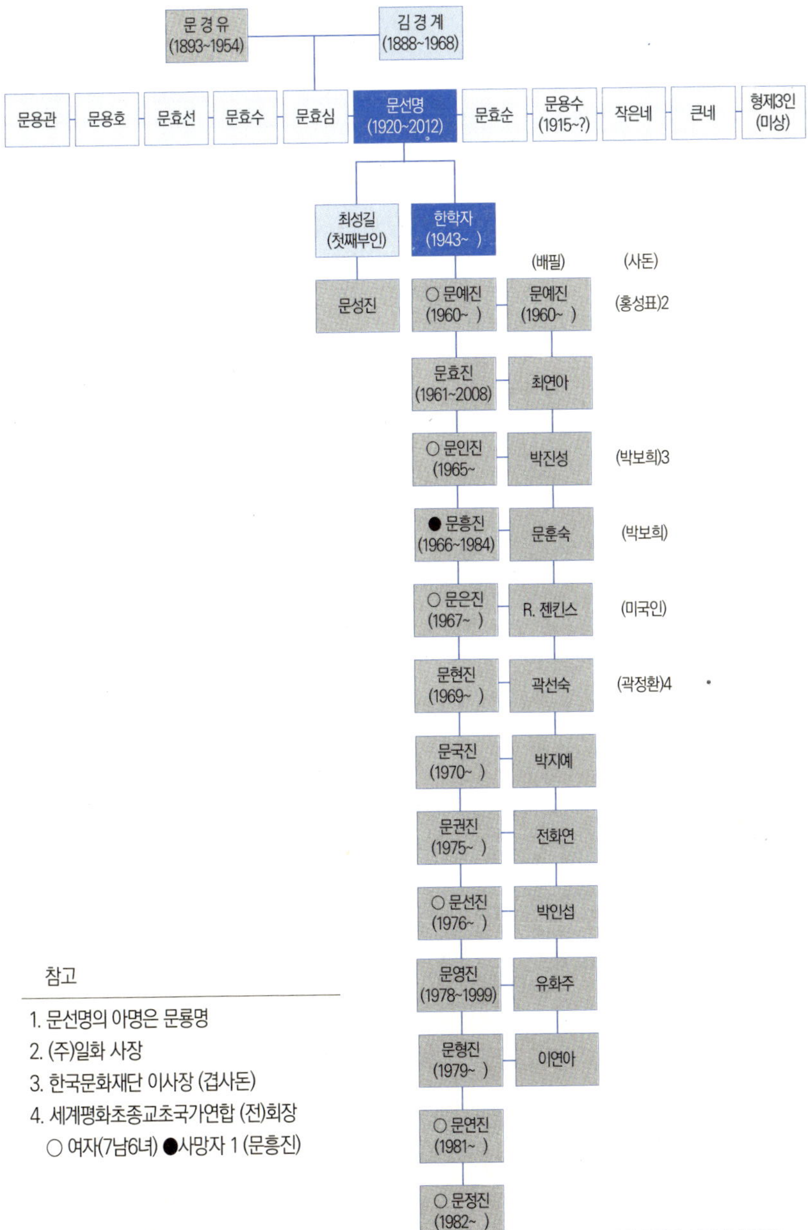

참고

1. 문선명의 아명은 문룡명
2. (주)일화 사장
3. 한국문화재단 이사장 (겹사돈)
4. 세계평화초종교초국가연합 (전)회장
   ○ 여자(7남6녀) ●사망자 1 (문흥진)

김일성의 어린 시절과 백두혈통 신화설

역사적으로 볼 때, 영웅호걸이나 위대한 지도자 또는 선각자들의 대부분은 출생에 관련된 비범한 일이나 기적과 같은 현상 등의 전설적인 이야기가 그려져 있다. 특히 종교적인 지도자와 세기의 독재자들에게서 이런 출생비사를 쉽게 발견하게 마련이다.

김일성의 경우, 출생에 관한 신화는 별로 없으나 그가 항일 빨치산 활동을 했던 1940년 전후시기를 중심으로 도저히 믿기 어려운 신화적 기록을 많이 남기고 있다. 그의 우상화 작업의 일환인 것이다.

김일성의 우상화 또는 신격화에 관한 것으로는, 우선 각급학교의 교과서 내용을 통해서 철저하게 적용시켜 왔다. 아직 글도 잘 쓰지도 못하는 유치원에 들어가자마자 〈경애하는 수령 김일성 원수님의 어린시절〉이라는 책으로 학기당 20시간씩이나 중심과목으로 가르치는가 하면 소학교(인민학교)에서는 같은 제목의 교과서로 4년간 매주 1시간이 배정되어 있다. 그리고 중등과정의 중등부에서는 〈위대한 수령 김일성대원수님혁명활동〉을, 고등부에서는 〈위대한 수령 김일성대원수님혁명력사〉라는 이름의 독립과목으로 323시간을 배정하여 집중적으로 교육시키고 있다.

각급학교의 학습단원 내용에서 묘사하고 있는 김일성의 어린 시절에 관한 글을 몇 가지 간추려 보면 다음과 같다.

김일성은 어렸을 때부터 똑똑하여 동네 또래들이 잘 모르는 셈세기를 가르쳐 주기도 하고 호기심이 많아 축음기도 분해결합했으며 다섯 살 때는 장차 "힘센 장수가 되여 왜놈들을 다 죽여 버리자."고 할아버지 앞에서 말하였고, 어머니의 밭일을 도와주는 효자로 묘사하고 있다.

또한 아버지가 선생으로 있었던 명신소학교明信小學校의 노래모임에서 마을 사람들을 모아놓고 일장연설을 했는가 하면 6살의 어린 나이임에도 일제 경찰을 미워하여 돌을 던지려고 하는 용맹성이 강했고 동네 아이들과 일제경찰을 때려잡는 병정놀이를 자주 했다는 것이다. 그리고 어린 나이에도 가난한 집 아이들이 맨발로 다니면 짚신을 나누어 주었으나 지주놈의 자식들은 혼을 내주기도 했다는 것이다.

한편 1925년 김일성의 나이가 14살 때, 북한이 지금도 기념하고 있는 소위 〈ㅌ·ㄷ 동맹〉(타도제국주의동맹)이라는 것을 만들었고, 그가 만주의 무송撫松 제1소학교에 다닐 때는, 어느 날 학교에서 봄소풍을 갔는데 김일성은 다른 아이들이 노는 시간에 혼자 떨어져 나무에다 주머니칼로 '일본제국주의타도, 조선독립'이라는 글을 새기자 그것을 본 교장 선생님도 놀라며 칭찬했다는 일화를 소개하면서 오늘날 그것을 그의 항일투쟁 역사의 기점으로 삼고 있다.

그 뒤 길림의 화성의숙華城義塾으로 학교를 옮긴 그는 항일투쟁 조직인 〈새날소년동맹〉을 만들어 활동하다가 다시 육문중학교毓文中學校에 들어가 〈공산주의청년동맹〉을 조직하여 반일운동을 하면서 동맹휴학을 주도하였고, 1929년 가을에는 여러 학생들과 함께 일경에 체포되어 1930년 5월까지 감옥생활을 했다는 것이다.

오늘날 북한이 김일성의 항일무장 투쟁사에서 대표적인 업적으로 내세우고 있고 그의 '혁명전통론'의 근거이기도 한 '보천보 전투'에 관한 것은 소학교의 교과서와 김일성의 혁명역사에 등장하는 주요 학습단원이다. 보천보普天堡는 백두산록 압록강 근처인 량강도의 보천군에 위치한 지명인데, 여기서 일제 파출소를 급습하여 일망타진하는 전과를 올렸다는 것이다. 무엇보다 만주 땅이 아닌 조국에서의 승리라는 데 의미를 부여하고 있다. 이와 관련된 단원 내용은 다음과 같다.

"위대한 수령 김일성대원수님께서는 서강회의에서 조선인민혁명군이 대부대로 조국에 나가 일제 놈들을 족쳐야 한다고 하시였습니다.

경애하는 대원수님께서는 서강회의 방침을 관철하기 위하여 주체26(1937)년 6월 조선인민혁명군 주력부대를 거느리시고 보천보를 향하여 떠나시였습니다.

경애하는 대원수님께서 부대를 이끄시고 조국산천이 한눈에 바라보이는 제비등판에 오르신 것은 6월 3일 새벽이였습니다.

〈조국이다!〉

눈이 모자라게 아득히 펼쳐진 조국산천을 바라보며 대원들은 환성을 올렸습니다.

경애하는 대원수님께서는 기쁨에 겨워 어쩔 줄 모르는 대원들을 둘러보시며 뜻 깊은 말씀을 하시였습니다.

〈얼마나 아름다운 조국산천입니까? 오늘은 비록 저 삼천리 금수강산이 일제침략자들에게 짓밟히고 있지만 우리는 반드시 원쑤놈들을 물리치고 조국을 다시 찾고야 말것입니다.〉

경애하는 대원수님의 말씀을 들으며 대원들은 기어이 조국을 찾고야말 불같은 맹세를 다졌습니다.

그날 밤 경애하는 대원수님의 지휘밑에 부대는 일제놈들이 물샐틈없이 지키고 있던 압록강을 감쪽같이 건너 곤장덕에 올라 날이 밝기를 기다렸습니다. 뜬눈으로 밤을 새운 대원들은 이른 아침 안개속에 그림같이 안겨오는 조국산천을 바라보았습니다.

참으로 볼수록 아름다운 조국산천이였습니다.

경애하는 대원수님께서는 이 아름다운 조국을 하루빨리 되찾을 결심을 더 굳게 다지시며 보천보 전투준비를 완성해 나가시였습니다.

경애하는 대원수님께서는 보천보에 정찰을 보내시여 시내형편을 더 구체적으로 알아오도록 하시였습니다.

그리고 지휘관회의를 열고 구체적인 전투임무를 주시였으며 포고, 삐라도 준비하게 하시였습니다.

날이 어두워지자 부대를 이끄시고 곤장덕을 내리신 경애하는 대원수님께서는 거리입구에 있는 황철나무아래에 지휘처를 정하시였습니다.

6월 4일 밤 10시, 한방의 총소리가 보천보의 밤하늘을 울려 퍼졌습니다.

경애하는 대원수님께서 공격명령을 알리시는 신호총소리였습니다.

조선인민혁명군 대원들은 조국인민들의 피맺힌 원한을 담아 원쑤놈들에게 복수의 불벼락을 들씌웠습니다.

죄없는 농민을 붙잡아놓고 밤새껏 행패질을 하던 일제경찰놈들이 피를 물고 쓰러졌습니다.

여기저기서 놈들의 아우성소리가 터져나왔습니다.

어찌나 바빴는지 어떤 경찰놈은 돼지우리에 기여들어가 검불속에 머리를 틀어박고 벌벌 떨었습니다.

원쑤놈들이 둥지를 틀고있던 면사무소와 산림보호구, 소방회관을 비롯한 적기관들에서는삼단같은 불길이 솟구쳐올랐습니다.

보천보의 밤하늘은 대낮처럼 밝았습니다. 그 불빛을받아 조선인민혁명군 대원들이 거리의 담벽들에 선전문을 붙이였습니다.

〈김일성장군님께서 오셨다!〉

〈우리 군대가 왔다.〉

사람들은 기쁨에 넘쳐 이골목저골목에서 물밀듯이 달려나왔습니다.

그들은 감격의 눈물을 흘리며 민족의 태양이시며 전설적영웅이신 경애하는 수령 김일성대원수님을 우러러 목청껏 만세를 불렀습니다.

경애하는 대원수님께서는 열광적으로 환호하는 인민들에게 인사를 보내시고 연설을 하시였습니다.

경애하는 수령 김일성대원수님께서는 보천보의 밤하늘에 활활 타오르는 불길을 가리키시며 이렇게 말씀하시였습니다.

〈여러분! 저 불길을 보십시오. 거세차게 타번지는 저 불길은 놈들의 최후를 보여주고있습니다. 저 불길은 우리 민족이 죽지 않고 살아있으며 날강도 일제 놈들과 싸우면 승리할수 있다는 것을 온 세상에 보여주고있습니다.〉

경애하는 대원수님께서는 계속하시어 조선인민군이 있는 한 조국은 반드시 광복된다고 하시면서 전체 인민이 굳게 뭉쳐 조선인민혁명군을 도와 싸워나가자고 힘주어 말씀하시였습니다.

경애하는 대원수님의 연설은 사람들의 가슴마다에 잃었던 힘과 용기를 북돋아주었습니다.

〈김일성장군 만세!〉

조선독립만세!

인민들은 목청껏 만세를 부르며 경애하는 대원수님의 교시대로 억세게 싸워나갈 결의를 굳게 다지였습니다.

이윽고 부대의 철수를 알리는 나팔소리가 울렸습니다. 부대는 다시 압록강을 건너가야 하였습니다.

인민들은 경애하는 대원수님을 잠시나마 더 모시고싶어하면서 대원들의 손을 놓지 않았습니다. 대원들도 인민들의 손을 쓸어만지며 놓을줄 몰랐습니다. 모두의 얼굴에 눈물이 흘러내렸습니다.

(조국이여! 보천보여! 잘 있으라. 이제 너를 광복하고 사랑하는 너의 품에 영원히 안길 날이 반드시 오고야말것이다.)

대원들은 이렇게 마음속으로 웨치며 조국땅 보천보를 떠났습니다.

경애하는 대원수님께서는 부대를 이끄시고 압록강을 건너 행군길에 오르시였습니다.

위대한 수령 김일성대원수님께서 몸소 작전하시고 이끄신 보천보전투의 승리는 억눌려사는 인민들의 가슴속에 조선사람은 죽지 않고 살아있으며 일제와 맞서 싸우면 반드시 이길수 있다는 신심을 안겨주었습니다.

김일성의 주요 통치 이데올로기의 한 축인 이른바 '혁명전통론'의 중심내용은 이와 같은 항일 빨치산 활동인데 그것의 대표적인 것이 바로 '보천보 전투'의 대 승리이다. 실제로 보천보 전투의 대승리는 실재했으나 전투 지휘자였던 김일성은 북한의 김일성金日成이 아닌 당시에 전설적인 영웅으로 알려져 있던 김일성金日星이었다는 주장을 하는 북한 전문가들도 있다.

한편 이와 같은 '혁명전통론'에 입각한 카리스마 창출작업과는 달리 김일성과 김정일 부자를 초능력적 인간으로 묘사하는 희랍신화와 같은 우상화 작업도 시도하고 있다. 김일성은 〈홍길동전〉에 나오는 것과 같은 축지법縮地法을 마음대로 구사하는 전지전능한 신과 같은 존재로, 그의 아들 김정일은 축시법縮時法을 구사하는 초인으로 묘사하고 있어 김부자를 합치면 시간과 공간이라는 절대적인 한계를 뛰어넘는 문자 그대로 신의 위치에까지 올려놓고 있다.

김일성의 신출귀몰한 초인적인 능력의 사례를 보여주는 것으로는 1987년 북한의 '문예출판사'에서 발행한 〈백두산전설집〉(1)이 압권이다. 몇 가지 재미있는 내용을 중심으로 소개하면 다음과 같다.(문법은 원문대로 인용)

백두산의 장군별

"…… 어느 봄날 일본의 천황이 후원을 거닐고 있을 때 조선반도에서 예사롭지 않은 빛이 비치자 신하를 불러 알아보게 한즉 조선의 백두산에서 나오고 있었다. 그때 조선의 아이들은, '김일성장군님께서는 백두산 정기를 타고나시고 하늘의 별을 부리시는 분이시기에 천지조화를 다 알고 계신대. 장군님께서 왜놈들을 치실 때는 장군별을 하늘에 띄어 놓으시고 적들을 몽땅 골짜기에 몰아넣고 잡으시기도 하고 구름을 타고 적진에 들어가서 놈들과 싸워서 죽게도 하신다구 그러더라. 그리구 뭐 도망치는 놈들은 길을 잃고 제자리에서 헤매다가 돌로 굳어져 죽게도 만드신대'라는 이야기를 하고 있다는 것을 듣고는 일본 천황이 겁에 질려 집안으로 도망치고 말았다."

륙군대신이 받은 보고서

"…… 일본 관동군關東軍의 이께다池田 대좌는 군대를 이끌고 만주에서 조선독립군의 토벌작전을 하기 위해 현지의 주둔군으로부터 보고를 받게 되었다. 그에게는 김일성공산유격대를 섬멸하고 그의 무공으로 출세하고 싶어 안달을 하고 있었는데 무송撫松에 주둔하고 있었던 일본군관들은 그에게 보고하기를, '각하, 김일성유격대는 얼마나 신출귀몰한 전법을 쓰는지 아무리해도 도저히 당해낼수가 없습니다…… 각하! 정말 그렇습니다. 김일성유격대는 종이 한 장으로 수만 군사가 강을 건너고 가랑잎을 타고 하늘을 날아 오르기도 하는데 어쩔 방도가 없습니다…… 각하, 김일성유격대는 못부리는 조화가 없습니다. 솔방울로 폭탄을 만드는가 하면 모래로 총알을 만들기도 합니다…… 각하, 그 뿐이 아닙니다. 김일성유격대는 축지법을 쓰는데…… 라는 보고만이었다. 그러자 이께다는 이놈들이 미치지 않았으면 모두 바보라고 호통을 치면서 토벌작전을 강행했으나 그도 역시 김일성부대의 신출귀몰작전에 휘말려 혼쫄이 난 뒤, 일본 육군대신에게 도저히 김일성유격대에게는 어쩔 수 없다는 보고를 했다."

장군바위

"…… 장백현 대덕수에 가면 마을뒤산어귀에 거의 스무길이나 되는 큰 바위 하나가 우뚝 솟아있다. 이 고장 사람들은 이 바위를 장군바위라고 부른다. 그런데 이 마을에는 조선족이 많이 살고 있었는데, 일본 관동군이 우리나라 독립군을 잡으려고 자주 찾아 와서는 마을 사람들을 못 살게 굴었다. 어느 날 이마노라는 일본군 대장이 이끄는 부대가 마을에 들어와서 주민들에게 행패를 부리고 있을 때 갑자기 장군바위 쪽에서 총탄세례를 그들에게 퍼 붓기 시작하자 이마노는 칼자루까지 버리고 혼비백산하고 줄행낭을 놓았다. 그 뒤로 마을 사람들은 경탄을 금치 못하면서 장군님께서 술법을 쓰시여 산과 바위를 요새로 만들고 나무와 모래알이 총이 되고 총알이 되어 불을 뿜게 하신 것이라고 하였다. …… 얼마후 장군님께서는 대원들과 함께 구름을 타시고 멀리 백두산쪽으로 날아가시었다. 그뒤 이곳 사람들은 선바위를 김일성장군님께서 왜놈들을 요절 내신곳이라 하여 장군바위라는 뜻깊은 이름으로 부르게 되었다."

신기한 종이장

"…… 장군님께서 한번은 볼일이 있어서 함흥으로 나가셨다.

그때 장군님께서는 함흥에서 제일 크고 으리으리한 왜놈의 려관에서 보름동안이나 류숙을 하시었다.

장군님께서는 려관을 떠나실 때 려관주인을 불러 명함 한장을 주셨는데 그 명함을 받아든 주인은 너무 놀라서 장군님께 깊숙이 절을 하며 온몸을 사시나무 떨듯하였다.

왜 그렇지 않겠는가, 온 천하에 명성이 높은 만고의 령장 김일성장군님께서 바로 자기 려관에서 보름동안이나 류숙하셨다는 사실도 놀라운 일이거니와 존함이 씌여진 명함장을 내놓고 태연하게 나서시는 장군님의 근엄한 기상에 주인은 그만 혼이 나갔다. 려관주인은 한동안 망두석을 세워놓은것처럼 뻣뻣해진 채로 그 자리에서 움직일줄을 몰랐다.

장군님께서 떠나가신지 얼마후에야 정신이 좀 든 주인은 허겁지겁 경찰서에 달려가 이 사실을 알렸다.

〈뭣이?〉

화닥닥 놀란 경찰들은 각지 경찰서에 전화를 건다, 파발말(말을 타고 역에서 역으로 전하는 공문서: 필자 주)을 띄운다 눈이 뒤집혀 돌아갔다.

그러니 온 함경도경찰이 벌둥지를 쑤셔놓은것처럼 소동을 일으키며 다 떨쳐나섰다.

하여튼 함흥에서부터 삼수갑산을 거쳐 압록강에 이르기까지 산이고 들이고 할것없이 경찰들이 개미떼처럼 새까맣게 덮였다.

놈들이 이렇게 정신이 빠져서 소동을 피우고있을 때 장군님께서는 후치령을 넘어 풍산읍내 리발소에서 리발까지 척 하고 나오시여 북으로 뻗은 신작로를 유유히 걸어가시였다.

그제야 경찰들이 장군님을 알아보고 바싹 뒤를 따르는데 장군님께서는 뒤도 한번 돌아보시지 않고 큰길로 훨훨 걸어가시는것이였다.

장군님께서는 겉보기엔 천천히 걸으시는것 같은데 실상은 어찌도 빨리 가시는지 놈들이 기를 쓰고 따라가도 도저히 따라

갈수가 없었다.

(하, 김일성장군이 축지법을 쓴다더니 이것이 바로 축지법이 아니야?!)

놈들은 이렇게 중얼거리며 숨이 턱에 닿아 죽기내기로 뛰었다. 그래 어떤놈은 땀으로 미역을 감아서 물에 빠진 생쥐모양이 되고 어떤놈은 너무 급해 바지에 오줌을 싸고 어떤놈은 혀를 석자나 빼물고 늘어졌다.

그래도 놈들은 연방 엇바꾸어가며 헐레벌떡 장군님의 뒤를 쫓아갔는데 어언 압록강에 이르렀다.

(이제야 됐다.)

놈들은 가쁜 숨을 몰아쉬며 좋아했다.

(앞에는 넓은 강물이 출렁이는데 이미 이곳 주재소에 련락하여 강에 있는 배를 모조리 치웠으니 김일성장군이 아무리 축지법을 쓴다고 하더라도 이 큰 강을 어떻게 맨몸으로 건너가겠는가, 이것이야말로 하늘이 우리를 도운것이다.)

경찰들은 제법 얼굴에 웃음까지 지으며 강가로 바싹 다가갔다.

가까이 다가가보니 장군님께서는 강가에 태연히 앉으시여 종이를 펼쳐놓고 조선지도를 그리고계시지 않은가!

일본경찰들은 너무나 태연하게 홀로 앉아계시는 그이를 보자 어쩐지 겁이 나서 감히 접어들지 못하고 한동안 그 자리에 서서 눈만 멀뚱거렸다.

이윽하여 정신빠진 상관놈이 어서 빨리 나가라고 소리치는 바람에 경찰들은 우르르 달려들었다.

그제야 장군님께서는 종이장을 압록강 물우에 척 띄우고 그 우에 선뜻 올라서시는것이였다.

그러자 종이장이 쏜살같이 달려가는데 눈깜박할 사이에 강

건너 기슭에 가닿았다.

경찰들은 너무나 놀라서 입만 쩍 벌리고있다가 뒤늦게야 허겁지겁 배를 얻어타고 따라갔다. 그런데 갑자기 방금까지 바람 한점 없고 호수처럼 잔잔하던 강 한복판에 파도가 길길이 치솟는것이였다.

벌써 강 저쪽 바위우에 올라서신 장군님께서는 종이장을 돌돌말아 품에 간수하시고계시였다.

갑자기 길길이 치솟은 파도는 장군님께서 그 종이장을 건사하시는바람에 일어나는 멀기(바다의 큰 물결: 필자 주)였던것이다.

하여튼 그 파도가 어찌나 세차던지 장군님의 뒤를 쫓던 경찰들의 배가 몽땅 뒤집혀서 놈들이 모두 압록강 고기밥이 되고 말았다.

그리고 그때 강가에 있던 일본경찰관주재소는 물속에 잠겨버렸다."

가랑잎 타고 다니는 군사

"되골령에서 그리 멀지 않은 어느 마을에 포수로 가장한 왜놈밀정 한놈이 기여들었다.

이놈은 항일유격대의 행처를 알려고 개처럼 코를 킁킁거리며 밤낮으로 돌아쳤다.

마을과 산판을 가리지 않고 개 싸다니듯하던 밀정놈은 어느날 마을에 항일유격대원을 경찰서에 밀고하였다.

〈뭐라구?〉

경찰서장은 제가 직접 경찰들을 끌고 밀정놈을 따라 마을에 달려들었다.

그런데 웬일인지 방금 마을사람들앞에서 선동연설을 하던 그 대원은 온데간데없이 사라지고 모여섰던 사람들은 그날이 마침 단오날이라 한편에서는 윷놀이판을 벌려놓고 한편에서는 춤을 추면서 아닌보살(억지로 꾸며 위장함: 필자 주)을 하는바람에 헛물만 켜고말았다.

그때 일확천금을 꿈꾸었던 밀정놈은 경찰서장에게 따귀만 보기좋게 몇 대 얻어맞았다.

〈네놈이 누굴 놀리는가?〉

그후부터 밀정놈은 그 분풀이를 하느라고 더 혈안이 되어 날뛰면서 밤낮 도적고양이새끼처럼 살금살금 마을을 싸다녔다.

그러던 어느날 밀정놈은 되골령의 밀림속에서 항일유격대의 한부대를 발견하였다.

(옳지! 됐다. 이번에야 어쩔수 없지.)

이놈은 속으로 쾌재를 부르면서 경찰서에 달려가 이 사실을 알렸다.

〈서…… 서장님! 저, 저 되골령에 유격대가.....〉

〈이번엔 틀림이 없는가?〉

〈틀림없다마다요. 제…… 제가 이 두눈으로 직접 보았는뎁쇼.〉

〈얼마나 많던가?〉

〈굉…… 굉장히 큰 부대인데 아…… 아마 천명은 실히…… 〉

그러자 서장놈은 저들만으로는 안되겠다고 생각했던지 린근에 둥지를 틀고있는 토벌대에까지 알려 수천명의 병력이 되골령으로 몰려들었다.

놈들은 되골령을 몇겹으로 에워싸고 포위진을 쳤다.

그런데 웬일인가?

포위진을 치고 되골령 숲속으로 기여들던 놈들은 놀라지 않을수 없었다.

유격대가 있다던 밀림속엔 그림자 하나 얼씬하지 않았고 다만 눈덮힌 흰 밀림만이 펼쳐져있을뿐이였다.

놈들은 서로 얼굴을 쳐다보며 눈만 멀뚱거리고있는데 갑자기 지동이 세 번 일었다.

모두 놀라 소리나는쪽을 바라보니 안개가 자오록이 서렸는데 그것이 점차 벗겨지면서 장수 한분이 우렷이 나타났다.

그 장수의 기상은 보기만 해도 무서운데 한번 소리치면 산이 무너져내릴것 같고 한번 칼을 휘두르면 하늘이 무너질것만 같았다.

장수가 불이 펄펄 이는 눈으로 쏘아보자 놈들은 부들부들 떨면서 더 가까이 다가설념을 못했다.

장수는 땅을 쿵쿵 울리며 걸어나오더니 밀림을 향해 손을 세 번 흔들었다. 그러자 밀림속엔 기치창검을 높이 들고 기세당당하게 줄을 서있는 수백명의 군사들이 나타났다.

왜놈들은 눈이 화등잔만해졌다.

장수는 또 숲을 향해 손을 세 번 흔들었다. 그러자 이번엔 돌개바람이 일더니 수많은 가랑잎을 하늘높이 말아올리는것이었다.

무수한 가랑잎은 새까맣게 높이 떠서 하늘을 뒤덮었다.

놈들은 가랑잎을 자세히 쳐다보았다.

그러다가 모두 일시에 〈엉?〉하고 소리를 질렀다.

창검을 번쩍이는 군사들이 그 가랑잎을 타고 되골령 마루를 날아넘어가는것이 아닌가!

〈유격대가 가랑잎을 타고 날아간다.〉

왜놈들은 아우성을 치며 돌아갔다.

날개달린 흰 룡마를 타고 하늘로 날아오른 장수는 저마다 꽁무니를 빼느라고 야단을 치는 왜놈들을 향해 〈이놈들! 꼼짝 말고 게 섰거라!〉 하고 하늘땅이 쩌렁쩌렁 울리게 소리를 쳤다.

그러자 또 이상한 일이 생겼다.

죽을 힘을 다해 줄행랑을 놓던 왜놈들이 모두 그 자리에 뻣뻣하게 얼어붙은것이었다.

토벌대놈들도, 경찰놈들도 그리고 밀정놈까지도 모두 그 자리에 얼어붙어 나무토막처럼 되어버렸다.

바로 그분이 김일성장군님이신데 그이께서는 돌로 굳어버린 왜놈들을 내려다보고 통쾌하게 웃으시였다.

백마를 타신 장군님과 가랑잎을 타고 가는 군사들은 뭉게구름이 떠있는 맑고 푸른 하늘가로 훨훨 날아갔다.“

눈이 있는 총알

“김일성장군님께서 무산지구에 진출하시여 왜놈들을 족치신 이후 이 일대에서는 많은 전설들이 생겨났다.

장군님께서 파견하신 7련대가 신개척을 들이쳤을 때 후방조성원들과 함께 물자운반을 도와나섰던 처서군들속에서는 〈눈이 있는 총알〉에 대한 다음과 같은 전설이 전해졌다.

어느 한 마을에 머슴을 사는 무학이라는 청년이 있었다.

어느날 그는 나무하러 산에 올라갔다가 쉴참에 같이 온 나무군들한테서 귀가 번쩍 열리는 말을 들었다.

축지법을 쓰시는 김일성장군님에 대한 이야기를 들었던것이다.

장군님께서 한걸음에 천리를 달리시고 구름을 타고 하늘을 날으시며 쑥대 한가치로 태평양을 건너신다는 말에 무학이의 마음은 자꾸만 백두산으로 향했다.

어서 장군님부대에 들어가 축지법을 배우고싶었던것이다.

그는 축지법을 배워서 무엇보다도먼저 자기를 못살게 구는 지주놈을 요정내고싶었다. 그리고 언젠가 자기에게 생트집을 부린 털보왜놈순사를 쳐 없애고싶었다.

무학은 자나깨나 늘 백두산으로 갈 생각만 하고있었다.

그러던 어느날, 무학은 백두산을 찾아 길을 떠났다. 험한 산발을 타고 북으로 올라가던 무학은 드디여 백두산이 가까이 바라보이는 높은 산마루에 올라섰다. ……

(내가 정말 이렇게 총을 잘 쏘는가?)

무학은 자기가 쏘는 총알이 매번 다 명중하게 되자 부지중에 의문이 생겼다. 그러나 쏘면 쏠수록 번번이 백발백중이었다.

그러자 무학은 점차 자신심이 생기고 저절로 어깨가 으쓱해지게 되었다.

무학은 사기충천해서 있는 총알을 다 쏘았다. 쏠 때마다 왜놈들을 하나씩 틀림없이 죽어자빠졌다. 아니, 어떤 땐 한 총알에서 세놈씩 맞아 쓰러지기도 했다.

있는 총알을 다 쏘았어도 왜놈들은 그냥 악착스럽게 달려들었다.

무학은 총알이 떨어지자 어떻게 할가 하고 잠시 궁리하였다.

그런데 어떻게 된 일인지 왜놈들도 더 총을 쏘지 못했다. 왜놈들의 총구멍이 모두 막혀버린것이였다. 장군님께서 술법을 쓰시어 왜놈들의 총구멍을 모두 틀어막으신것이다.

무학은 도망치는놈들을 쏘아눕히고싶었으나 총알이 떨어져 어쩔수 없었다.

그는 죽어넘어진 왜놈한테서 총알을 가져다가 재우고 쏘고 또 쏘았다.

그런데 웬일인지 왜놈을 한명도 명중시킬수 없었다.

한쪽눈을 지그시 감고 아무리 겨냥을 잘하고 쏘았으나 모두가 빗나가고 말았다.

무학은 안달이 나서 일 뛰고 저리 뛰고 하였다. 그러는 사이 다른 대원들이 왜놈들을 거의다 쏘아눕히고 나머지는 달아나고 말았다.

(이상한데, 아까는 잘 쏘았는데 왜 이번엔 맞지 않을까?)

아무리 머리를 기웃거렸으나 무학은 도저히 알수가 없었다.

그는 전투가 끝난 다음에야 그 원인을 알게 되었다.

장군님께서 주신 총알과 왜놈들의 총알은 똑같은것 같지만 실은 영 다른것이였다.

장군님께서 주신 총알에는 눈이 있었던것이다.

그래서 아무리 신 대원이라 해도 장군님께서 주신 총알을 재우고 총을 쏘면 누구나 백발백중하는것이였다.

그때부터 무학은 장군님께서 주신 총알로는 한방에 왜놈을 세놈, 다섯놈씩 쏘아 눕혔다고 한다."

여기서 인용한 것 이외에도 김일성은 산을 주름잡고 다닐 수 있는 축지법도 구사하였고 바람을 타고 다닐 수 있다는 등 신출귀몰한 이야기가 많다.

21세기의 과학문명 시대에 이러한 동화같은 이야기는, 마치 희랍신화에 등장하는 초인적인 능력의 주인공들 보다 더 기이하고 단군신화에서도 볼 수 없는 이야기로 유치원생들에게나 들려줄 수 준의 것들을 일반 주민들로 하여금 읽고 감동하도록 만들고 있는 것이다.

한편 그의 아들 김정일에 관한 초인적인 신화로는, 1993년에 〈아흔아홉가지 축시법〉이라는 이름으로 출판된 것으로 그 가운데서 몇 가지만 소개하면 다음과 같다.(원문대로 인용하여 문법적으로 남한과는 다른 부분이 있음)

> 3대 위인이 내린 성산
>
> "…… 성지로 오래동안 보관되여있던 백두산에 드디여 3대 위인이 내리셨으니 바로 위대한 수령 김일성장군님께서 항일전의 해불을 높이 추켜드시였고
>
> 불요불굴의 혁명투사이신 김정숙동지께서 백두의 험준한 산발에 투쟁의 거룩한 자욱을 옮기시였으며 절세의 위인, 공산주의 찬란한 향도성이신친애하는 김정일동지께서 탄생하시였던 것이다."
>
> 아흔아홉가지 축시법
>
> (금시계) "…… 김일성장군님의 탁월한 지략과 천품을 그대로 이어받으신 친애하는 지도자동지께서는 세월을 주름잡는 술법인 축시법을 쓰신다는 이야기가 우리 인민들속에서 많이 전해지고 있다……. 한꺼번에 열가지, 백가지 일을 해제끼시는 이것이 바로 축시법이다. 그이께서는 축시법을 쓰시는 구나."

(신기한 씨앗) "…… 이제 씨를 뿌린 저 강냉이가 언제 싹이 트고 자라올라 이삭이 필까? 과연 풋강냉이라도 거둘수 있을까? 그런데 다음날 아침, 밭에 나가본 농민들은 눈이 휘둥그레졌다. 씨를 뿌린지 하루가 지난 강냉이밭들에 파릇파릇 새싹들이 일시에 돋아난것이었다. 열흘이 지나자 무릎을 치고 한달이 지나자 허리를 덮었다. 우쩍우쩍 강냉이 자라는 소리가 들리는듯싶었다. 키를 솟구는 것이 눈에 보이는것만 같았다. 두달이 지나자 개꼬리가 나오고 팔뚝같은 이삭들이 패였다. 가을이 되자 우박피해를 입었던 이 마을에 만풍년이 들었다……. 그들은 평양의 하늘가를 우러러 뜨거운 눈물을 삼키었다. 사람들은 친애하는 지도자동지께서 축시법을 쓰시어 늦게 심은 강냉이가 빨리 자라도록 조화를 부리시었다고 하였다.

(천주석이 머리를 숙이다) ".…… 국제친선전람관이 자리잡고있는 묘향산 탑밀봉기슭에서 향산천을 따라 조금 올라가면 탁기봉중턱 해발 420메터되는곳에 우뚝 솟아있는 큰 기암이 바라보인다. 이 바위가 바로 천주석이다……. 그런데 언젠가부터 이 천주석이 허리를 굽히고 머리를 숙이였다는 말이 묘향산사람들속에서 전해졌다……. 그들은 영문을 알수 없어 고개를 기웃거렸다. 이때 풍신좋은 한 로인이 의미심장한 어조로 말하였다. 〈뭐가 이상할게 있나? 얼마전에 친애하는 지도자동지께서 우리 묘향산에 찾아오시지 않았댔나. …… 그러니 머리를 숙일 수밖에.〉 그제야 사람들은 고개를 끄덕이며 숭엄한 감정에 휩싸였다.

(벼락맞은 〈청와대〉)…… "얼마전 북남고위급회담때에도 우리 공화국정부는 〈팀 스피리트〉 합동군사련습을 중지할것을 긴급문제로 제기하는것과 함께 외국군대와의 모든 합동군사련습과

사단급이상의 대규모군사련습을 중지할데 대한 문제를 제기하였다. 그러나 놈들은 대화의 막뒤에서 북침을 노린 대규모적인 전쟁련습을 항시적으로 벌리고있었다. 보고를 받으신 김정일 장군께서는 몹시 격하신 음성으로 말씀하시였다고 한다. 〈매우 고약한놈들입니다. 시대와 겨레의 념원에 역행하는놈들의 처사는 7천만 우리 민족의 준엄한 심판을 면치 못할것입니다.〉 그로부터 얼마후 갑자기 어디선가 하늘에 검은 구름이 몰려오더니 번개가 번쩍거리고 천둥이 울었다고 한다……. 이런 일이 있은지 며칠 안되는 어느날, 장령은 신문을 보다가 한 기사에서 눈길을 떼지 못하였다고 한다. 최고사령관동지께서 부대에 오셨던 바로 그날 낮에 〈청와대〉가 벼락을 맞았다는 소식이 실렸던 것이다. 이것을 우연의 일치라고 하겠는가. 사람들은 호풍환우하는 김정일장군님께서 풍운조화를 부리시여 놈들에게 벼락이 내리게 하신것일지도 모른다고 말하군한다. 그후부터 괴뢰도당은 〈청와대〉를 다른곳으로 옮기려고 은밀히 준비를 하고있다고 한다."

이러한 허무맹랑하고 유치한 이야기로 주민들을 현혹시켜 의식화시키고 있다. 거짓말도 조그마한 것은 쉽게 알아차리고 안 믿게 되지만 엄청난 거짓말인 경우 반복하여 주입하면 긴가민가하다가 믿게 되는 것이 인간의 묘한 심리기제인 것이다. 1948년 북한정권 수립 후, 김일성은 자신의 부족한 카리스마와 통치 이데올로기를 강화하기 위하여 과장된 허구의 신화를 조작하면서 이것들을 '혁명전통론'으로 연결시켰던 것이다.

한편 김일성의 이름 앞에는 30여 개가 넘는 종류의 존칭어가 개발되고 있다. 그 가운데서 몇 가지만을 간추려 본다면, 만백성의 하느님-민족의 태양-불멸의 령도자-혁명의 위대한 수령-절세의 애국자-민족의 뇌수-20세기가 낳은 천재-불세출의 위인- 백전백승의 강철의 령장-위대한 어버이 수령-인민의 자애로운 어버이 등이다.

또한 북한의 각급학교에서는 그리고 북한의 모든 출판물에서는 문장 중에 '김일성'이라는 글자는 반드시 조금 큰 글씨로 하고 고딕으로 진하게 인쇄해야만 하며 이것은 김일성의 교시문이나 김정일의 지시문에도 적용되는 인쇄편집의 원칙이다. 이른바 '존엄'尊嚴의 일환이라고 본다.

문선명의 출생과 참가정 혈통론

이러한 김일성의 항일무장 투쟁을 중심으로 이루어진 신화적인 내용과는 달리, 문선명의 경우는 출생에 관한 신화보다는 성장과정상에 나타난 종교적인 신비성과 체휼에 관한 것을 중심으로 기록하고 있다.

문선명은 자신이 출생한 평안북도 정주군이 전국의 어느 곳과는 달리 특별하다는 점을, 2004년 '세계평화통일가정연합'의 역사편찬위원회에서 펴낸 시리즈 〈참부모님 생애노정〉(1)에서는 다음과 같이 인용하고 있다.

"…… 선생님이 태어난 곳이 섭리로 말하면 여러분의 본향(本鄕)입니다. 성스러운 곳이요, 본향이라는 것입니다. 그러므로 본향 땅에 본연의 심정을 심어야 합니다. 본연의 심정을 본향 땅에 심자! 본연의 심정을 심을 수 있는 본향이 어디예요? '정주'입니다. 왜 정주예요? 정주(定州)가 왜 본향 땅이 되고, 정주를 품고 있는 대한민국이 왜 본향의 나라가 되어야 되느냐? 거기에 하나님의 뜻이 있고, 종국적인 모든 세계를 수습해 가지고 돌아가려고 하기 때문입니다.

…… 인물은 평북 정주에서 많이 납니다. 유명한 사람이 정주에서 많이 나왔습니다. 정주군이 유명합니다. 독립운동을 주도한 곳이 서울이 아니었습니다. 기독교 배경을 중심삼아 가지고 기독교를 중심삼고 공산주의와 투쟁했다는 것입니다. 투쟁하는 경계선에는 힘있는 장군이 모이는 것입니다. 정주군만 움직이게 되면 평안도를 움직일 수 있고, 평안도를 움직이게 되면 이북 전체를 움직일 수 있는 것입니다. 그렇기 때문에 김일성이가 평양에서 전부 해 먹은 것입니다.

…… 본래 내가 태어난 곳은 평안북도 정주군 덕달면 덕성동(德達面 德星洞)입니다. 정주군에서, 지방에서 덕이 달해 가지고 그 다음에는 덕성동, 덕이 별에 비친다는 거예요. 이것이 나중에 어떻게 됐느냐 하면, 덕언면, 선비 (彦)자예요. 선비 언 자, 지식을 말하는 거예요. 덕언면 상사리, 위를 생각하는 리로 변했다는 거예요. 상사리로, 덕이 있는 별이라는 것이 뭐예요? 그것은 주님을 상징하는 것 아니예요? …… 우리 동네가 상사리인데, 이 부락은 남한 부락이라고 소문이 났었다구요. 전부가 하라는 건 제일 잘 하지만, 똘똘 뭉쳐서 공산당은 싫어하는 거예요. 그건

날 닮아서 그렇지요. 상사니까, 윗 상(上)자하고 생각 사(思), 위를 생각하니까 하나님을 생각해야지요. 지명이 그래요."

이와 같이 문선명은 자신의 출생지의 지명을 중심으로 그 의미를 신앙적인 관점에서 숨은 뜻이 담겨 있음을 한자풀이로 설명하고 있으며 이름에 관해서도 다음과 같은 이야기를 하고 있다.

"선생님의 이름은 문선명이에요. 이건(文) 무엇이냐 하면 진리예요, 진리. 이것(鮮)은 깨끗이 확실히 드러내 비치는 거예요. 확실히 드러내는 거라구요. 선(鮮)자도 육지하고 바다하고, 그 다음에 명(明)자도 뭐예요? 해와 달. 이것이 상대적입니다. 이것을 진리로 묶어야 됩니다. 진리로 해와 달을 묶고 진리로 바다와 육지를 묶어 가지고 하나의 세계를 만드는 겁니다. 이름도 그래서 선명이라구요. 선명이라는 말은 맑고 깨끗하고 티가 없으면서 질서적이라는 말입니다. 모든 안팎에 있어서 규범을 따라서 그것을 평할 수 없는 깨끗한 내용을 지닌 것이 선명한 것이다 하는 겁니다. …… 〈격암유록〉이란 게 있더구만요. 이 책은 〈정감록〉보다 더 후에 나온 것인데, 거기 보니까 벌써 그때부터 문총재 이름이 예언되어 나오더라구요."

문선명文鮮明이라는 이름을 두고 이상과 같이 본인이 스스로 이렇게 해석을 하고 있다. 그런데 필자가 1974년 9월 미국 뉴욕의 컬럼비아 대학교에 유학하고 있을 때의 일이다. 몇몇 유학 선배와 함께 모처럼 그 유명한 '엠파이어 스테이트'Empire State빌딩에 올라가

구경을 마치고 길거리로 나오자 수많은 군중들이 어디론지 구름떼처럼 몰려가고 있기에 우리들도 한번 따라가 보았다. 뉴욕의 맨허턴에 있는 대형구장인 '메디슨 스케어 가든'Madison Square Garden에서 문선명은 '희망의 날'The Day of Hope이라는 주제로 대중 집회를 열고 있었던 것이다. 우리들은 늦게 도착하였기에 이미 장내는 만원이었기 때문에 안에는 못 들어가고 입구 앞의 광장에서 서성거리고 있었다.

그때 갑자기 미국의 라디오 방송국의 기자가 나에게 다가오더니 "오늘 집회를 하는 연사의 이름이 영어로는 Sun Myung Moon인데 Chinese letter(한문자)로도 해와 달이라는 뜻이 되느냐?"고 물으면서 인터뷰를 요청하기에, 순간적으로 그의 이름 가운데 명(明)자가 '해와 달'을 의미하는 글자로 이루어져 있다고 대답한 기억이 있다.

김일성(金日成)은 이름의 가운데 한자에 '해(日)'만 있다면 문선명(文鮮明)은 이름의 끝 글자에 '해와 달(明)'이 모두 있는 셈이다. 그런데 문선명 자신은, 문(文)은 진리의 의미이며 선(鮮)은 바다(물고기)와 육지(양)이고 명(明)은 해(日)와 달(月)로서, 진리로서 해와 달과 바다와 육지를 묶어 하나의 세계를 만드는 것이라고 그럴듯하게 더 자세하게 풀이하고 있다.

그런데 노자老子의 〈도덕경〉에는 지知와 명明에 대한 설명에서, 일(日)은 지(知)로서 단순히 사물에 대한 앎이고 명(明)은 사물과 자신까지 아는 것으로 구분하면서, 마치 지(知)는 해(日)만 알고 있는 차원이라면 명(明)은 글자 그대로 해(日)와 달(月)까지 아는 것과 같다고 비유하고 있다. 그리고 지(知)는 하나가 다른 하나를 배척하는 관계라면 명(明)자는 상대방과 나 자신까지 알면서 대립관계의 모든 사물을 포용하는 것으로 해석하고 있다.

이러한 〈도덕경〉의 기준에서 본다면, 김일성은 오로지 평생을 북한이라는 조그만 나라 하나만을 붙들고 집착하면서 외국과의 소통을 거부하고 모든 나라들과 적대관계를 유지했다면 문선명은 조국과 세계 전체를 한가슴에 안고 통일과 화평을 성취하겠다는 열려진 세계관이었기에 김일성과 문선명의 이름에서도 두 사람간의 일생이 극명하게 대조되는 낙차가 있음을 발견하게 된다.

한편 문선명의 신비적 체험은, 그의 나이 16세였던 1935년 4월 17일 부활절 아침, 그가 태어나고 자란 고향인 평안북도 정주定州의 고향집 뒷산에 있는 묘두산猫頭山에서였다. 이러한 내용을 앞서의 〈참부모님 생애노정〉[1]에서는, 문선명의 회고담을 근거로 다음과 같이 밝히고 있다.

> 근본문제 고민과 담판기도
>
> 선생님이 태어난 1920년에는 이 땅이 일제 식민치하에 있었습니다. 그 무렵 선생님은 강대국에 짓밟히는 약소민족의 고통과 슬픔이 무엇인지를 뼈저리게 체험하였던 것입니다. 선생님이 청소년 시절이었던 그 당시에는 이 비참한 전쟁과 죄악의 세계를 구원하는 길이 무엇인가를 심각하게 고민하지 않을 수 없었습니다.
>
> 그런 어려운 국가적 사정이 있음으로 말미암아 다른 나라의 통치권 내에서 민족이 당하는 비참상을 어려서부터 마음 깊이

느끼고 이러한 환경적 여건을 어떻게 타개해 나갈 길이 있느냐 하는 문제를 생각하던 어린 시절이 생각납니다.

혼란된 세계정세를 누가 책임지고 수습할 것이냐? 그러니까 개인생활이 곤란하고 가정생활이 곤란했습니다. 동네면 동네의 어느 가정을 보더라도 행복한 듯한 가정이 없을 정도로 혼란이 지배하던 때였습니다. 더 나아가서는 부락을 넘어서 나라가 그러하고, 나라를 넘어서 아시아가 그러하고, 아시아를 넘어서 세계가 그러한 혼란시기였던 것입니다.

또, 소년시대부터 인생에 관해 다음과 같은 여러 가지 기본적인 문제들에 대해서 고민을 하기 시작했습니다. 나는 누구일까? 나는 어디서부터 왔을까? 인생의 목적은 무엇일까? 죽은 후에 우리의 생명은 그대로 계속되는 것일까? 또 하나님은 과연 존재하시는가? 하나님은 전능하신가? 혹은 무력한 존재이신가? 만일 하나님이 전능하시다면 하나님은 왜 인류세계의 문제를 해결해 주시지 않는가? 이 지구상에는 왜 수많은 고통이 존재하는가?

과거지사를 전부 돌아볼 때, 지금에 있어서는 이것이 추억의 한 말이 될런지 모르지만 그 때에 있어서는 참 심각하였어요. 자기 생애의 미래를 걸어놓고 어떻게 갈 것이냐 하는 문제를 담판하는 시기였습니다. 이것이 인간만의 결정으로는 안 된다는 사실을 알았기 때문에 하나님이 계시다면 하나님의 뜻에 의해서 인간들의 생각을 넘어 결정적 노정을 취할 수 있는 길을 가야 한다고 생각한 거예요. 그렇게 그런 신앙길로부터 고심하던 모든 전부의 추억이 생생한 것입니다.

16세 부활절 아침

선생님은 16세 때에 비상한 경험을 하였습니다. 부활절 아침에 오랜 시간 눈물어린 기도 끝에, 예수 그리스도께서 선생님께 나타나셔서 많은 계시와 교시를 주셨습니다. 예수님은 심오하고도 놀라운 것들에 대해서 많은 말씀을 해 주셨습니다. 고통받고 있는 인류 때문에 하나님께서 슬퍼하고 계신다고 말씀하셨습니다. 그리고 선생님에게 지상에서의 하나님의 역사에 대한 특별한 역할을 해 달라고 요구하셨습니다.

선생님이 어렸을 때 체험한 이 경험을 말로써 여러분께 다 표현하기란 대단히 어려운 일입니다. 한마디로 말해서 영적인 세계가 돌연히 선생님 앞에 펼쳐졌고 선생님은 자유로이 그 영적인 세계에 있는 성자들과 마음껏 통신할 수 있게 되었습니다. 북한 땅 고요한 산중에서 선생님은 여러 번 예수 그리스도와 직접 대화를 나누었습니다. 그 때에 계시된 진리의 내용이 지금 통일원리의 핵심이 되는 것입니다.

그것이 계시의 시작이었습니다. 그 특별한 만남이 있은 후로 지금까지 나는 쭉 살아계신 하나님과 예수를 포함한 영계의 모든 성현들과 끊임없이 대화를 해 왔습니다. 그 내용을 말로써는 다 표현할 수가 없습니다.

그런데 여러분들이 영적으로 예수를 봤을 때, 예수가 웃으면서 아이구, 좋아! 이래요? 그런 예수 봤어요? 그런 예수를 만나봤어요? 선생님도 못 만나 봤다구요. 언제나 심각하고도 침울한 모습으로 나타납니다. 그럴 수밖에 없다구요. 하늘을 잘 알기 때문에 그런 거라구요. 선생님도 그렇다구요.

죽음도 각오한 심각한 출발

선생님이 이 길을 출발할 때 얼마나 생각을 많이 했는지 모릅니다. 이 길을 위해서 피땀을 흘리고, 생명을 걸어놓고 기도하며 일생을 바쳐 온 사람입니다.

선생님은 지금까지 하나님을 대하면서 내가 옳다 그르다 하는 생각을 해본 적이 없습니다. 이미 죽을 각오를 하고 이 길을 나선 것입니다. 내가 죽지 않고 몸이 쓰러지지 않았으니 아직까지 내 갈 길이 남아 있고, 거쳐 가야 할 약속의 길이 남아 있다고 생각하는 사람입니다. 그렇게 생각하니 좋고 나쁜 것을 생각할 여유가 없습니다. …….. 그래서 하나님이 사람을 부르신다면, 그 사람은 어떤 사람일 것이냐? 그 사람은 외형적으로 인격이 잘난 사람이 아니요, 내적으로 신념이 강한 사람이 아닙니다. 이는 참을 가진 사람입니다. 보기에는 약하더라도 사랑의 칼을 가지고, 사랑의 심정을 가지고 이 모든 것에 부딪치게 될 때에 그것을 끊고 남을 수 있는 사람입니다. 이런 사람이 되지 않고는 우리의 소명의 목적지를 향하여 갈 수 없는 것이요, 소명하신 분 앞에 내 스스로 가야 할 길을 다 왔다고 인정받을 수 없는 것입니다.

한편, 문선명의 출생신화와 구세주와의 만남에 관한 것으로는 다음과 같은 기록이 있다고 밝히고 있다.

"…… 정주는 수많은 애국의 위인을 배출한 한국의 명소이다. 1919년에 일어난 〈3.1독립운동〉이라고 불리는 대한독립운동 때에는 가장 애국적이고 또 비참한 저항이 있었고, 의인의 피를 가장 많이 흘린 곳이다. 그리고 기독교 신앙이 대단히 번성한 곳이었다.

선생께서 태어나시기 전에 이 마을에는 기이한 역사가 있었다. 이름도 모르는 두 마리의 황금색 새가 날아와 선생의 집 앞에 있는 나무에 앉은 것이다. 이것은 마을 사람들에 의하여 무슨 좋은 일이 있을 길조(吉兆)라고 일컬어져 왔다. 그러다가 그 마을에 덕망가였던 문경유(文慶裕) 씨 가문에서 문선명 선생이 태어나자 그 두 마리의 황금새는 영영 종적을 감추고 말았다.

이것은 내가 1991년에 북한을 방문하여 정주에 있는 문선명 선생의 고향에 갔을 때에 들은 일화이다. 이 전설같은 이야기가 아직도 선생의 고장에서는 잊혀지지 않고 후세에 전해지고 있는 것이다.

문선명 선생의 자당(慈堂)은 김경계(金慶繼) 여사였다. 선생의 자당께서는 흰 용이 옥구슬을 물고 하늘로 올라가는 태몽을 꾸셨다. 그래서인지 문선명 선생의 아명을 용명(龍明)이라 했다.

선생께서는 과묵하고 사려 깊은 소년으로 자랐다. 기독교 집안이었던 고로 장로교 전통에 따라 돈독한 신앙을 가진 소년으로 알려졌었다.

선생께서 16세 되시던 1935년 4월 17일 부활절 주일날이었다. 선생께서는 이른 새벽 동네 후면에 우뚝 솟은 묘두산에 올라 기도에 몰두하고 계셨다.

이날 아침에 문 소년의 운명은 결정된 것이다. 문 소년은 기도 가운데 놀라운 역사를 목격하였다. 하늘이 열리고 광채가 찬란하고 태양과 같은 빛이 다가오더니 그 가운데 예수님께서 현현하셨다.

예수께서는 소년의 머리 위에 손을 얹고 말씀하셨다.

'들어라. 나는 예수이다. 내가 하나님의 독생자로 중생을 구원하러 땅에 왔었으나, 다 못한 일을 땅 위에 두고 왔다. 너는 그 사명을 인계받아 이제 그 뜻을 땅 위에서 성취하여라. 나는 이제부터 항상 너와 같이 하리라.'

장엄하고 엄숙한 선언이었다. 하늘의 명령이었다. 예수님은 장엄한 음악과 빛 속에 점점 사라져갔다.

소년은 기도에서 깨어나 자신이 엄청난 사명을 하늘로부터 내려 받았음을 깨달았다. 그로부터 이 말 못할 비밀을 가슴속 깊이 지니고서, 9년간에 걸쳐 숨겨진 우주의 깊은 진리를 탐구하는 길에 나섰던 것이다.

주위 사람들에게는 도저히 이해할 수 없는 구도의 길을 가는 소년이요 그리고 청년이었다. 이 9년 간 영계와 지상을 무릇 오르내리셨다. 석가와 공자와 예수와 대화하며 선영들과도 대화하며 그리고 갖은 악령들의 엄한 시련과 시험도 이만 저만이 아니었다.

그러다 급기야 선생은 하나님과 직접 대화하는 경지에 나아갔다. 탐구된 진리(통일원리)를 가지고 하나님과 문답하였다. 천지창조로부터 시작하여 타락인간의 모든 고민에 이르기까지 선생은 그 궁극의 원리를 하나님과 대화하였다.

이 기간은 또한 하나님께서 문선명 선생이 진정 인류구원의 중심자가 될 수 있는가를 백방만방으로 테스트하시는 기간이었다. 이 기간 중에 선생이 겪으신 난행, 고행은 아마도 영원히 신비에 묻혀 세상에 나타남이 없으리라.

마지막으로 선생은 하나님이 선생을 완전히 부정하는 자리에 서신 것을 알았다. 선생이 찾아낸 모든 원리가 틀렸다. 진실이 아니다라고 하나님은 심판하셨다.

선생은 40일간 금식하시며 그 원리를 다시 점검하셨다. 선생은 이를 가지고 '아무리 봐도 이 원리가 하나님의 궁극의 천지창조의 원리가 아닐 수 없으며 인간의 타락이 바로 이런 경로로 이루어진 것이 틀림없습니다' 하고 하나님께 당돌히 탄원하셨다.

그런데 하나님은 추상같은 노기와 위엄으로 진리가 아니다 하시며 다시 부정하셨다. 거기서 선생은 다시 40일간을 금식기도하며 그 원리의 재점검에 나서셨다. 그러나 그 결론은 역시 마찬가지였다. 선생께서 찾아내신 그 원리 이외에 어떤 원리도 찾을 수가 없었다. 선생은 다시 이제는 생명을 각오하고 하나님께 나아갔다.

'이것이 진리가 아니라면, 하나님은 아니 계신 것입니다. 나는 하늘 아버지를 그 역사적 슬픔과 고통에서 해방시켜 드리려 합니다. 나는 하나님의 심정을 알았습니다. 하나님 아버지, 당신은 역사를 두시고 이렇게 고통해 오시지 않으셨습니까. 만일 이것이 원리가 아닐진대 부디 이 순간에 제 생명을 거두어 주십시오.'

이것은 생명을 건 담판기도였다.

그때서야 하나님께서는 그것을 좋다 하시고, '내 아들아, 이리 다가오너라. 나는 네가 어디까지 내 시험에 견디는가를 시험하였노라. 너는 승리하였다. 네 말이 모두 옳다. 이제 너는 나의 유일한 아들이요, 나는 너에게 인류구원의 대역사를 맡기노라. 네가 찾은 진리는 천지인간(天地人間)을 재창조할 수 있는 생명의 말씀이니라.' 하고 선포하신 것이다.

이렇게 해서 오늘날 우리가 아는 이 통일원리가 진리로써 인류 앞에 현현한 것이다. 이것은 단순히 한 계시로써 그저 선생께 내려진 것이 아니다. 한 마디 한 마디 피땀 흘린 사탄과의 투쟁의 역사를 통하여 찾아내시고, 사탄의 참소를 이기시고 궁극에 가서 하나님의 어인을 받으시고 발표하신 것이다. 여기에 문선명 선생의 위대함이 있으시고 참구세주된 자격이 있으신 것이다. 이런 과정을 통하여 오늘날 우리가 아는 원리가 현현한 것이다. 그리하여 그 진리의 말씀이 〈성약의 말씀〉이 되고 문선명 선생은 그 말씀의 실체이신 것이다."

이와 같은 김일성과 문선명의 출생과 유년기의 성장배경에 관한 개관에서 하나의 공통점이라면 두 사람 모두 기독교적 가정의 분위기에서 태어나 자라났으며 서로 8살의 나이 차이가 나지만 시기적으로 우리나라가 일제 식민지 통치하에서 압박을 받고 있던 때에 태어나 동시대에 유년시절을 보냈다는 점이다.

그리고 김일성이나 문선명은 모두 어렸을 때부터 여느 아이들보다도 똑똑했고 항상 남보다 힘세고 용감했으며 또래집단을 리드하면서 약자는 도와주고 강자에겐 끝까지 대결하는 의리가 강한 어린이로 묘사되고 있다.

두 사람 모두 어렸을 때부터 부모님에 대한 효성이 남달리 지극하며 동네 못 사는 이웃들과 가난한 어린이들에게 동정심을 베풀었다고 되어 있다. 북한은 이러한 김일성의 부모에 대한 효성에 관하여 소학교(인민학교)와 중학교의 교과서에서 많이 다루고 있는 것은 김일성의 착한 어린 시절을 학생들에게 하나의 모범인물로 제시함으로서 김일성에 대한 존경심과 그의 높은 도덕성을 강조하는 양면효과를 얻을 수 있다고 보았기 때문이다.

예를 들면, 어느 추운 겨울 밤 김일성은 어머니를 언제나 따뜻한 방 아랫목에 모셨으며, 집안일과 밭일로 바쁘신 어머니를 도왔고 어린 동생을 돌보면서도 책읽기를 즐겨했다는 것이다. 그리고 앞을 못 보는 동네의 불쌍한 할머니를 보고 놀리는 동네 친구들을 혼내주는가 하면 공부를 못하는 친구를 놀리는 아이들에게 나무라면서 그 아이들을 잘 가르쳐 주었다는 것 등이다.

또한 김일성은 아주 어린 나이에도 불구하고 지주와 일본인들에 대한 적개심이 강하여 "왜놈과 지주, 자본가는 한 배속이다."라면서, 어느 날에는 친구들과 짜고 일본 순경을 강물에 빠지게 하여 골려 주었다는 일화도 소개하고 있다.

한편 문선명의 어린 시절에 관한 이야기에서도 김일성과 비슷한 행적이 나타나고 있다.

문선명은 어릴 때부터 주위의 자연환경에 대한 지적 호기심과 탐구심이 남달리 많아 혼자서 처음 보는 산천초목을 찾아 돌아다니다가 지쳐서 잠이 들었는데 밤 12시에 부모가 찾아 나서서야 집에 돌아올 때도 있었다고 한다.

그래서 산의 야생초와 조류 그리고 곤충들에 관한 관심과 탐구력이 강했으며 특히 사냥과 함께 물고기 낚시에도 뛰어난 재주가 있었다고 한다. 그래서인지 생전에 문선명은 바다낚시에 대한 취미가 많았다. 이것은 김일성도 북한 전역에 있는 그의 별장 안에는 반드시 낚시터를 만들어 두고 항상 낚시를 즐겼던 것이다. 다만 문선명은 주로 망망대해의 자연의 거친 바다 한 가운데서 다랑어와 같은 대형어를 낚는다면 김일성은 잔잔한 인공저수지에서 민물

고기를 잡는 배포의 차이라고 하겠다. 그러나 이러한 같은 낚시취미는 1991년 12월 6일, 함흥시 해변에 위치한 김일성의 휴양지 마전麻田에서 문선명과 김일성과의 만남자리에서 낚시 이야기로 서로의 관계를 부드럽게 만든 계기가 되었다고 한다.

그리고 두 사람의 출생신화에 있어서도, 김일성은 성장 이후의 항일운동을 두고 온갖 전설적인 투쟁활동을 중심으로 기술하고 있음에 비하여 문선명은 그의 출생에 관한 종교적 신비성을 매우 강조하고 있다. 통일교의 중심사상을 요약하고 있는 〈원리강론〉에서는 다음과 같이 문선명의 출생을 신비적인 사건으로 기록하고 있다.

> "…… 그러므로 이미 성서에 많은 백성과 나라와 방언과 임금에게 다시 예언하여야 하리라. (계 10:11) 고 말씀하신 바와 같이, 이 진리는 하나님의 계시로서 우리에게 나타나지 않으면 아니 된다. 그런데 하나님은 이미 이 땅 위에 인생과 우주의 근본 문제를 해결하게 하시기 위하여 한 분을 보내셨으니, 그 분이 바로 문선명 선생이시다. 이 분은 수십 성상을 두고 역사 이래 어느 누구도 상상조차 할 수 없었던 창망한 그 무형세계를 헤매시면서 하늘만이 기억하시는 진리탐구의 피어린 고난의 길을 걸으셨다. 인간으로서 걸어야 할 최대의 시련의 길을 다 걷지 않고는 인류를 구원할 수 있는 최종적인 진리를 찾을 수 없다는 원리를 아셨기에 선생은 혈혈단신으로 영계와 육계의 억만 사탄과 싸워 승리하신 것이다. 그리하여 예수님을 비롯한 낙원의 수많은 성현들과 자유로이 접촉하시며 은밀히 하나님과 영교하는 가운데서 모든 천륜의 비밀을 밝혀내신 것이다."

바로 이 글에서, 문선명을 초인적인 인물로 묘사하면서 '제2의 예수 재림'으로 상정하고 있어 근본주의적 보수신학파와 기존 기독교계에서 통일교의 교리를 이단으로 강하게 비판하게 되었고 문선명 교주와는 상종해서도 안 된다고 경고하는 근거가 되고 있는 것이다. 전통적인 기독교인이라면 예수를 유일한 하나님의 독생자로서 신처럼 규정하고 숭상하는 마당에 현존의 문선명을 예수와 동격으로는 당연히 용납할 수가 없었던 것이다.

사실 구세주救世主라는 것도, 성경상의 표현대로 구름타고 오시는 분이거나 기적을 행하는 초인超人이 아니라 문자 그대로 악으로부터 세상을 구(救世)하는 주인(主)되는 사람이면 누구나 구세주가 될 수 있는 것이다. 반드시 부활 예수만이 유일한 구세주는 아닌 것이다.

한편, 김일성이 항일 무장투쟁 과정에서 축지법을 쓰고 총알에 눈이 달려 왜경을 백발백중으로 맞히고 심지어 솔방울로 수류탄까지 만들었으며 가랑잎을 타고 강을 건넜다는 신화같은 이야기와 문선명이 16살 때 담판기도로 예수를 만나 인류구원의 사명을 받았고 현세와 영계를 자유로이 왕래하면서 예수나 석가와 같은 성인들을 만나 교신하였다는 시공간의 초월적 능력이 있다고 보는 것은 그 진위를 떠나서 상호간의 접점이라고 하겠다.

그러나 김일성의 신화는 누가 생각해도 극도로 조작된 인위적인 내용이지만 문선명의 경우는 다른 종교인들도 흔히 경험하는 신앙적 특수체험이라는 점과 실제로 체험한 본인이 아니고는 단정적으로 부정할 수 없다고 볼 때 동일선상에서의 비교평가는 불가능한 문제이기도 하다.

결론적으로 요약하여 두 사람간의 어릴 때에 있어서의 공통점이라면, 부모에게 효성이 지극했고 동네 또래들과는 달리 항상 정의롭고 용감했으며 불쌍한 이웃이나 친구들을 돌보는 자비심과 남보다 앞장서서 지도하는 어린이로 묘사되고 있음은 상통되는 점이다.

그리고 두 사람이 태어난 곳에 있어서도, 김일성의 출생지인 평양의 이른바 만경대는 북한사회에서는 '만경대 고향집'이라는 이름으로 성지 중의 성지로 꾸며져 있으며, 각종의 기록물과 영상매체와 함께 각급학교의 교과서에서 주요 학습단원으로 취급하고 있을 뿐만 아니라 북한 주민들은 물론 북한방문의 외국인들까지도 필수 답사지로 만들어 성지화聖地化 하고 있다면, 문선명의 경우도 그의 출생지인 평북 정주의 평범한 농가를 통일교의 신자들에게는 성지로 인식되고 있고 특히 일본의 통일식구들은 전세기로 단체방문하면서 성지화 하고 있다는 것은 서로의 접점인 것이다.

또한 김일성의 가문은 조선사에 있어서 증조할아버지인 김응우로부터 할아버지 김형직 그리고 김일성에 이르기까지 조국을 위해 투쟁한 혁명가족으로 기록되어 있다면, 문선명의 가정은 하나님의 사업을 완성하기 위하여 이 땅에 예수처럼 재림한 곳이며 하나님의 뜻길을 걷는 참가족의 혈통을 지닌 참가정이라고 묘사하고 있다는 점에서도 상호유사성을 보여주고 있다.

이러한 공통점과는 달리 서로의 차이점이라면, 김일성은 일제 식민지하의 독립운동을 하던 아버지 밑에서 일본에 대한 적개심과 증오심을 어릴 때부터 기르면서 반일反日 투쟁적 놀이와 혁명조직을 주로 했다면, 문선명은 기독교신앙적인 깨달음으로 민족과 인류를 구원한다는 심정에서 성서적인 사랑과 자비심을 중심으로 하는 구세주의 모습을 길러 왔다는 점이라 하겠다.

따라서 한 사람은 일국(북한)의 테두리 안에서 나름대로의 구국의 수준에 머물렀다면 다른 한쪽은 전 세계적인 차원에서 인류구원을 염원으로 한 것이므로 그 스케일이 다르다고 하겠다. 그리고 무엇보다 두 사람간의 근본적인 차이는 김일성의 경우 항일투쟁과 여러 가지의 신화는 과장이나 허구에 가까운 조작된 기록이라면 문선명은 비교적 사실적인 근거를 바탕으로 하고 있다는 점에서 그 질과 양에서도 근본적인 차이가 있다. 따라서 두 사람 간에는 사실성事實性과 실재성實在性 정도의 차이점이다.

그러나 무엇보다도 두 사람간의 메꿀 수 없는 간격은, 김일성은 2천만 북한주민들을 반세기 동안이나 눈과 귀, 입까지 막아 정신적으로는 사물의 옳고 그름조차 판별하지 못하는 저능아로 만들었고 신체적으로는 끼니도 먹지 못하여 영양실조에 걸려 왜소화시킨 사람이라면, 문선명은 한국의 잘못된 자본주의적 가치관이 빚어내고 있는 온갖 퇴폐적인 사회현상들-이기적인 인간관계, 성의 상품화, 핵가족화에 따른 가정붕괴-등에 대한 끊임없는 대안제시로 건전한 인격과 성숙사회를 건설하고자 했고 공산주의의 역사관의 위험성에 대한 경고와 함께 동시에 기성 종교계에도 새로운 신관으로 거듭나기를 호소하면서 민족과 인류의 올바른 미래를 각성시키려고 노력한 사람이라고 하겠다.

김일성과 문선명의 성격특성과 행동특징

우선 두 사람간의 외형적인 체구로 보아 키나 체중도 서로가 비슷하다. 김일성의 신체적인 정보자료가 없어 정확한 비교는 안 되지만 문선명의 체중은 보통 100kg 전후라고 알려져 있다.

성격특성으로서 김일성은 그의 잠재의식 속에 자리 잡은 햇빛 공포증Photo-phobia과 특이한 피해망상증으로부터 평생 동안 벗어나지 못하고 시달려 왔다. 그 뿌리는 1930년대의 그의 항일빨치산 활동기간, 그리고 1950년 6.25전쟁 중에 생겨난 것이다.

항일무장투쟁시기에는 주로 밝은 낮에는 어두컴컴한 비트나 동굴 속에 숨어 지내다가 밤이 되어야만 밖에 나와 활동하다 보니 햇빛은 항상 신변의 위험을 초래하는 것으로 각인되면서 햇빛공포증으로 고착되고 말았던 것이다.

이러한 그의 증상은 집권 후에도 그대로 나타나면서 김일성은 낮 보다는 밤늦게 집무를 보는 습관으로 변하여 당간부회의도 낮보다 밤에 소집되는 경우가 많았다. 한 가지 구체적인 사례로 1972

년 5월 남한과의 이른바 '7·4 공동성명'이 있었을 때, 평양을 극비리에 방문했던 당시의 이후락 정보부장과의 면담도 느닷없이 한밤중에 불려가서 시작됐다는 후문이다.

그 동기는 다르지만 밤잠이 없기로는 문선명도 김일성과 비슷하다. 문선명은 하루에 3시간만 숙면하면 충분하다고 하였다. 그래서 어떤 때는 통일교 간부들을 모아놓고 새벽까지 연속적인 설교를 하다 보니 간부들은 쏟아지는 잠을 참아내기가 여간 고역이 아니라고 했다. 무려 23시간을 쉬지 않고 연속설교를 한 적도 있다고 한다.

그런데 김일성이 지닌 특이한 피해망상증은 비행기에 대한 공포증으로 나타났다. 이것도 1930년대 만주에서의 게릴라 활동시기 일본군의 정찰기에 대한 두려움과 함께, 더욱 결정적인 것은 6.25 전쟁 중 평양시가지가 미군기에 의한 무차별적인 폭격으로 엄청난 피해를 받은 것을 목격하고부터 비행기는 그의 뇌리에 엄청난 공포증으로 깊숙이 각인되었던 것이다. 이후부터는 비행기 소리만 들어도 불안감에 휩싸이게 되었던 것이다. 그래서 그는 비행기에 대한 공포증으로 장기간의 집권과정에서 모스크바 방문과 같은 아무리 먼 거리라도 반드시 지상으로 달리는 전용열차를 이용하였던 것이다. 이것은 고소공포증Acro-phobia 때문이 아니라 비행기 공포증이며 특이한 피해망상증이라고 하겠다.

이러한 김일성의 성격특성에 비하여 문선명의 경우는 어떠한 정신적인 결함이나 트라우마Trauma는 없으나 몇 가지의 행동특징은 가지고 있었다.

그것은 대중집회나 설교에서 그의 열정적이고 파격적인 언변과 자세는 청중들로 하여금 숨을 죽이게 만드는 어떤 제압술을 가지고 있었다는 점이다. 세계적인 집회나 세미나에서만은 정장차림의 예를 갖추었지만 보통 때는 항상 간편한 평복으로 청중들 사이로 걸어 다니면서 연설을 하였고 말의 속도도 매우 빠르고 특이하여 자주 들었던 사람이 아니면 쉽게 알아듣기 힘들었다. 그러나 주요대목에서는 목청이 어찌나 크고 우렁차던지 앞자리에 앉은 사람은 귀가 멍해지는 정도였다. 그래서 그는 별로 마이크를 잘 쓰지 않았다. 이것은 그의 나이 90세에 이르러서도 여전했다.

또한 강연 중에는 청중들에게 자주 반문反問을 많이 했고 때로는 사회적인 신분이나 지위고하를 막론하고 청중들에게 야단을 잘 쳤던 것이다. 그것은 하나님의 뜻 길을 잘 따라오지 못하는 대중들에 대한 선도자들이 쉽게 보여주는 조급함과 안타까움이라고 본다. 예수도 그랬고 석가도 그랬다. 세상의 영웅호걸들이 그랬듯이 그도 어떤 역경에 대한 담대함과 세계를 자신의 품안에 안으려는 열정과 배포를 가졌던 것이다.

배움의 천리 길과 현해탄 만리 길

김일성의 '배움의 천리 길'

1920년, 김일성의 아버지 김형직이 당시 3.1독립운동으로 국내의 정세가 위급해지자 일제의 단속을 피해 압록강을 건너 만주의 임강臨江으로 피신하여 2년 정도 정착했을 즈음, 뒤따라 온 김일성이 그곳에 있었던 중국계의 모아산소학교帽兒山小學校와 일제의 조선총독부로부터 보조금을 받고 있던 모아산숙帽兒山塾 가운데 어디에 입학했는지를 두고 전문가들은 여러 가지 견해를 밝히고 있다. 여하튼 만주에서는 김일성이 제도권 학교에서의 공부는 '모아산소학교'에서부터 시작된 것은 사실이다.

그러나 1921년 여름, 김일성 일가는 현재 평북 포평葡坪에서 압록강을 사이에 두고 바라다 보이는 팔도구八道溝라는 촌락으로 이사를 가게 되었고 김일성은 다시 팔도구의 소학교 2학년으로 편입하게 된다. 그 학교는 '장백현립 제7분교長白縣立 第七分校' 또는 '제7

정몽학교第七正蒙學校'였다. 학교명으로 보아 그곳에는 일제가 관리한 학교인 듯하다.

여기서 한 가지 재미있는 사실은, 김일성의 대표적인 혁명역사를 다루고 있는 〈불멸의 흔적을 찾아서〉라는 책에서는 김일성의 최초의 학교생활이 시작되었던 모아산소학교는 재중 조선족들에게 귀화교육을, 모아산숙은 친일교육을 강요했다는 점과 제7정몽학교는 산골에 위치한 소규모의 초라한 분교였다 라는 이유로 모두 삭제하고 그냥 '팔도구소학교'로만 기록하고 있다는 점이다.

그런데 11살의 어린 나이였던 김일성은 아버지의 뜻에 따라 1923년 3월 16일, 만주의 팔도구를 떠나 평북의 강계를 거쳐 회천, 개천, 평양에 이르기까지 13일 동안 산길을 걸어서 생가로 돌아오게 된다. 이것이 이른바 '배움의 천리 길'이라는 것으로, 1974년 3월부터 북한의 초-중등학교의 학생들에게 매년 김일성이 걸어왔다는 그 길을 따라 행군을 하는 기념행사를 실시해 오고 있다.

고향에 혼자 돌아 온 김일성은 외할아버지(강돈욱)가 교편생활을 하고 있던 창덕학교昌德學校에 들어가게 된다. 창덕학교는 1909년에 설립된 개신교 계통의 학교로 김일성은 외할아버지가 맡고 있던 종교과목의 수업도 받았던 것이다. 그런데 김일성은 외할아버지가 가르치는 개신교의 성서과목을 별로 좋아하지 않았고 한문 공부도 매우 어렵게 여겼다.

그리하여 김일성은 1925년에 창덕학교를 중도에 그만두고 다시 부모가 있었던 만주로 왔던 길을 따라 되돌아갔다. 이것을 북한에서는 '배움의 천리 길'과 함께 '광복의 천리 길'이라고 하면서 각급학교에서 배우는 〈김일성원수님의 혁명력사〉라는 이름의 교과목에서 설명하고 있다. 그 설명문에는, "…… 고향을 등지고 오로지 조국광복을 위해 먼 타국으로 나서는 14살의 장행壯行이셨다."라고 표현하고 있다.

다시 만주로 돌아 온 김일성은 1925년 5월에 무송소학교撫松小學校에 들어가 1년 후에 졸업을 하고 아버지가 죽은 해인 1926년에 화성의숙華成義塾이라는 민족주의적 성격의 학교에 입학했지만 부친의 죽음으로 중도에 그만두게 된다. 그런데 1961년까지의 북한문헌에서는 김일성이 화성의숙을 졸업하고 길림에 있는 육문중학교毓文中學校에 입학했다고 설명하고 있으나 1961년판의 〈조선근대혁명운동사〉에서는 무송학교를 졸업하고 화성의숙에 입학, 퇴학, 육문중 입학 등 4~5개월 사이에 3개의 학교를 전전한 것처럼 기록하고 있다.

그런데 〈김일성원수님의 혁명력사〉에서는 그가 육문중학교에 다니는 동안 '소년회'와 '유길학우회留吉學友會'라는 학생조직에 가입하여 활동했다고 밝히고 있다. 이것을 두고 1979년부터 일본에서 김일성의 주체사상을 재일교포들에게 전파하기 위하여 일본어로 출판하기 시작한 백봉문고白峰文庫에서는 "…… 김일성원수님이 회원들을 조직지도하고 이끌어시였다."라고 돼 있지만 북한문제 전문가로 우리들에게 잘 알려져 있는 동경대東京大의 와다하루끼和田春樹 교수는 1992년에 쓴 그의 저서 〈김일성과 만주항일전쟁〉에서 "…… 당시 대학생을 중심으로 결성돼 있던 '유길학우회'를 중학교 1학년생이 지도했다는 북한의 주장은 무리"라고 하면서 그런 사실을 부정하고 있다.

여기서 한 가지 주목되는 것으로, 김일성이 공산주의 이론을 처음으로 접하게 된 계기로는 당시 육문중학교에 부임해 온 중국 공산당원이었던 상월尙鉞이라는 이름의 중국인 국어과 교사였다는 것이다. 상월은 상해에서 가져 온 레닌의 〈제국주의론〉의 번역본을 수업 중에 학생들에게 읽어 주었고, 또한 그는 중국공산당 창립의 일원으로 유명한 이대소李大釗, 그리고 중국의 계몽문학의 선구자인 노신魯迅과 함께 소비에트 문학의 아버지라고 불리는 고리끼M. Gorky의 작품들을 교재로 삼았으며 자신도 항일운동과 공산당 활동으로 일경에 잡혀 항주抗州 감옥에 갇혀 있다가 탈주한 열렬한 공산주의자였다. 그것을 계기로 김일성은 그의 공산주의 이론과 혁명투쟁 활동에 커다란 감동을 받았다는 것이다.

이와 같은 김일성의 학교교육 과정은 여러 가지로 그 당시의 불안한 시국 때문이기도 하지만 일관된 제도교육을 받지 못하고 여기저기 학교를 전전하면서 불안정한 학교생활을 보낸 것으로 보인다. 김일성 자신도 학교공부에는 별로 흥미가 없었고 또한 기존의 조직이나 규칙에 적응하기 보다는 새로운 조직을 꾸며 주도하고 반항하는 성격과 사고태도를 가졌다고 그의 자서전 〈세기를 넘어서〉에서 밝히고 있다.

문선명의 '현해탄 만리 길'

문선명은 어렸을 때는 글방에서 논어나 맹자와 같은 한문을 배우려 다녔고 14살 때는 당시 소학교에 다니기 전에 1년간 공부하는 '원봉학원'에서 공부하다가 15살에 정주 사립 '오산보통학교'五山普通學校 3학년으로 편입하게 된다. 집에서 20리길이나 떨어진 학교를 매일 통학하면서도 성적이 뛰어나 1년 만에 5학년으로 월반하게 된다.

그런데 오산보통학교는 독립운동 33인 중의 한분인 이승훈李昇薰이 세운 민족학교라 일본어를 가르치지 않았다. 그러나 문선명은 일본을 이기려면 그들의 말부터 알아야만 된다고 생각하고 공립학교인 정주보통학교定州普通學校 4학년으로 다시 편입학하게 된다. 1938년 3월 정주보통학교 제29회 졸업식에서 문선명은 학생대표로 단상에 올라 학교의 일본인 교사들에 대한 비판과 함께 참된 민족적인 지도자상에 대한 소견을 역설하여 그런 일로 순사巡査(경찰관)들의 요주의 학생으로 지목되면서 감시의 대상이 되었다.

1938년 4월, 문선명은 정주에서 단신으로 서울로 내려와 '경성상공 실무학교' 전기과에 입학하여 1941년 3월에 제3회로 졸업하게 된다. 현재 서울시 동작구 흑석동에 있었던 학교의 근처에 방을 구해놓고 자취를 하면서도 매달 고향서 보내주는 생활비를 학비를 못내는 가난한 친구를 도와주어서 자신은 점심을 굶기도 했을 뿐만 아니라 한겨울임에도 냉방에서 지내기도 했다는 것이다.

1941년 4월, 문선명은 부산에서 일본으로 가는 쇼케이마루昌慶

丸라는 관부 연락선을 타고 만리 길 타국의 일본유학을 떠나게 된다. '배움의 만리길'이었던 것이다.

일본 도쿄東京에 도착하여 와세다대학早稻田大學 부속학교인 와세다고등공학교早稻田高等工學校에 입학하여 전기공학 전공으로 공부하면서 학비와 생활비를 벌기 위하여 온갖 아르바이트를 하게 된다. 일본을 철저히 알기 위해서 도쿄東京의 중심지인 긴자銀座에서 리어카꾼으로 막노동도 했고 뒤에는 가와사끼川崎철공소에 노동자로 들어가 힘든 일도 하였다. 그리고 이때 전기공학의 이론과 현상을 배우면서 우주의 원리와 운동법칙을 깨닫기 시작했고 통일교의 기본이론이라고 할 수 있는 '원리원본'原理原本을 잉태하게 되었다고 한다.

한편 당시 유학생들로 조직된 항일독립운동을 위한 지하학생운동 단체에 가입하여 활동하다가 발각되어 학교 근처에 있는 파출소에 잡혀가기도 했는데 그 때부터 항상 일본 경찰서의 고등계 형사들의 감시와 미행을 받으면서 불온한 요주의 유학생으로 낙인이 찍혔다.

그런데 제2차 세계대전 중 일본은 전선에 충원할 병력이 모자라기 시작하자 1943년부터는 조선유학생들까지 학병으로 강제로 연행하는 판국이었으므로 문선명은 1943년 9월에 전기공학과 제25회 졸업생으로 조기졸업하고 다시 관부 연락선 곤론마루昆崙丸를 타고 몰래 귀국하게 된다.

일제의 강제 학도병을 피해 귀국한 문선명은 해방될 때까지 형사들의 추적으로 잡혀가서 피를 토하는 고문을 받기도 하였지만 오로지 신앙에 대한 집념으로 기도하면서 그들을 용서하였고 서울에 가서 여러 신흥종교 목사들과 만나면서 통일교라는 새로운 신앙세계를 여는 씨앗을 뿌리게 되었다.

배움의 길에서의 두 사람의 접점과 분기점

일제하에서 학교생활을 보낸 김일성과 문선명은 다 같이 오늘날과 같은 안정된 환경에서 정규교육을 받기에는 어려운 시대적인 배경과 조건이었다.

그러나 문선명은 비교적 순조로운 정규교육을 거치면서 일본에서도 현재까지 사립대학으로 유명한 와세다대학早稻田大學의 이공학부의 전신이기도 한 와세다고등공학교에 유학을 할 정도였는데 반하여, 김일성의 경우는 초등학교부터 입학과 전학을 전전한 매우 불안정한 상황에서 체계적인 공부는 하지 못했던 것이다.

그러나 김일성의 학교생활에 대한 1933년판의 북한문헌에 의하면, 그의 학교생활은 평양이 아닌 만주의 임강소학교臨江小學校를 시작으로 팔도구소학교八道構小學校, 평양의 창덕학교彰德學校 그리고 다시 만주의 무송소학교撫松小學校로 갔으며 그곳에서 다시 화성의숙華成義塾을 거쳐 마지막에는 길림의 육문중학교毓文中學校를 다녔다고 돼있지만 중학교까지 무려 6개의 학교를 전전한 셈일 뿐만 아니라 중학교를 정식으로 졸업했다는 기록도 없이 애매한 상태이다.

이러한 두 사람간의 학교교육 과정상의 차이와 함께 비슷한 접점이라면 둘 다 학교생활 중 남보다 뛰어난 학구열과 학생지도력 그리고 항일학생운동을 했다는 점이다.

가령 김일성은 중학교 때 항일 독립투쟁 조직을 만들고 동맹휴학의 선봉에 섰으며 문선명도 일본 유학시절 반일단체에 가담하여 경찰의 감시인물로 지목됐다는 점이다. 다만 김일성은 공산주의 사상으로 민족독립투쟁을 했다면 문선명은 종교사상적인 애국주의로 독립운동에 가담했다는 차이가 있다. 그런데 김일성의 경우 육문중학교를 다닐 때인 18살의 나이로 학생조직의 리더가 되어 조직원들에게 공산주의 이론과 투쟁방법을 지도하고 교육시켰다는 북한의 역사기록은 상당히 허구적인 과장이라고 평가하는 것이 국내외의 많은 북한연구 학자들의 견해이다.

김일성의 독립투쟁과 문선명의 투옥생활

김일성의 독립투쟁과 투옥생활

김일성의 성장과정은 북한의 각종 문헌상으로는 수많은 고난과 투쟁의 역사로 이루어져 있다고 돼 있으나 감옥에서 고생했다는 기록은 오직 한 군데만 있다. 아마 그것은 누가 감히 위대한 원수님을 잡아다가 감옥에 넣을 수 있느냐는 계산에서인 듯 여겨진다.

그의 투옥생활에 관한 유일한 자료는 고등중학교 1학년 교과서인 〈위대한수령 김일성대원수님혁명활동〉이라는 데서는 다음과 같이 쓰고 있다.

> "길림감옥에서…… 위대한수령 김일성대원수님께서는 길림에서 청년학생들의 투쟁을 현명하게 이끄시었다.
>
> 그리하여 길림육문중학교 학생들의 동맹휴학, 길림과 회령사이에 철길을 놓는 일제 놈들을 반대하는 투쟁, 일본놈들의 상품을 배척하는 투쟁 등에서 큰 승리를 거두시였습니다.

경애하는 대원수님의 지도밑에 실지 투쟁에 참가했던 청년 학생들의 기세는 날을 따라 높아갔습니다.

여기에 겁을 먹은 일제 놈들은 여기저기에 밀정을 박아넣고 조선사람들의 움직임을 살피게 하였습니다. 그리고는 중국반동 군벌을 부추겨 조선공산주의자들과 반일독립운동자들을 닥치는대로 잡아가두게 하였습니다.

그리하여 주체18(1929)년 가을에 들어서면서 길림시의 형편은 몹시 어마어마해졌습니다.

이러한 때 길림제5중학교 학생들의 독서회에서 뜻하지 않게 단서가 잡혀 시안의 청년학생들이 체포되기 시작하였습니다.

수많은 공청원들이 매일같이 잡혀가고 여러 학교들이 놈들의 감시속에 들게 되었습니다.

경애하는 대원수님께서는 한몸의 위험을 무릅쓰시고 혁명조직들과 동지들을 구원하기 위하여 힘찬 활동을 벌리시였습니다.

그러시다가 그만 중국반동경찰놈들에게 체포되시였습니다.

반동경찰놈들은 조직망을 알아내려고 체포한 청년학생들을 얼려도 보고 고문도 하였습니다.

그러나 놈들은 아무런 비밀도 알아낼수 없었습니다.

반동경찰놈들은 조직의 비밀을 알아내지 못한채 경애하는 대원수님과 청년학생들을 길림감옥으로 넘겼습니다. 그리하여 경애하는 대원수님께서는 길림감옥에서 옥중생활을 하게 되시었습니다.

위대한 수령 김일성대원수님께서는 감옥안에서도 혁명활동을 멈추지 않으시였습니다.

경애하는 대원수님께서는 파괴된 혁명조직을 바로잡고 그

조직들이 활동을 계속하게 할것을 다짐하시었습니다.

감옥안에서 투쟁을 벌리자니 혁명조직들과 련계를 맺는것이 문제였습니다.

이 문제를 풀자면 간수들을 교양하여 리용해야 하였습니다.

그러던 어느날이였습니다.

감옥에서는 감방을 수리하면서 청년학생들을 중국인죄수들과 얼마동안 같이 있게 하였습니다.

그런데 경애하는 대원수님과 한 감방에 있던 중국인죄수가 갑자기 독감에 걸려 자리에 눕게 되었습니다. 그는 도적질을 하다가 잡혀온 사람인데 성격이 몹시 거칠었습니다. 그러다보니 심하게 앓았지만 누구도 돌봐주는 사람이 없었습니다.

하지만 경애하는 대원수님께서는 자신의 이불을 그에게 덮어주시고 간수를 시켜 약도 가져오게 하시였습니다.

행동이 너무 거칠어 그 죄수를 밉게 보아오던 리가성을 가진 간수는 조선사람이 중국사람을 돌봐주는것을 보고 몹시 감탄하였습니다.

그 죄수는 경애하는 대원수님의 따뜻한 간호를 받고 병석에서 일어났습니다. 그는 자기를 그처럼 도와주신데 대하여 고맙게 여기며 경애하는 대원수님을 무척 존경하였습니다.

간수들은 이 사실을 보고 몹시 놀랐습니다. 그것은 간수들에게도 막 대들던 그 죄수가 중학생인 경애하는 대원수님앞에서 고분고분하는 사람으로 갑자기 변했기때문이였습니다.

이때부터 리간수는 경애하는 대원수님을 어렵게 대하기 시작하였습니다.

그는 길림감옥 간수들가운데서 온순한 사람이였는데 밥을

벌어먹기 위해 간수로 일하고있었습니다.

경애하는 대원수님께서는 리간수를 이모저모로 알아보신후 그를 쟁취하기로 결심하시고 그와 말할 기회를 많이 만드시였습니다.

그 과정에 그가 동생의 약혼식을 앞두고 례장감을 구하지 못해 안타까와한다는것을 알게 되시였습니다.

경애하는 대원수님께서는 감옥에 찾아온 동무들에게 조직을 발동하여 이 문제를 풀어주게 하시였습니다.

며칠후 리간수는 경애하는 대원수님을 찾아와 례장감을 장만해주어 고맙다고 말씀드렸습니다. 그리고는 감옥에서 당신을 공산주의자라고 하는데 그것이 정말인가고 물었습니다.

경애하는 대원수님께서 그렇다고 말씀하시자 그는 모를일이다, 아무려면 당신같이 선량한 사람이 남의 것을 빼앗겠는가, 당신이 공산주의자가 틀림없다면 공산주의자들이 나쁜 사람이라고 선전하는것은 그릇된 말이라고 열을 내여 말하였습니다.

그러자 경애하는 대원수님께서는 공산주의자들은 착취와 압박이 없고 모든 사람이 다 잘 사는 사회를 세우기 위해 투쟁하는 사람들이라고 하시였습니다. 그러시면서 우리 조선공산주의자들은 조선땅에서 일제를 몰아내고 빼앗긴 나라를 찾기 위하여 싸우는 사람들이라는것을 이야기해주시였습니다.

경애하는 대원수님께서는 계속하여 돈많고 잘 사는놈들이 공산주의자들을 나쁘다고 욕하는것은 공산주의자들이 지주, 자본가놈들이 판을 치는 나쁜 세상을 뒤집어엎으려고 하기때문이라고 해설해주시였습니다.

리간수는 머리를 끄덕이며 자기들이 무식하다보니 거짓선전에 속았다고 하면서 이제부터는 그런 말을 믿지 않겠다고 하였습니다.

이런 일이 있은 다음부터 리간수는 경애하는 대원수님의 부탁을 잘 들어드렸습니다. 다른 감방과는 물론 감옥밖과의 련계도 맺어드렸습니다.

그리하여 그를 통하여 바깥조직과 련계를 맺으시고 혁명조직들을 지도하실수 있었습니다.

경애하는 대원수님께서는 한편 감방안에서 지난날 나라를 찾겠다고 나섰던 사람들이 무엇을 잘못하였는가를 따져보시였습니다.

그러시면서 혁명을 그들처럼 해서는 안되겠다고 생각하시였습니다.

뿐만아니라 자기 나라 혁명은 자신이 책임지고 자기 인민의 힘에 의거하여 수행해야 승리할수 있다는것과 혁명에서 나서는 모든 문제를 자기 머리로 생각하고 자기 나라 실정에 맞게 풀어나가야 한다는것을 깊이 느끼게 되시였습니다.

경애하는 대원수님께서는 감방에서 조선혁명을 어떻게 이끌고나갈것인가에 대하여서도 깊이 생각하시였습니다.

경애하는 대원수님께서는 이 과정에 일제를 때려부시고 나라를 찾자면 손에 무장을 들고 싸워야 한다는 생각을 굳게 가지시였습니다.

그리고 로동자, 농민을 비롯한 일제를 반대하는 모든 사람들을 묶어세워 투쟁에 불러일으키며 새로운 혁명적당을 내와야 한다는것도 생각하시였습니다.

경애하는 대원수님께서 내놓으신 조선혁명의 로선은 이렇게 마련된것이였습니다.

경애하는 대원수님께서는 한편 감옥에서 빨리 나가기 위한 투쟁을 벌리시였습니다.

경애하는 대원수님께서는 감옥에 갇혀있는 동무들과 함께 단식투쟁을 벌리기 위한 준비를 짜고드시였습니다.

경애하는 수령 김일성대원수님께서는 다음과 같이 교시하시였습니다.

〈그때 우리가 생각한 투쟁방법은 단식이였다. 우리는 우리의 정당한 요구가 관철되지 않으면 자리에서 일어나지 않을 비장한 결심을 하고 투쟁에 들어섰다.〉

경애하는 대원수님께서는 준비가 갖추워지자 감옥안에 있는 모든 사람들을 일제히 단식투쟁에로 불러일으키시였습니다.

단식투쟁이 시작되자 매 감방에서 밥그릇이 그대로 되돌아나갔습니다.

얼마전까지만 해도 밥 한그릇을 놓고 싸우던 중국죄수인들까지 음식에 손을 대지 않았습니다.

이것은 반동군벌놈들에게 큰 타격으로 되었습니다.

경애하는 대원수님께서는 이러한 때 감옥밖에 있는 동무들도 감옥안에 있는 동무들을 빨리 내보낼것을 요구하여 투쟁하게 하시였습니다.

그들은 경애하는 대원수님의 말씀대로 길림감옥의 반동적죄행을 폭로하면서 련일 세찬 투쟁을 벌렸습니다.

중국반동군벌놈들을 반대하는 투쟁기세는 날이 갈수록 더 높아갔습니다.

반동군벌놈들은 굳게 뭉친 청년학생들의 투쟁앞에 드디어

> 굴복하고야말았습니다.
>
> 그리하여 위대한 수령 김일성대원수님께서는 주체19(1930)년 5월초 조선혁명의 크나큰 뜻을 안으시고 동지들과 함께 감옥에서 나오시게 되었습니다.(24)

한편 김일성의 일생에서 가장 혹독한 시련기라면 1930년대 소수의 게릴라부대를 이끌고 만주 백두산 일대에서 항일독립투쟁생활을 했던 때이다. 만주 쪽의 백두산 속에 숨어 게릴라전으로 출몰하면서 괴롭히니까 일제는 만주주둔군대인 관동군關東軍 특수부대를 투입하여 김일성부대를 대대적으로 토벌하자 점차 소련국경으로 이동을 하여 블라디보스토크에 근거지를 만들었고 그곳에서 김정일도 출생했다고 보고 있다.

문선명의 국내외적 종교핍박과정과 투옥생활

문선명의 생애에서 항일투쟁이라면 고등학교 시절의 저항정신과 일본 유학생시대에 겪었던 일본 공안경찰과의 충돌 등으로 김일성과 같은 일제식민지 치하에서의 항일무장투쟁의 여정은 없었으나, 한 사람의 종교인으로서 북한 공산정권하에서의 투옥생활과 서울과 미국에서의 종교탄압에 의한 감옥생활은 누구에게도 쉽게 찾아볼 수 없는 고난과 역경의 삶을 살아왔다. 그러나 신흥종교의 교주로서 국내에서 기존 종교단체들로부터 당한 수모와 핍박은 그가 이 세상을 떠날 때까지 이어졌던 것이다. 개략적인 내용은 다음과 같다.

* 1942년, 일본에서 유학생활을 하는 동안 항일지하학생운동 단체에 가입하여 일본 천황유일주의를 타도하기 위하여 활동하다가 와세다 대학 근처의 파출소 유치장에 끌려들어가면서 고난의 역정이 시작된다.

* 1944년 10월, 일본에서 귀국하였을 때 유학기간에 있었던 항일 활동의 전력으로 감시를 받던 중 경기도 경찰부에 잡혀가 4개월여 동안 모진 고문을 당함.

* 1946년 8월, 북한 김일성 정권은 1946년 6월부터 북한 전역에 걸쳐 기독교에 대한 탄압에 들어갔다. 문선명은 종교를 통하여 혹세무민惑世誣民하고 사회질서를 어지럽게 했다는 죄목과 남조선 이승만 정권의 앞잡이라는 터무니없는 간첩죄명으로 평양의 대동보안서에 갇혀 3개월여 혹독한 고문을 받고 나서야 석방됨.

* 1948년 2월 22일, 문선명이 이끌었던 통일교회가 날로 신도수가 늘어나고 여타 교회의 신도까지 가입하면서 교세가 불어나자 당시 김일성 정권의 종교탄압 정책과 함께 다른 교회의 목사들의 질시에 의하여 없는 혐의를 조작하면서 문선명은 평양 내무서에 연행되었고 2개월간 모진 고문과 함께 강제삭발을 당하였다. 그러나 문선명은 이러한 시련을 오로지 하나님에게로 가는 길을 막아서는 사탄의 발악으로 여기고 죽음의 고문을 극복함.

* 1948년 4월 7일에 법정공판이 열리고 평양형무소에 수감됨. 수감 중에 문선명을 무고하게 투옥시켰던 공산당 간부가 면회를

와서 양심고백을 했으나 석방되지 못하고 기차로 17시간을 걸려 흥남특별노무자 수용소로 이감됨. 수감번호 596번이었다.

* 1948년 6월 21일부터 무려 2년 8개월 동안 흥남 덕리德里에 위치한 특별노무자수용소에서 강제노역 생활을 함.

당시 김일성은 소련 스탈린이 시베리아 포로수용소의 포로들을 잡아다가 혹독한 강제노동을 시키고 있는 것을 그대로 본받아 죄수들을 흥남에 있는 〈조선질소비료 주식회사 흥남공장〉이라는 비료공장에 투입시켜 가혹한 강제노동을 시켰음.

문선명은, 지독한 강제노동 과정에서도 악과 사탄들과 싸워서 이기는 길은 그들 스스로가 감동을 하도록 만드는 것이라고 생각하고 병들고 굶주려 죽어가는 참혹한 환경 속에서도 어떠한 어려운 일도 다른 죄수들 보다 솔선수범하여 몇 배나 더 많이 더 빨리 해 보이겠다는 각오로 일을 하자 '모범 노동자 상'을 받게 되었고, 그 과정에서 수많은 동료죄수들의 고통과 어려움을 도와줌.

이것을 문선명은, "…… 감옥에 있어서 구세주가 못되는 것이 평화시대에 구세주라고 한다면 그는 가짜 구세주예요. 뭐 '옥중의 성자'라고 해서 흥남감옥에 있던 사람이 나에 대해서 쓴 책(김인호, 〈서울로 오는 길〉)이 있는 것을 내가 알고 있지만 말이에요. 감옥이 나에게는 무서운 곳이 못돼요. 채찍이 제 아무리 무섭고, 그 환경이 제 아무리 모질다 하더라도 그것은 사랑을 흠모하는 마음을 점령 못했습니다. 하나님을 부르고, 아버지를 부르고, 하나님을 위하는 향심向心을 꺾어내지 못했어요. 그 힘을 중심삼고 나는 종적인 단계를 해방할 수 있는 터전을 공고히 닦은 것입니다."라고 그의 자서전(평화를 사랑하는 세계인으로)에서 술회하고 있다.

1950년 6월 25일 한국전쟁 발발되었다. 그해 8월이 되자 미군 폭격기 B-29가 흥남의 비료공장 일대를 맹폭격하였다. 그러자 북한군은 퇴각하면서 죄수들을 총살하기 시작하였다. 그런데 유엔 지상군이 갑자기 흥남까지 진격해 오자 다급해진 그들은 죄수들을 무더기로 끄집어내어 처형하기 시작했다. 문선명의 차례가 되었을 무렵 갑자기 유엔군 폭격기 한 대가 형무소 상공에 나타나 기총소사를 하는 바람에 간수들은 혼비백산했고 그 틈을 이용하여 상당수의 죄수들은 도망치면서 기적적으로 살아남게 되었다. 그래서 10월 14일 새벽 2시경에 문선명은 감옥을 탈출하게 된다. 그 길로 걷고 걸어 12월 21일에야 임진강을 건너 신앙의 자유가 있는 남한으로 넘어와서 부산까지 걸어서 도착한 다음 범냇골에 움막을 짓고 살면서 낮에는 부두노동자로 밤에는 '원리원본'을 지었다. 1951년 1월 27일에 부산에 도착한 날을 통일교에서는 '부림절釜臨節'이라고 부르면서 기념하고 있다.

* 1955년 7월 13일부터 문선명은 서대문 형무소에 병역기피 및 공산당의 첩자라는 죄목으로 투옥되어 3개월여 수감생활을 함.

통일교는 당시 새로 출발하는 조그만 신흥교회였으나 기존 개신교의 교리와는 달리 〈원리원본〉에 따라 새로운 관점으로 하나님을 해석하고 설교하자 당시 지적 수준이 높았던 연대와 이대생들이 감명을 받고 대거 입교하였고 심지어 학생단속 차 파견된 이화여대의 교수들도 통일교리에 심취하게 되었다. 이것이 그 유명한 1955년에 있었던 '이대 사건'으로 당시 한국의 정계와 종교계에 커다란 파문을 일으켰고 훗날 두고두고 개신교계로부터의 배척과 핍박의 구실이 된다.

사태가 심각해지자 미국의 미션계통으로 출발한 연대와 이대의 선교사들과 기성교회의 목회자들이 중심이 되어 이승만 정부의 정치 권력자들(이기붕, 박 마리아, 개신교 신자였던 5개부처 장관들)에게 통일교를 이단으로 몰도록 부추기면서 문선명을 '사탄'이라는 말을 위시하여 '이단 괴수, 마귀대장, 사교의 왕초' 등으로 모함하고 탄압하기 시작했다. 그들은 통일교의 교리와 교세확장을 '무서워' 반대하면서도 제일 '나빠서' 반대한다고 선전하게 되었다. 이것은 '이대. 연대 교수와 학생 강제 축출사건'으로 전개되면서 종교계뿐만이 아니고 정치, 사회문제로까지 확대되었는데 그 사건에 관한 전말을 통일교의 관련 자료에서는 다음과 같이 구체적으로 설명하고 있다.

이대. 연대 사건이란 무엇인가?

이화여대. 연대(당시 연희대)의 남녀 두 대학은 모두 기독교 재단에서 세우고 경영하는 기독교계 종합대학이다. 그 당시 이승만 정권은 기독교 정권이라 해도 과장이 아닐 만큼 기도교 색깔이 강했고, 더구나 이대의 부총장은 나는 새도 떨어뜨린다는 국회의장 이기붕(후에 부통령이 됨) 씨의 부인 박마리아 여사였다. 그러니 당시 이대. 연대는 이승만 정권 권좌의 높은 누각에 위치하고 있었다.

기성종교는 항상 신흥종교를 이단시하고, 멸시하고, 천대하고 죄악시한다. 그것이 2000년 전 예수님이 오셨을 때 기성종교인 유대교가 신흥종교인 예수교를 이단시했던 것과 같다.

당시 한국의 기독교는 2000년 전의 유대교와 같은 권좌에 앉아서 신흥종교인 통일교회를 이단시하였다. 더군다나 통일교회가 예수의 재림을 부르짖고, 이미 그 재림이 이루어졌다 하니 이는 이단도 보통 이단이 아닌 것이다. 예수님을 하나님 자신으로 믿는 기성기독교에 있어서 이는 도저히 용납될 수 없는 이단 집단이었다. 그들의 갖은 박해의 목표는 통일교회를 하루속히 십자가에 못박는 일이었다. 거기에다 그들에게는 정권의 온갖 권세가 이 박해에 가담해 주었다.

종교의 자유가 있다 하는 대한민국의 헌법 하에 유교, 불교, 무종교를 묻지 않고 학생을 받는 이대·연대였지만, 젊은 교수와 학생들이 진리를 찾아 떼를 지어 통일교회에 드나드는 꼴을 간과할 수는 없었다.

당시 이대총장 김활란 박사는 신학을 잘 공부한 심복 민완 교수였던 김영운 선생을 시켜 통일교회의 강의를 듣고, 교회에도 침투하여 그 비리를 백일하에 설파하라고 명령하였다. 김영운 선생은 대학총장의 지시를 받아 통일교회 안에 깊숙이 들어왔다. 그는 한편으로 '내가 보면 알지', '내가 통일교회의 비리를 하루아침에 백일하에 드러내어 학생들이 이와 같은 사교(邪教)에 빠지지 않게 하리라'고 자신만만하게 이를 갈았지만, 또 한편으로는 '화제의 주인공을 직접 만나보고 싶다', '계시의 말씀을 듣고도 싶다'고 하는 호기심도 있었다.

그런데 실제로 통일교회에 갔다 온 결과는 어떠했을까. 강의를 통해서 들은 통일교회 원리는 김영운 선생을 경악케 하였다. 미국과 캐나다에까지 유학하여 신학과 성경을 본격적으로 공부한 전문가 교수이니 그 충격이 더욱이 컸다. 자기가 고민하고 번민했지만 해결의 길이 없었던 인생의 모든 어려운 문제가 일시에 풀리는 게 아닌가.

김영운 교수는 드디어 진리 앞에 양심적 굴복을 하였다. 그는 그 사실을 김활란 총장에게 그대로 고하였다. 짙은 고뇌에 빠진 김 총장은 '그 교회의 원리는 이 학교의 전통적 신앙과는 맞지 않는다. 그런데 김영운 교수는 그 교회의 교리를 꼭 믿어야만 하겠느냐?'고 물었다. 김영운 교수의 대답은 이러했다.

'나에게 종교는 생명과 관계되는 문제이니, 하나님의 진리라고 인정될 때에는 다른 모든 것을 잃어도 그것을 부정할 수가 없습니다.'

"그리고 김활란 박사도 이 말씀을 들어야만 한다고 주장하지 않는가. 사태는 심각해졌다. 김영운 선생이 통일교회 쪽에 선 것이다. 그들의 말을 빌리면, 이 사람이면 아무런 문제가 없다고 신뢰하고 스파이로 보낸 김영운 선생이 사교에 빠진 것이다. 김영운 선생이 빠질 정도면 학생들이야 더 말할 나위도 없었다. 학생전도에 더 박차가 가해지고, 대학의 붕괴는 시간문제로 생각되었다. 당시 김활란 총장과 박 마리아 부총장의 경악을 상상해 보라.

그들은 겁이 났다. 이 사태를 그대로 두면 이대 교수와 학생들이 모두가 통일교회화 하는 사태가 일어나고, 이대는 곧 통일교대학이 될 것이 명약관화하였다.

김활란 총장은 부총장 박 마리아 여사와 상담하였다. 박 마리아 여사는 남편 이기붕 의장에게 달려가 학교의 위기를 구해달라고 호소한 것이다.

그 결과 이기붕 씨는 곧 내무부장관을 동원하고 국가권력(전

경찰)이 통일교회 탄압에 나선 것이다.

그리고 1955년 3월, 이화여자대학은 통일교회를 믿으려는 교수들에게 최후통첩을 냈다. 양자택일하라는 것이다. '이대와 통일교회 중에 하나를 택하라'는 것이다. 똑같이 학생들에게도 5월 초순까지 집요한 경고와 회유가 반복되었다. 이와 같은 비민주적이요 비양심적인 처사가 정권과 경찰을 믿고 백일하에 자행된 것이다.

여기에 이화여대의 김영운金永雲 교수(사회사업학과 과장)를 필두로 5명(梁允永 교수: 음악, 李正浩 교수: 국문학과 과장, 崔元福 조교수: 학생처장, 韓忠嬅 조교수: 사무처장)과 학생 14명(이대: 金淑子. 崔淳嬅. 姜貞遠. 李桂淳. 林承姬. 朴榮淑. 鄭大和. 池末淑. 朴承圭. 金卿植. 徐明鎭. 金正恩. 史吉子. 申美植)은 종교적 양심에 따라 통일교에 입교했다는 근거로 면직, 퇴교처분을 당했다. 이것은 한국 기독교사에 큰 사건이었다. 그리고 똑같은 조치가 연대에서도 자행되었다. 연대에서는 1명의 교수(朴商來)와 2명의 학생(黃煥菜. 柳景圭)이 학교를 버리고 신앙의 자유를 택하였다.

그러나 통일교회에 대한 박해가 여기서 끝난 것이 아니다. 기성 기독교를 배경으로 하는 기독교계 대학의 선동으로 이승만 정부의 막대한 권력이 이 초대교회적 통일교회에 철권을 내려쳤다. 이것은 꼭 도끼로 벼룩을 잡으려는 것을 방불케 했다. 여기에 모든 홍보언론이 동원되었다. 통일교회를 국가권력으로 탄압하고 여론으로 매장하여 완전히 땅에 묻어버리려는 것이었다.

통일교회가 하늘의 섭리로부터 천운을 타고난 종교가 아니었더라면 이때 몇 번 매장되고도 남았을 것이다.

이미 정부의 권력기관은 통일교회 교주되신 문선명 선생을 감옥에 가두려는 음모를 세우고 있었다.

나라의 구원과 세계구원을 위해서 하나님의 소명에 몸부림치며 사명감에 모여든 교인들로 교회는 24시간 찬송이 끊일 날이 없었고, 눈물의 기도가 끊일 날이 없었다. 나도 그 중의 하나였다. 타오르는 신앙의 정열은 더욱 타 오르고, 청년남녀 공히 교회에서 철야하고 기도하고 찬송했다. 나도 얼마나 이와 같은 분위기 속에 휩쓸렸던가. 자칫하다 보면 12시가 되어 통행금지 시간이 닥치고 만다. 그러면 하는 수 없이 교회강당에서 기도하며 새벽 4시를 기다리다 귀가했다.

이와 같은 정황을 보고 정부의 권력기관에서는 통일교회에는 청년남녀와 가정유부녀까지 밤에 모여 혼음을 한다는 등 또는 밤에 모두가 나체가 되어 춤을 춘다는 등 허무맹랑한 루머를 날조하였다. 이런 루머는 기성 기독교에 의하여 전국에 산불처럼 번져갔다.

권력기관은 어떻게든지 증거를 잡아 부도덕한 통일교회란 명목으로 책임자들을 입건하려 하였다. 그러나 아무리 뒤져봐도 그 증거가 없었다. 하다하다 하는 수 없이 궁여지책으로 찾은 것이 '병역기피죄'다. 문선명 선생은 6.25 당시 함경남도 흥남감옥에 수감된 북한 공산정권하의 정치사상범이었다. 이 어찌 병역기피죄가 성립될 수가 있겠는가. 그러나 독재 정부의 교만과 횡포에는 끝이 없었다.

1955년 7월 4일, 문선명 선생은 드디어 병역기피죄로 구속되었고 유효원 현 회장을 비롯하여 간부 몇 명과 더불어 수감 기소되었다. 이는 도하 각종 신문에 대서특필로 보도되었다.

문선명 선생은 동년 10월 4일에 드디어 서울지방법원 공판장에 서시었다. 그리고 그 판결은 무죄였다. 하늘이 무심치 않았다. 문선명 선생은 무고한 죄명 아래 93일 간의 고역과 수모를 당하시고 무죄 석방되었다.

그러나 이 무죄판결에 대해서 도하의 신문들은 유구무언이었다. 그러니 세상은 죄가 있어 잡혀 들어간 것만 알지 무죄로 석방되신 것은 모른다. 그래도 오로지 한 신문이 '문선명 교주 무죄판결'이라는 한 줄을 썼다. (경향신문 1955년 10월 5일자). 눈을 씻고 봐야 보일 정도의 보도였다."

이와 같이 신흥종교인 통일교회는 그 개척과정을 통하여 기성 기독교계로부터 일방적인 공격과 모함으로 엄청난 박해를 받게 되었고 교주는 투옥되기도 했다. 그런데 이처럼 온갖 박해와 모함으로 투옥된 문선명은 서대문 형무소의 수감생활을 다음과 같이 해석하면서 자신을 무고하게 투옥시킨 사람들에 대하여 기도하고 고통을 당하는 것을 오히려 감사했다고 1991년 통일교에서 발간한 〈참부모님 생애노정〉 (3)에서 구체적으로 술회하고 있다.

"…… 내가 서대문 형무소에 들어가 가지고 대한민국을 망하라고 하지 않았어요. 기성교회 망하라고 하지 않았어요. '저들이 모르는 죄를 용서해 주소. 불쌍한 대한민국이 죄지은 것을 탕감하게 나한테 다 지워 주소. 나를 욕해서 복받을 수 있으면 얼마나 좋겠소? 그런 마음을 가지고 있었어요."(27) 그리고 "…… 감옥이 개인기반을 닦는 종적 기반이 되었다구요. …… 하나님은 아벨을 어떠한 자리에서 결정하느냐? 사탄의 참소를 받지 않는 자리에서 결정하는 것입니다. 그러면 사탄의 참소를 받지 않는 자리란 어떠한 자리냐? 하나님과 일체된 자리인데, 그 자리는 어떤 자리냐 하면 기쁜 자리가 아니라 가장 슬픈 자리, 가장 어려운 자리입니다. 다시 말하면 죽고자 하는 자리, 가장 비참한 자리에서 하나님과 일체가 될 수 있다는 것입니다. 그렇기 때문에 참된 종교는 감옥에서부터 출발하는 것입니다. 여러분은 그것을 알아야 됩니다."

* 1984년 7월 20일부터 1985년 7월 4일까지, 미국의 코네티컷주Connecticut State에 있는 '덴버리Danbury 연방교도소'에 세금포탈 죄목으로 180일간의 투옥생활을 함.

1971년 문선명은 처음으로 미 대륙에 입국하면서 제1성으로 "나는 미국을 구원하려 왔다", "악마의 불을 끄는 소방수로 왔다."고 역설하면서 전국적으로 순회강연을 개최하였다. 그 결과 수많은 미국의 젊은 대학생들이 통일교의 교리에 심취하고 한국을 신앙의 조국으로 숭상하는 지경에까지 이르게 되자 미국의 전통보수 종교계 인사들에게는 자존심이 상하는 일이였고 더구나 당시 민주당 카터 대통령이 인권대통령을 표방하면서도 북한의 인권문제는 외면하는 태도와 미국의 대 공산권 국가들에 대한 잘못된 인식과 정책에 대하여 경고하는 문선명의 대중연설은 매우 못마땅했던 것이다.

이러한 종교적인 이유와 반정부적인 활동과 더불어 한편으로는 미국 대학가의 젊은이들로 구성된 승공연합운동성격인 〈국제카우사〉CAUSA International 조직을 통하여서도 공산주의 사상비판을 일삼자, 무슨 트집을 찾아 문선명을 국외로 추방할까를 고심하던 차에, 미국의 민주당 국회의원들 중 좌경세력들이 드디어 통일교의 미국 내 반공활동(주로 국제카우사KAUSA 조직중심)은 한국의 중앙정보부(KCIA)의 사주에 의한 것이라는 점과, 상원의원 밥 돌B. Dole이 국세청에 요청한 미국내의 통일교는 종교활동을 위한 재단운영 관련의 세금(7,500 달러)을 포탈했다는 혐의를 걸어 미국의 지방법원에 문선명을 기소를 하게 되었다.

한편, 종교자유문제로 미국회 상원에서 청문회(청문회 관련 자세한 정보자료는, 박보희 저, 〈나는 자랑스런 한국인〉, 2000, 홍익출판사)까지 있었으나 민주당 소속의 친공주의자였던 미 하원 국제관계소위원회 프레이저L. Fraiser 위원장의 집요한 공격으로 결국 문선명은 당시 교회 재정회계 담당자였던 일본신도 카미야마神山와 함께 검찰에 기소되었고 재판에서 유죄판결을 받고 투옥되는 결과에 이르렀던 것이다.

이러한 종교차별과 백인우월주의(인종차별주의) 사상 그리고 친공적인 정부인사 등의 박해와 모함으로 문선명이 덴버리 감옥에 투옥되자 이번에는 미국 내의 양심적인 학자들과 종교 지도자들, 그리고 종교단체들이 재판의 부당성을 항의하는 집회가 이어졌고 '문목사를 구출하자. Save Rev. Moon!'라는 구호를 외치면서 미국 정부를 비판하는 항의집회도 있었다.

1991년에는 미국의 유명한 언론인이고 퓰리처상 수상자였던 칼튼 샤우드C. Sherwood는 〈이단자 탄압-문선명 목사의 박해와 재판〉INQUISITION-The Persecution and Prosecution of the Reverend Sun Myung Moon이라는 저서를 출간하여 당시 재판과정에서 정부의 명백한 부당행위가 있었다고 폭로하기도 했다.

그러나 문선명은 자신을 끝까지 핍박하고 투옥까지 시켰던 프레이즈 상원의원이 차기에 낙선하면서 정치생명이 끝나자, 주위의 교인들에게 "그를 용서하고 불쌍히 여겨라. 원수도 사랑하여야 하나니 그를 위하여 기도하라.", "만일 프레이저에게 복수를 했다고 좋아하면 그의 후손들과 너의 후손들이 원수가 된다. 진 사람은 약자인데 하늘은 약자를 치는 법이 없다. 약자를 보호해 주는 게 하늘이 가는 길이니, 통일교회는 제발 프레이저를 이겼다고 너무 좋아서 거리에 나가 가지고 춤을 추고 뭐 자랑하고 그러지 말라."고 했으며 "원수도 사랑하여야 하나니 그를 위해 기도하라."라는 말로 신도들에게 당부했던 것이다.

이러한 두 사람간의 인생역정에서 나타난 접점과 분기점에서도 김일성과 문선명의 투옥사投獄史는 그 양과 질에서도 전혀 다른 차원이었다. 따라서 양자 간에는 동질성보다는 이질성이, 접점보다는 분기점이 많음을 발견하게 된다.

김일성은 어린 학생시절에 공산주의를 탄압하는 일제에 항거하여 독립투쟁을 한 죄목으로 채 1년도 안 되는 동안 경찰서 구류장에 갇혀 있다가 풀려난 것이 전부임에 반하여 문선명은 주로 종교적인 신앙의 자유를 탄압하는 북한 공산주의 김일성정권과 남한의 개신교 기성교단, 그리고 그들과 결탁한 정치권력에 의하여 수차례 걸친 지독하고 오랜 감옥생활을 거듭했던 것이다.

그렇지만 항일독립투쟁사에서는 김일성이 1930년대 만주벌판에서, 백두산 밀영에서 소수의 병력을 이끌고 풍찬노숙의 간고한 환경에서 목숨을 건 빨치산 활동을 전개한 것은 문선명과 다른 고난과 역사를 가졌다고 평가할 수 있다.

그런데 무엇보다도 두 사람간의 감옥생활에서 보여주는 태도에서 우리들은 엄청난 차이점을 찾을 수 있다. 그것은 김일성의 경우는 철저하게 반항하고 증오하는 투옥생활을 하고 있는데 대하여 문선명은 오히려 자신을 구속하고 핍박하는 기성교회와 정치권력에 대하여 '저들을 용서하라'고 기도하였고 옥중에서도 사랑과 봉사의 자세로 죄수들을 감응시키면서 인고忍苦의 나날을 보냈던 것이다.

이것은 물론 정치적 혁명가와 종교적 지도자와의 다른 세계의 가치관에서 연유한다고는 말할 수 있겠으나 진정한 승리는 '악은 먼저 치고 빼앗아가지만 선은 맞고 빼앗아온다'는 문선명의 평소 지론과도 연결되는 것이라 하겠다. 한 사람은 오로지 일제로부터의 조국해방과 공산주의 사회건설을 위해, 한 사람은 공산주의라는 사탄세계로부터 인류를 구하고 하나님의 섭리에 의한 조국통일과 세계평화를 위해 일생을 살아 온 삶이었다고 하겠다.

김일성의 유물사관과 문선명의 유심사관

김일성의 왜곡된 유물사관

1948년 북한의 김일성은 '조선민주주의공화국'이라는 국호의 정권을 세우고 통치 모델을 당시 소련의 스탈린J.V. Stalin(강철의 사람이라는 뜻)으로부터 그대로 도입모방 하였다. 이것은 마치 이승만李承晩 대한민국 건국대통령이 건국의 이념과 통치구조를 미국의 자유민주주의적인 행정체제를 그대로 도입 운용한 것과 같다.

이처럼 김일성은 소련의 지원에 의하여 권력의 정점에 올랐음에도 1960년대 중소간의 국경분쟁으로 알력이 심해지자 소련을 등지고 중국 쪽으로 기울면서 정통 마르크스주의와는 거리가 먼 자신만의 주체사상이라는 변태이론으로 지도이념을 취하기 시작했다. 정권초기에는 스탈린을 '큰형님'이라고까지 부르며 극찬했던 그였던 것이다.

그런데 소련도 마르크스를 배반하기는 마찬가지였다. 그것은 대부분의 동구공산권 국가들은 정치이데올로기의 기본 틀을 마르크스-레닌으로부터 크게 벗어나지 않았음에 비하여 소련의 스탈린의 경우는 마르크스의 기본정신인 노동자 농민들이 중심된 프롤레타리아 일당독재와는 거리가 먼 자신만의 권력강화를 위한 일인독재의 수단으로 삼았기 때문이다. 김일성도 점차 마르크스의 근본정신으로부터 벗어난 것은 물론이고 스탈린의 일인독재정치 기술만을 모방하게 된다.

인류의 현대사에서 이론과 실천에서 가장 큰 족적을 남긴 사람들 가운데서 학문영역별로 대표적인 세 사람을 뽑는다면, 인문과학 부문에서는 독일의 정신분석학자 프로이트S. Freud(1856-1939), 사회과학 분야에서의 마르크스K. Marx(1818-1883), 그리고 자연과학에서의 아인슈타인A. Einstein(1879-1955)이라고 볼 수 있다.

그것은 프로이트의 정신분석학 이론은 비단 인간의 심층심리학적인 영역에서만 머물지 않고 문학, 교육학, 미학, 사회학 분야뿐만 아니라 심지어 경영학과 같은 사회과학이론에까지 연결되고 있다는 외연성 때문에, 그리고 현대 인류사에 엄청난 비극과 갈등을 야기시킨 근원이기는 하지만 마르크스의 공산주의 사상과 이론은 철학과 정치경제학, 사회학 등등에 널리 연결되고 있다는 점에서, 그리고 세기의 천체물리학자인 아인슈타인의 상대성 원리는 인간의 사고차원을 바꾸게 만든 것으로 '적어도 인류문명을 1세기는 앞당겨 놓은 사람'이라고 불리어지고 있기 때문이다.

여기서는 이들 세 사람 가운데서 인류에게 그럴듯한 희망과 동시에 엄청난 비극을 가져다 준 마르크스의 기본이론에서 핵심을 이루는 유물변증법을 중심으로 개관하면서, 동시에 그동안 마르크스 이론과 사상을 분석 비판한 철학자나 사상가들은 무수하게 있었지만 그의 이론을 분석비판만 하였을 뿐 누구도 극복 대안이론을 제시하고 정립한 사람이 없었다. 그런데 여기에 하나의 놀라운 대안(수정)이론을 제시하고 있는 문선명의 '통일사상론'을 중심으로 소개하겠다.

우선 마르크스의 변증법적 유물론과 그에 기초한 변증법적 유물사관을 본다면, 마르크스는 모든 자연계나 인간사회의 구성원리는 정신에 앞서 물질이 선행한다고 보았다. 헤겔의 정신변증법에 대한 마르크스의 유물변증법인 것이다. 헤겔을 거꾸로 세우면 마르크스가 된다고 하겠다.

이러한 유물론에 변화발전이라는 운동원리가 변증법이라는 것으로 자연과 인간계의 모든 사물과 현상은 본질적으로 상호간에 부단한 대립과 갈등 그리고 내부의 모순관계로 존재하면서 이것은 반드시 정正-반反-합合의 단계를 거치면서 변화발전 된다고 하면서 마르크스는 이것을 단순법칙이 아닌 부동의 철칙이라고 단정하였다.

다시 말해 어떤 존재라도 반드시 자체 내의 모순이 발생하면서 상호간에 반작용을 일으키고 이러한 정正과 반反의 대립과 갈등은 일정한 임계점에 이르면 지양止揚을 통하여 다시 합合으로 승화되지만 동시에 새로운 정으로의 위치에서 또다시 반으로 상호작용을 나타내면서 다른 차원의 모순을 생성하는 관계를 반복하게 되는 것이 자연과 사회의 법칙(철칙)이라고 규정했다. 마르크스의 이러한 변증법적 발전법칙에 인류문명사를 적용시켜 설명한 것이 이른바 변증법적 유물사관인 것이다.

그리고 엥겔스F. Engels는 그의 〈자연 변증법〉(유고遺稿))에서 사적유물론史的唯物論의 논증으로 자연현상물의 변화와 운동법칙을 설명하고 있다. 가령 병아리의 부화과정에서 병아리(합)는 계란(정)을 깨고(반) 나오듯이 공산주의(합)도 자본주의 사회(정)를 폭력투쟁에 의한 계급혁명(반)으로 달성된다는 논리이다.

마르크스의 변증법에 입각한 사적유물론에서는, 고대의 원시공동체 사회에서는 공동생산(수렵)과 공동분배뿐만 아니라 사유재산의 인식이 없었기 때문에 자체모순과 갈등이 없는 원시공산주의적인 사회(正)였다. 그러나 중세의 노예봉건주의 사회(反)로 이행하면서 토지와 노예에 대한 사유화私有化와 노예주(지주)와 노예(노동자)라는 계급이 나타나면서 계급갈등과 자체모순이 생겨났다. 그 이후 산업사회로 접어들면서 자본주의 국가들은 자본가(부르주아지Bourgeoisie) 계급과 노동자(프롤레타리아Proletariate) 계급간의 착취와 피착취 그리고 노동자들의 생산물에 대한 소외로 갈등과 모순이 심화되면서 폭력적인 계급투쟁으로 대다수인 노동자가 반드시 승리하게 되고 자본주의는 멸망하므로 갈등과 자체모순이 사라진 무착취 사회와 노동자중심의 무계급사회인 일당독재주의인 사회주의(合) 사회가 도래한다는 것이다.

이러한 사회주의 사회가 점차 성숙되면 이른바 '능력에 따라 일하고 필요에 따라 소비하는' 공산주의 사회로 진입하면서 이때는 소위 '아침에는 산보하고 밤에는 화롯가에서 정치담론을 하면서도 잘 사는' 이상사회, 즉 유토피아Utopia가 틀림없이 도래하게 되어있다고 마르크스는 예언했던 것이다. 그는 이러한 것을 역사발전의 법칙을 넘어선 철칙이라고 단언했다. 따라서 인류사의 발전법칙도, 원시공산사회는 변증법상 정Thesis이라면 중세와 근대, 현대의 자본주의 사회는 반Anti-thesis이며 미래의 역사는 사회주의와 공산주의를 지향하는 합Synthesis의 과정이라고 보았다. 이것이 그가 개념한 변증법적 유물사관이다.

마르크스는 확실히 자본주의 시장경제 구조가 안고 있는 내부결점과 모순성을 그의 유명한 〈자본론〉The Capital에서 매우 논리적이고 자세하게 분석 비판하였기에 현대사회의 자본주의 체제는 자체모순과 갈등을 해소시키는 수정자본주의 이론을 창출하는데 커다란 역할을 함으로써 오늘날 자본주의 사회의 생명을 연장하는데 결정적인 계기를 제공했다는 것은 높이 평가할 일이다.

그러나 그는 인간의 본성에서 이타적인 협동성과 평등사상과 같은 긍정의 측면만 강조하였을 뿐 인간이 지니고 있는 본능적인 개인적 이기주의와 무한한 소유욕에서 발생하는 자유와 차별적 능력(개인차)을 경시한 오류를 범하고 말았다. 사회적인 협동심과 이타성은 다분히 후천적인 학습요인이라면 이기적인 소유욕은 선천적인 유전요인에 가까운 것이다. 선천적 본능은 후천적인 학습보다 강렬하기에 마르크스의 이상사회는 좀처럼 구현되지 못하고 말았다.

그는 인간의 본능에서 협동성과 사회적 정의를 소유욕과 개인적 이기성 보다도 우세하다고 전제하고 자율적으로 발현된다고 보았지만 그것은 실제로 자발성이라기보다는 강제적인 법과 제도에 의존하게 마련인 타율성인 것이다. 적어도 경제발전 동기론에서는 마르크스주의에 오류가 있었기에 오늘날 공산권 국가들이 한결같은 빈곤국으로 전락되고 있는 것이다. 그러나 그가 강조한 노동자의 소외문제나 인간적인 휴머니즘에서는 마르크스의 인간관과 사회관이 살아 있다고 본다. 여기에 미국의 유명한 사회심리학자 프롬E. Fromm은 마르크스를 위대한 휴머니시트Humanist 라고 극찬하고 있다. 그런데 문제는 김일성은 마르크시즘Maxism과는 전혀 다른 '주체사상Juche Ideology'이라는 이론을 내 세우고 있다는 점이다. 물질이 정신을 이루는 토대가 아니라 사상과 이념이 토대가 되는 주체사상을 역설하면서 사회주의 국가라고 말하고 있을 뿐이다. 그리고 노동자 중심의 일당독재 국가가 아닌 김일성 일가 중심의 노예봉건적 세습국가로 왜곡된 유물사관을 만들고 있기 때문이다.

문선명의 유심론과 유물변증법의 대안이론

문선명은 그의 〈통일사상론〉에서, 마르크스의 정(正:Thesis)-반(反:Antithesis)-합(合: Synthesis)의 변증법적 발전법칙 개념을 정(正:Subject)-분(分:Object)-합(合: Union)의 개념으로 수정하면서 '수수법(授受法:Giving-Receiving Theory)'이라는 하나의 대안이론을 제시하고 있다.

이것을 〈통일사상론〉에서는 사물의 변증관계에서 갈등과 모순 개념의 반反 대신에 조화와 협동이라는 분分의 개념을 도입하고 있다. 다시 말해 엥겔스의 개념처럼 병아리(합)는 계란(정)의 노란자위와 껍질간의 반목과 갈등(반)으로 생겨나는 것이 아니고 오히려 계란(정)의 노란자위와 흰자위, 그리고 껍질과의 상호협동 관계(분)에서 새로운 병아리(합)가 부화된다는 논리이다. 여기서의 '분'은, 곧 마르크스가 그의 변증법에서 의미하는 '반'으로서 내부모순에서 생기는 갈등 요인과 상반적인 관계가 아니라 '합'이라는 공동목표 달성을 위하여 지양止揚, aufheben의 과정을 거쳐 상호조화와 상보적인 관계로 작용한다는 것이다. 이것을 〈통일사상론〉에서는 정-분-합의 '수수작용'授受作用, Initiation-response이라는 새로운 개념으로 설명하고 있다.

마르크스가 제시한 변증법에서는 사물과 사물의 관계를 본원적으로 내포하고 있는 갈등과 모순성으로 상호투쟁을 통해서만이 존립과 발전이 가능하지만 수수작용은 갈등과 모순 대신에 상호보완과 조화로 존재하고 변화발전이 이루어진다는 관점이다. 마르크스의 존재론과 인식론에 대한 새로운 대안이론이며 진보이론인 것이다.

따라서 엥겔스F. Engels가 〈자연변증법〉에서 '부정의 부정법칙'의 예로 들고 있는 것들, 즉 전기가 빛으로 변하는 현상도 +전기(정)와 -전기(반)의 상호 갈등이나 모순에서 비롯된 빛(합)이 아니라 +(정)과 -(분)의 결합과 조화를 통한 지양止揚의 결과로 빛(합)의 에너지가 생성된다고 보았다.

또한 변증법적 발전법칙의 예로 들고 있는, 한 알의 보리(정)가 썩어(부정) 새싹(긍정)으로 변하는 것도 보리는 새싹을 틔우기 위하여 자신의 영양분을 공급하고 협조하는 관계에서 비로소 새로운 생명을 만드는 것이라고 보면서 이것을 수수작용이라는 새로운 개념으로 설명하여 마르크스와 엥겔스의 기본이론을 근본적으로 수

정극복하고 있다.

이와 같이 〈통일사상론〉에서 마르크스-엥겔스가 철칙으로 역설하고 있는 기본개념을 수정하고 극복하는 이론을 제시하고 있음은 실로 엄청난 학문적인 업적으로 평가해야 한다. 그동안 수많은 세계의 석학들이 마르크스-레닌의 사상을 부분적으로 분석, 비판하는 수준에서만 그쳤을 뿐 그 누구도 하나의 새로운 대안이론을 창출하지 못했기 때문이다. 여기에 문선명의 〈통일사상〉에서 제시하고 있는 이론의 독창성과 심오함을 우리들은 새롭게 평가해야만 할 근거가 있는 것이다.

또한 〈통일사상론〉에서는, 마르크스의 계급투쟁과정에서 야기되는 불가피한 폭력혁명의 정당성도 근본적으로 부정 비판하고 있다. 상호투쟁이 안고 있는 증오심과 폭력성을 사랑과 평화사상으로 대치하고 있다. 물론 통일사상론도 그 기조가 통일교의 기독교적 기조에서 이루어진 내용이므로 마르크스의 이론이 기초하고 있는 유물론을 유심론으로, 무신론을 유신론으로, 물질을 정신으로, 갈등과 모순 대신에 화합과 조화로, 폭력과 전쟁 대신에 사랑과 평화, 착취 대신에 희생과 봉사, 소외감 대신에 심정적인 유대감으로 대체하면서, 정-반-합의 논리를 정-분-합의 구조로 환치시키고 있다.

이러한 관점에서 한때 김일성은 마르크스-레닌의 이데올로기에 기초하여 인류사를 변증법적유물사관에 근거하여 세계사의 중심에 인간을 세우고 인간(노동자)에 의한 이상세계(유토피아)를 건설할 수 있다고 보았다면, 문선명은 기독교의 교리에 기초하여 하나님의 섭리로 인간이 스스로 하나님이 바라는 이상세계를 지상에 만들어 타락이전의 본연의 지상낙원으로 복귀해야 한다고 보았던 것이다.

김일성의 역사관은 공산주의 역사관에 따라 소수의 착취계급인 자본가들을 대다수의 노동자들이 폭력적인 혁명으로 타도하고 계급 없는 평등사회를 건설하는 것이 정의의 역사라고 보았다면, 문선명은 기독교의 섭리사관에 근거한 하나님주의Godism라는 기본 명제를 중심으로 사랑과 평화를 인류사의 원리로 제시하고 있는 것이다.

따라서 김일성은 적대계급(부르주아지)에 대한 끊임없는 폭력투쟁과 복수 그리고 증오의 일생을 살아온 정치적 독재자라면 문선명은 '원수를 네 몸같이 사랑하라'는 기독교적인 인류애를 기반으로 자기희생과 봉사정신에 따르는 참사랑으로 일생을 살아온 종교적인 지도자인 점이 바로 김일성과 문선명의 근원적인 분기점이라고 하겠다.

그런데 오늘날 자본주의 사회가 안고 있는 여러 가지 병폐들, 개인적인 이기주의에서 비롯되는 비인간적인 인관관계, 자유경쟁주의에서 야기되는 소외감과 상호 불신풍조, 돈과 권력을 가진 자가 보여주는 부정과 부패, 배금주의 가치관에서 나타나는 성Sex의 상품화와 같은 인간성의 타락에 이르기까지의 현실을 두고 보면 과연 자유자본주의적 가치관이 적어도 이론상으로 볼 때, 평등과 상호협동의 가치를 강조한 마르크스의 공산주의 이데올로기보다 선진이론인가를 반문하게 하는 여지가 많다. 이러한 근원적인 문제해결에 앞장서야 하는 것이 바로 종교인들의 존재이유이며 주요 역할이라고 문선명은 늘 역설하였다.

김일성의 인본주의적 주체사상과 문선명의 신본주의적 주체사상

김일성은 1960년대 초부터 중소간의 국경분쟁으로 양국관계가 매우 악화되어 적대국인 미국보다도 더 나빠졌을 때 그 어느 쪽으로도 가까워지기가 힘들어지자 양다리 외교의 효과를 추구하는 노선을 취하게 된 것이 바로 독자노선의 주체사상主體思想체이었던 것이다. 그래서 '주체Juche'라는 말을 공식적으로 사용한 때는 1955년 12월, 당 선전일꾼들의 모임에서였다.

이러한 배경에서 생겨난 주체사상이란 '사람이 모든 것의 주인이고 사람이 모든 것을 결정한다'라는 해석과 함께 인간의 본질을 자주성-창조성-의식성으로 설명하였다. 그리고 이러한 김일성의 주체사상을 '위대한 수령 김일성동지께서는 수많은 철학사상가들이 누구도 해명하지 못한 인간의 본질문제를 처음으로 밝히시었다.'라는 주장을 대내외적으로 선전하였던 것이다.

그러나 이러한 '주체'가 내 세우는 인간중심주의적인 가치관은 이미 BC 5세기 그리스의 철학자 프로타고라스Protagoras가 주장한 인간척도론人間尺度論으로부터 근대 프랑스의 계몽주의사상과 인본주의 사상 그리고 현대사에서도 사르트르J.P.Sartre로 대표되는 무신론적 실존주의 철학에서도 이미 강조되어 온 것들이다. 또한 북한의 주체사상을 가장 체계적으로 분석 비판한 신일철申一澈 교수는 그의 〈북한주체철학의 비판적 분석〉에서 "김일성의 주체철학은…… 소련의 관제 철학교본인 쿠시넨Kuusinen 편 〈맑스·레닌주의의 기초〉를 대본으로 번안한 것인데도 그것을 모두 자신의 독창적인 사상인 것처럼 기만하고 있다."고 밝히고 있다.

여하튼 이와 같은 김일성의 주체사상은 인간의 고유속성으로 의식성과 자주성 그리고 창조성으로 구성되어 있다고 하면서 이것이 사상에서는 주체이고 정치에서는 자주, 경제에서는 자립, 국방에서는 자위로 발현된다고 역설하고 있다. 이것은 또한 이른바 3대 혁명론인 사상혁명-문화혁명-기술혁명으로 연결되면서 1970년대부터 본격적으로 김일성의 통치이데올로기로 국가경영의 모든 분야와 영역에서 유일한 절대기준으로 작동하게 되었다.

김일성의 통치기간 동안에 '주체사상'이 얼마나 북한의 정치, 경제, 사회, 문화, 예술, 교육, 군사, 외교…… 등등 모든 영역에서 작동했는가 하면, 주체농법, 주체체육, 주체음악, 주체미술, 주체교육, 심지어 주체비료(화학비료가 아닌 인분퇴비)까지 등장하였고, 주체전투, 주체 데이트라는 말까지 생겨나면서 온 나라의 사물과 현상에 '주체'라는 접두어를 붙이게 되었다. 그래서 북한사회는 김일성의 주체사상으로 주체할 수 없는 지경에 빠지고 말았던 것이다.

1990년대까지 김일성의 통치기간은, 온통 종교문명의 일색으로 장식된 중세시대를 후세 역사가들이 '암흑시대'dark age라고 명명한 것처럼, 북한사회도 상하좌우 동서남북을 둘러봐도 주체사상만 보이는 단일색의 어두운 밤중과 같았던 것이다. 그리고 주체사상은 사상에서는 주체, 정치적으로는 자주, 경제적으로는 자립, 국방에서는 자위라는 것으로 풀이하고 있으나 정치적 자주는 극단적인 쇄국주의나 쇼비니즘Chauvinism으로 또는 선민사상으로, 경제적 자립은 국제적인 거지신세로 변하였고 다만 국방에서의 자위는 가공할 핵무기개발로 주변국들을 위협하면서 정권유지의 유일한 수단으로 삼고 있는 실정이다.

한마디로 김일성이 주체사상이라고 규정한 '사람이 모든 것의 주인이고 사람이 모든 것을 결정한다'라는 문장에서 '사람'은 그들이 그렇게 항상 내세우고 있는 일반대중의 '인민'이 아니라 '김일성 자신'이라는 점이 문제인 것이다. 따라서 북한에서의 주체사상은 '김일성이 모든 것의 주인이고 김일성이 모든 것을 결정한다'라고 바꾸어서 대입하면 적확한 표현인 것이다.

이러한 김일성의 통치이데올로기는 그가 죽을 때까지 절대절명의 가치기준으로 작용하다가 뒤를 이은 아들 김정일의 세대에 이르자 주체사상의 자리에 잠시 북한사회에서는 '붉은 기 사상'이니 '은덕恩德정치'니 '통큰 정치론' 등등으로 새로운 구호를 내 걸었지만 별다른 효과를 내지 못하자 결국은 '강성대국론'과 '선군정치론'으로 귀착되면서 현대판 전제군국주의 노선을 취하게 되었고 주체사상이라는 주어가 일단 겉으로는 사라지는 듯했다.

여기서 이른바 김정일의 '통큰 정치'에 관련된 재미있는 일화를 하나 소개하면, 어느 날 김정일은 당 간부들과 밤늦게까지 연회를 즐기던 중, 어떤 간부가 자기 딸이 피아노를 잘 친다고 말하자, 그러면 집에 피아노가 있느냐고 물었는데 없다고 하자 수행비서를 보고 지금 당장 그랜드 피아노 한 대를 그 집에 갖다 주라고 지시하였던 것이다. 그런데 문제는 아파트 출입문이 비좁아 도저히 어떻게 할 수가 없었음을 보고 받은 김정일은, 그렇다면 벽을 허물고 집어넣으면 되지 않느냐면서 일꾼들을 질책했다는 것이다. 그래서 지시대로 현관 벽을 허물고 안으로 넣었다는 것이다. 이러한 이야기를 북한에서는 역시 지도자 동지의 통큰 생각은 누구도 따라갈 수 없는 것이라고 칭송하면서 선전하였다는 이야기이다.

그리고 갑작스런 정권세습으로 생겨난 초기 김정일의 모자라는 카리스마와 불안한 정권장악력을 보충하고 그리고 유훈통치라는 명분으로 자신이 1974년 4월에 차기권력의 주체로 등장하기 위하여 김일성에게 아부하려는 동기에서 아버지의 주체사상을 근간으로 창안한 이른바 '당의 유일사상체계 확립의 10대 원칙'을 제정하고 공포하면서 모든 주민들로 하여금 절대가치로 여기고 그대로 지키고 실천하라고 했던 것이다. 그 내용이 인류역사상 유례없는 명문(?)이라 그 전문을 소개하면 다음과 같다.

당의 유일사상체계 확립의 10대 원칙

1) 위대한 수령 김일성동지의 혁명사상으로 온 사회를 일색화하기 위하여 몸 바쳐 투쟁하여야 한다.
2) 위대한 수령 김일성동지를 충성으로 높이 우러러 모셔야 한다.
3) 위대한 수령 김일성동지의 권위를 절대화하여야 한다.
4) 위대한 수령 김일성동지의 혁명사상을 신념으로 삼고 수령님의 교시를 신조화 하여야 한다.
5) 위대한 수령 김일성동지의 교시집행에서 무조건성의 원칙을 철저히 지켜야 한다.
6) 위대한 수령 김일성동지를 중심으로 하는 전당의 사상의지적 통일과 혁명적 단결을 강화하여야 한다.
7) 위대한 수령 김일성동지를 따라 배워 공산주의적 풍모와 혁명적 사업방법, 인민적사업작풍을 소유하여야 한다.
8) 위대한 수령 김일성동지께서 안겨주신 정치적 생명을 귀중히 간직하며 수령님의 크나큰 정치적 신임과 배려에 높은 정치적 자각과 기술로써 충성으로 보답하여야 한다.
9) 위대한 수령 김일성동지의 유일적령도밑에 전당, 전국, 전군이 한결같이 움직이는 강한 조직규률을 세워야한다.
10) 위대한 수령 김일성동지께서 개척하신 혁명위업을 대를이어 끝까지 계승하며 완성하여 나아가야 한다.

이러한 김정일의 10대 원칙은 “한 순간을 살아도 오직 수령님을 위하여 살고 수령님을 위하여서는 청춘도 생명도 기꺼이 바치며 어떤 역경 속에서도 수령님에 대한 충성의 한마음을 변함없이 간직하여야 한다. …… 정치적 생명을 제일 생명으로 여기고 생명의 마지막 순간까지 자기의 정치적 신념과 혁명적 지조를 굽히지 말며 정치적 생명을 위해서는 육체적 생명을 초개와 같이 바칠 줄 알아야한다."와 같은 해설로 독재정치의 극치를 보여주고 있다.

김정일이 아버지 김일성에게 권좌를 물려받기 위하여 이와 같은 '당의유일사상체계10대원칙'이라는 것으로 북한주민들에게 멍에를 만들었고, 2013년 8월에는 그의 아들 김정은에게 아부하는 당·군·정의 심복들이 '우리 당과 혁명의 명맥을 백두의 혈통으로 영원히 이어 나가며 …… '라는 문장을 기존의 10대 원칙에 첨가하여 김정은의 혁명전통성의 부각을 꾀하였다.

21세기를 흔히들 국제화와 세계화의 시대조류에서 지구가족 또는 지구촌이라고는 하지만 아직도 국제정치사회에서는 자국 이익중심의 한계에서 벗어나고 못하고 있을 뿐더러 국가간의 주체성이 긍정적으로 요구되고 있기는 하지만 김일성의 주체사상은 민족의 주체, 국가의 주체 개념이 아니라 김일성 개인의 유일적 주체라는 데 문제가 있는 것이다.

이와 같은 일반인민중심주의적인 주체사상이 아닌 김일성 개인중심주의적인 주체사상은 '혁명전통'이라는 그럴듯한 또 다른 논리로 김일성의 가계家系로까지 외연을 넓히게 된다. 다시 말해 김일성은 북한의 〈조선력사〉에서 자신의 증조할아버지 김응우金應禹로부터 할아버지인 김보현金輔鉉 그리고 아버지 김형직金亨稷에 이르기까지 모두가 독립투사요 혁명가이며 그의 아내 김정숙金正淑과 어머니 강반석康磐石 그리고 외삼촌인 강돈욱康敦煜에 이르기까지도 혁명가의 혈통임을 강조하고 있다. 따라서 북한은 이러한 혁명전통의 혈통가족만이 권력을 승계해야 된다고 합리화 시키고 있다.

그리고 김일성의 주체사상은, 민족의 태양 김일성을 정점으로 하여 당의 어머니인 아내 김정숙과 그리고 친애하는 지도자 동지 김정일로 구성된 3대 우상구조를 마치 기독교에서 말하는 성자와 성부와 성령의 삼각구도처럼 만들었다.

한편 국호를 〈조선민주주의인민공화국〉이라고 하여 좋은 낱말은 모두 사용하고 있으나 실제로는 허울에 불과하며 민주주의는 독재주의로, 원래 주권재민主權在民 이라는 의미의 '인민공화국'은 '전제군주국'으로 작동하고 있을 뿐이다.

그런데 1974년에 김정일이 제정한 김일성의 '당의 유일사상 10대 원칙'은 2013년 김정은 통치시대에 이르면 '당의 유일령도 10대 원칙'으로 제목을 바꾸면서, 그 서문을 '핵 무력을 중추로 하는 군사력 ……'이라는 표현과 본문에서의 제1조와 3조, 4조, 6조, 8조에 김정일주의화, 김일성에 김정일과 당을, 부르주아와 사대주의 사상을, 당 간부에 대한 맹목적인 추종금지, 당 간부들의 경제적인 책무 등의 문구를 추가하였다. 그리고 1조의 프롤레타리아 독재와 공산주의라는 개념을 삭제하고, 김일성의 '혁명전통'을 '백두혈통'이라는 말로 바꾸게 된다.

그러면 이와 같은 김일성의 통치수단으로서의 허구적인 주체사상론에 대하여 문선명의 신학적 개념으로서의 3대주체사상론은 무엇이며 상호간의 공통점과 차이점은 어떠한가에 대한 비교평가이다.

문선명은 신학적인 관점에서 하나님의 본성인 '참사랑'을 중심삼고 '참부모'와 '참스승' 그리고 '참주인'이라는 3대 주체론을 정립하고 있다. 여기서의 참사랑과 참부모, 참스승 그리고 참주인은 구체적으로 어떤 것인가는, 1990년 6월 〈남북통일운동 교수미국방문단〉특별집회 강연문에서 그 일단을 엿볼 수 있다.

> 참사랑이란 무엇인가? 위하고 또 위하고 투입하고 또 투입하고 잊어버리는 그래서 주기를 계속하는 것이 참사랑입니다. 그것은 실현성이 없는 가공적 공상이 아닙니다……. 가정에서 참사랑을 중심삼고 형제가 사랑하면 천국이 따릅니다. 영원한 생명이 따르는 것입니다. 부부가 참사랑을 중심삼고 하나되게 될 때는 종적 횡적인 우주가 보호하는 것입니다. 주체와 대상이 참사랑에 대해 영원히 하나되어 돌아가는 자리는 천지가 보호합니다……. 타락한 세계에도 한가닥 남은 것은 어머니 사랑입니다……. 3대 주체사상은 참부모 사상이요, 참스승 사상이요, 참주인 사상입니다. 3대 주체사상은 어느 하나를 빼놓을 수 없는 삼위일체입니다. 그래서 학교에 가면 참스승이 어디 있는가, 회사의 참주인은 어디로 가야 하는가, 가정의 부모는 어디로 가야 하는가를 알게 됩니다.

그리고 문선명은 이처럼 하나님의 참사랑만이 온갖 진리의 중심주체이며 피조물인 인간도 하나님의 참사랑과 같은 능력을 갖추는 것이야 말로 삶의 근본목표라고 역설하고 있다. 개인적인 차원에서의 참사랑의 완성은 사회적으로 공생共生과 공영共榮 그리고 공의公義라는 3가지의 목표지향의 기본이며, 국가와 세계적으로는 두익사상頭翼思想, Headwingism을 중심이념으로 삼아야만 인류의 영구평화와 평화적인 남북한통일이 성취된다고 보았다. 여기서 문선명의 신조어新造語인 두익사상의 뜻을 그는 1990년 6월, 서울·부산·광주·대전에서 행한 '삼대주체사상' 강연에서 밝힌 것으로 요약하면 다음과 같다.

우익이니 좌익이니 하는 것은 전부 어디서 나왔느냐 하면 예수님을 중심삼고 오른편 강도와 왼편 강도에서 나왔습니다. 우리 원리로 말하면 가인 아벨의 역사적 분립을 중심삼은 복귀섭리의 기반 밑에서 그것이 시작됐다는 것입니다.

그러면 헤드 윙(頭翼: Head Wing)이 무엇이냐? 가디즘(하나님주의, Godism)입니다. 하나님주의 아래 두익사상이 있고 그것은 좌익사상(Left Wing)과 우익사상(Right Wing)을 극복한 고차원의 위치에서 생겨나는 인류 미래의 이념인 것입니다. 이러한 원리에서 두익사상은 (1) 초민족주의적인 세계주의 (2) 인본사상과 물본주의를 통합하고 극복하는 신본주의 (3) 하나님을 중심한 참사랑사상 (4) 참부모. 참스승. 참주인의 3대 주체사상 (5) 동서양의 전통가치의 융합 (6) 민족주의와 종파주의의 극복을 그 기능과 목표로 삼고 있습니다.

김일성과 문선명의 주체사상론의 분기점

김일성의 주체사상론은 오로지 김일성의 개인적인 독재정권의 유지수단으로, 그리고 장기집권의 합리화 수단으로 내 세운 비논리적이고 자체모순성을 내포한 하나의 조작된 정치 이데올로기에 불과한 것이다.

가령, 김일성의 주체사상을 두고, "위대한 수령 김일성 동지께서는 인류사상에서 처음으로 세계에서 사람이 차지하는 지위와 역할을 과학적으로 밝힌 주체의 철학적원리에 기초하시어 사회력사과정을 전면적으로 분석하시고 해명하심으로써 사회발전의 합법칙성에 대한 리해를 확립하시었다."고 해설하고 있으나, 앞에서도 언급했듯이 이러한 인간중심주의적인 세계관은 1960년대 중소간의 극심한 국경분쟁에서 살아남기 위한 등거리 외교수단에서 생겨난 정치 외교적인 생존 이데올로기이며 마르크스-레닌주의와는 상관없는 독재정치의 합리화 철학인 것이다.

김일성의 주체사상이 갖는 이러한 허위와 허구성은 논리적인 구조에서도 여실하게 나타나고 있다. 가령, 주체사상에서의 중심 개념인 '사람중심주의'를 3단 논법으로 해석하면 특수진리를 보편진리로 돌변시키는 논리적 오류를 보여주고 있음을 필자의 저서인 〈북한학총론〉에서 다음과 같이 요약하였다.

즉 1) 인간은 만물의 주인이다.(보편진리) 2) 김일성도 인간이다.(보편진리) 3) 따라서 김일성은 만물의 주인이다.(특수진리)로 귀착시켜 상호 등가성等價性을 갖게 만들고 있다고 본 것이다. 문제는 오늘날 북한의 현실은 김일성의 가계家系만이 주체적 인간일 뿐 수천만의 인민대중들은 주체 없는 부속품으로 전락시키고 있다는 점이다. 이러한 허구성을 합리화시키기 위하여 허위와 위선의 논리를 펴고 있다. 김정일보다 하루 전에 사망한 체코공화국 대통령 하벨 V. Havel은 일찍이 러시아를 비롯한 공산주의 사회를 '허위의식의 시스템으로 잘 짜여진 사회'라고 단언한 것은 북한에 그대로 적용되는 말이라고 본다.

그리고 김일성의 주체사상이 개념하는 주체는 대다수 북한인민이 아니라 결국 김일성 자신에만 국한되는 교묘한 논리적인 술책임이 증명되고 있다. 그것은 주체사상의 본질로 제시하고 있는 3가지의 개념들, 자주성-창조성-의식성의 상호관계를 북한의 현실에 대입시켜 볼 때 극명하게 나타나고 있다.

다시 말해, 자주성自主性이라는 것은 구속성 또는 예속성과는 대립되는 말로 문자 그대로 외부로부터의 어떠한 간섭도 배제된 개개인의 자유와 자율이라는 뜻이다. 그러나 북한의 현실은 이런 것들과는 정반대인 사회정치적으로 제약적이고 구속적인 환경조건일 뿐만 아니라 심지어 개개인이 갖는 천부적인 권리인 유일한 생명권마저도 '육체적 생명'과 '사회정치적 생명'이라는 희한한 신조어를 만들어 구분하면서 부모로부터 물려받은 육체적인 생명보다도 어버이수령 김일성으로부터 부여받은 사회정치적 생명이 더 귀중하다고 강조하고 있다. 이러한 판국에 개인의 자주성은 김일성 말고는 그 누구에게서도 찾을 수 없는 것이 북한의 현실인 것이다.

두 번째의 창조성創造性이라는 것도 개개인의 완벽한 자주성과 자율성이 보장되어야 성립된다는 전제조건이고 보면 개개인의 자주성이 말살된 현실에서는 도저히 생겨날 수가 없는 것이다. 무한한 자유가 무한한 창조력을 낳는다는 원리는 부동의 법칙이라는 것은 인류의 문명사가 잘 말해주고 있다. 따라서 북한과 같은 독재정권하에서는 새로운 이론과 학문의 발전은 도저히 기대할 수 없는 것이다.

세 번째의 의식성意識性이라는 것은 각자가 자기존재 가치에 대한 자각성과 사회적으로 정당하고 합리적인 권리와 의무감을 뜻하는 본래의 개념으로부터 벗어나서 사회주의적인 사상의식과 투쟁원칙으로 교육을 통한 '인간개조'라고 규정하면서 이것은 자연개조-사회개조-인간개조라는 이른바 혁명의 3대투쟁에서 하나의 수단으로 그 의미와 기능을 변질시키고 있어 개인적 의식성은 상실되고 집단적 의식성만이 존재할 뿐이다.

따라서 김일성의 주체사상은 이와 같이 허구적이고 위선적인 통치이데올로기로서의 주체사상임에 대하여 문선명의 이른바 3대 주체사상론은 주체의 본질이 김일성을 중심으로 한 귀납적인 개인의 차원이 아니라 하나님이라는 주체에서 만물로 전개되는 연역적인 접근법으로서의 주체라는 점에서 서로 간에 현격한 양극성을 보여주고 있다.

또한 김일성의 주체론이나 문선명의 주체론이 둘 다 김일성과 하나님 또는 참부모님을 닮고 따르라는 메시지는 동일하지만 전자는 자신의 일신상의 안일과 영화만을 추구하기 위하여 대중을 억압하고 이용하는 착취수단이라면 후자는 인류의 행복과 평화를 추구하려는 구원요인으로서의 기능이므로 선과 악의 대칭점에 서 있다고 본다.

다시 말해, 김일성의 주체사상과 문선명의 두익사상의 기본은, 인간중심주의 가치관과 하나님중심주의 가치관 그리고 무신론과 유신론, 개인적인 이기주의와 세계적인 이타주의, 폐쇄적인 쇼비니즘chauvinism과 인류애의 코스모폴리타니즘cosmopolitanism, 증오와 복수심, 사랑과 심정적인 희생정신 그리고 폭력주의와 평화사상이라는 양극적인 요인으로서 커다란 분기점을 이루고 있다.

그런데 언 듯 보면 김일성의 무신론적 인간주의는 르네상스 이후에 근대 서양의 합리주의적 이성에 기초하듯이 여겨지나 근대사에서의 인본(인간)주의는 극히 논리적이고 과학적인 학문의 체계를 가지고 있지만 김일성의 주체사상은 아무런 학문적인 기본구조도 없이 자의적인 허구와 모순으로 구성되어 있을 뿐만 아니라 결국에는 개인의 독재정치를 교모하게 합리화시키려는 수단에 불과한 것이다. 이것들을 그들은 소위 〈수령론〉首領論이라는 이름으로 요약하고 있다. 이것을 신일철 교수는, "김일성의 주체사상 통치이념은 그의 아들 김정일에 이르면 그것은 ‘1인독재의 도그마에 불과하다”고 그의 〈북한정치의 시네마폴리티카Cinema_politica〉라는 저서에서 잘 설명하고 있다.

이러한 김일성의 사상과 통치체계가 문선명의 사상과 세계관과는 어떠한 동질성과 함께 이질성이 있는가는 두 사람이 보여 준 역사관과 세계관에서도 극명하게 대립되고 있다.

인간중심 혁명사관과 하나님중심 섭리사관

미국의 유명한 문화인류사학자인 후쿠야마F.Fukuyama는 그의 저서 〈역사의 종말〉에서, 인류사의 발전역사는 타인으로부터 인정을 받고 싶은 인지認知와 일종의 지배욕인 패기覇氣로서 이것은 인간의 유전적인 본능에 근거하고 있다고 규정하면서 자유의지가 없는 노예지배보다는 자유인에 대한 지배만족도가 더 크다고 설명하고 있다. 그래서 인간의 인간에 의한 지배욕구야말로 인류역사 과정의 원동력이라고 보았다.

마르크스가 그의 이론에서 인간의 본질로서 이른바 유적존재類的存在로서의 노동을 통하여 자아실현을 추구하고 그것은 인류역사 발전의 기본이라고 했다면 김일성은 주체사상에서 인간의 본질을 찾으면서 그것은 마르크스의 사회주의적인 계급혁명론의 역사관으로 발전된다고 보았으나 전혀 다른 논리와 내용인 것이다.

따라서 김일성의 주체사상은 마르크스-레닌의 공산주의 이데올로기에서 멀리 이탈해버렸고 이론과 현실에도 전혀 맞지 않는 일인독재 사상과 군사무력통치를 합리화시키는 이론으로 변질되면서 사회주의국가도 아니고 더구나 공산주의 정치형태도 아닌 봉건세습국가+전제군주국가+군국주의 국가+전근대적인 쇄국주의라는 통합형태의 국가를 만들고 있을 뿐이다.

김일성의 국가가족주의 이데올로기와 혁명전통 가족관

공산주의 이데올로기의 기본가치가 개인적인 자유나 개성보다도 전체적인 평등을 중시하고 있다는 점과 모든 주민들이 독재자 한사람에게만 충성심을 집중해야 하는데 가정의 부모와 선조에게 효성을 쏟다보면 충성도가 약해질 뿐만 아니라 개인적인 자유는 결국 다양한 가치추구로 발전되면서 일사불란한 중앙집권적인 통치관리에 어려움이 따르게 되므로 전통적인 가족주의를 부정하면서 국가가족주의를 강조하게 되었다.

여기서 바로 각자의 친부모와는 별도로 김일성이 '어버이 수령'으로 나타나고 모든 주민은 김일성의 자녀로 변모하게 된다. 북한에서는 가정家庭이라는 개념을 어떻게 정의하고 있을까? 〈조선대백과사전〉에 의하면, "…… 우리나라 사회주의 사회에서의 가정생활에는 하나의 사상과 목적으로 결합된 사람들이 서로 돕고 이끌면서 살아가는 동지적 협조관계가 지배하게 된다. 따라서 우리 사회에서의 가정은 혈연적으로 결합되어 있을 뿐만 아니라 보다 중요하게는 당과 수령, 사회와 집단을 위하여 살며 일하는 사람들의 생활단위로 되고 있는 것이다."라고 풀이하고 있으나 가만히 보면 가족위에 당이 있고 당위에 김일성이 있다는 뜻이다. 여기서 이른바 친부모와의 혈연적 관계인 '육체적 생명' 보다는 김일성을 중심한 '사회정치적 생명'이 더 중요함을 밝히고 있는 것이다. 그런데 허망한 것은 육체적 생명은 100년도 못가지만 어버이 수령님이 주신 사회정치적 생명은 영생하다는 주장이다.

1974년 김정일이 아버지로부터 권력을 이양받기 위해 충성과 효성심을 보여주기 위하여 만든 소위 〈당의 유일사상체계 확립의 10대 원칙〉 제8조에서도 "정치적 생명을 제일의 생명으로 여기고 생명의 마지막 순간까지 자기의 정치적 신념과 혁명적 지조를 굽히지 말며 정치적 생명을 위해서는 육체적 생명을 초개와 같이 버릴 줄 알아야 한다."고 규정하고 있기도 하다. 따라서 북한의 김일성에 있어서는 전통적인 개념의 가정이나 가족관계는 제2차적인 것이고 제1차적인 것은 김일성을 위시한 소위 혁명전통 가정과 그의 가문이 있을 뿐이다.

1994년 김일성이 사망하고 김정일이 후계통치를 위한 이데올로기로 유훈통치론과 함께 붉은 기 사상, 한 때 은덕청치론恩德政治論이라는 이름의 구호로 김정일의 김일성 아버지에 대한 극진한 효성을 나타내어 인민대중으로부터 호감을 유발시키려는 시도가 있었다. 그러나 사회주의적 가족관과는 배치되는 이러한 전통 유교적인 가치관의 이용효과는 오래가지 못하고 잠시 후에 사라졌다.

그러나 북한의 정치사회에 있어서의 가정이나 가족의 의미나 기능은 일반 대중들에게는 부정적으로 해석하고 적용하지만 김일성의 가족이나 가문은 유일하고 성스러운 혁명가족으로 긍정적으로 허용되고 미화되고 있다. 이것을 북한에서는 혁명전통교양이라는 이름으로 각급학교의 모든 교과서에서 주요 학습단원 내용으로 다루고 있다.

특히 각급학교 교육과정에서 국사관련 교과목명과 학습내용은 주로 김일성 일가의 가족사로 구성되어 있다. 유치원부터 대학에 이르기까지 〈경애하는수령 김일성원수님의 어린 시절〉, 〈친애하는지도자 김정일선생님의 어린시절〉, 〈경애하는수령 김일성대원수님 혁명활동〉, 〈위대한령도자 김정일원수님 혁명활동〉 등이 있고, 대학과정에서는 〈위대한수령 김일성동지 로작〉, 〈친애하는지도자 김정일동지 로작〉과 같은 이름의 교과목을 핵심과목으로 가르치고 있으나 문제는 역사적인 사실을 왜곡 조작하여 허위로 기술하고 있다는 점이다.

한두 가지 구체적인 예를 들면, 1871년 신미양요 때에도 김일성의 증조할아버지인 김응우옹이 주동하여 대동강으로 쳐들어온 미국상선 셔먼호를 불태워 퇴각시켰으며, 1919년 3월 1일, 서울 파고다 공원에서 발기된 3.1운동도 김일성의 아버지 김형직을 중심으로 평양에서 시작되었고, 당시 김일성은 8살의 어린 몸으로 독립만세 대열에 참가했다는 것이다. 그리고 1945년 8월 15일의 조국광복도 북한의 〈현대조선력사〉에서는 "김일성원수님이 조직령도한 영광스런 항일무장투쟁의 빛나는 승리가 가져다 준 위대한 결실"이라고 설명하고 있다. 이러한 왜곡된 국사공부만 한 탈북자들은 심지어 1945년 제2차 세계대전이 연합군에 의하여 독일과 일본이 패망한 결과라는 사실까지도 모르고 있는 실정이다.

문선명의 참사랑과 참가정중심주의적 세계평화론

문선명의 가정에 대한 개념과 가치관은 그 구조형식에 있어서는 김일성과 궤를 같이하고 있으나 내용에 있어서는 차원을 달리하고 있다.

'통일원리'에서의 가정관家庭觀은, 원래 하나님의 창조목적은 지상에 죄 없는 인간의 가정을 꾸리고 많은 후손들을 낳아 지상천국을 건설하는 것이었으나 최초 하나님의 자녀가 에덴동산에서의 타락으로 인하여 하나님의 본래목적이 실패로 끝나자 독생자 예수를 다시 내 세워 가정을 꾸리고 원죄 없는 후손들을 번성시키려 했던 것이다. 그러나 그것마저 유대인들의 실수로 실패하고 말았다는 것이다. 하나님의 사랑이 부모의 사랑, 부부의 사랑, 자녀의 사랑이라는 3대 사랑으로 전달되고 발전되어야 하는데 그것이 인간의 실수로 이루어지지 못했기에 이제는 인간의 노력으로 참부모를 중심삼고 참사랑으로 참가정을 이루어야 한다는 것이다. 여기에 '인간책임론'이 대두된다. 모든 것을 전지전능한 하나님이 다 이루어준다는 예정론과 같은 전통신학적인 신관이 아니라 인간이 수행해야 할 책임이 선행한다는 새로운 관점이다.

통일교는 종래의 〈세계기독교통일신령협회〉의 명칭을 1996년부터 〈세계평화통일가정연합〉으로 개칭하면서까지 가정의 중요성을 강조하였던 것이다. 1960년부터 매년 음력 3월 1일을 '참부모의 날'로 정하고 10월 1일은 '참자녀의 날'로 정하여 '참하나님의 날'인 양력 1월 1일과 함께 7대명절로서 대대적인 종교행사를 하고 있다.

이와 같은 예수관과 가정관은 기존 보수전통 신학과는 전혀 다른 견해이기에 그동안 통일교를 개신교 단체에서 사교邪教나 이단시하는 근거가 되고 있다. 다시 말해 예수의 사명과 역할에 관한 보수근본주의 신학에서는 성서상의 관련 성구를 근거로 하나님이 독생자 예수를 세상에 보내어 인간의 원죄를 고통과 박해 그리고 보혈과 죽음으로서 대속하게 했다는 이른바 대속설과 구원설로 규정하고 있다면, 통일신학에서는 이러한 예정설과는 달리 예수의 사명은 예수를 중심가정으로 지상에 천국건설이었는데 인간(이스라엘 민족)의 몽매蒙昧로 그를 죽이고 말았다는 것이다. 이러한 취지의 예수관을 〈국제기독학생 연합회〉의 이름으로 동아일보와 조선일보 1984년 4월 17일자에서, 손대오가 쓴 〈누가 예수를 죽기 위해 왔다고 가르치는가?〉라는 제목으로 전면 메시지광고문을 게재하였다. 메세지 내용에서 주요 관련부분을 인용하면 다음과 같다.

> 예정론-기독교의 우민정책
>
> "…… 칼빈니즘을 예로 들면 하나님은 창세전부터 개개인의 생사화복, 구원과 버림당함을 예정해 두었으며 역사전체의 흥망성쇠도 창세전에 예정하신 프로그램대로 진행시켜 나아간다고 한다. …… 이와 같은 예정설은 인간이 원죄를 짓고 타락하여 에덴동산에서 추방된 것도 신의 예정의 결과라고 가르치는 중대한 실수를 자행하고 있다. …… 이런 입장에서 보면 성서에 기록된 모든 믿음의 인물이나 이스라엘 민족 또는 예수 그리스도 이후의 기독교 역사상의 모든 섭리의 중심인물이나 집단은 잘못한 일은 하나도 없게 된다. 매사가 하나님의 뜻대로 예정대로

> 되어왔기 때문이다. 그러므로 교회는 하나님과 역사 앞에 책임질 일이 없게 된다. …… 만일 아담과 해와가 하나님이 예정하신 대로 선악과를 따먹지 않고 원죄를 짓지 않았다면(타락하지 않았다면) 하나님과 세계와 인간은 어떤 상태에 있게 되었을까? 이상하게도 오늘날까지 수많은 신학자나 성서연구가들이 있었지만 이런 시각으로 성서를 해명한 사람은 아무도 없었다. …… 예수는 타락하지 않은 아담 이상의 완성자(고전 15: 45, 롬 5: 14)로 왔기 때문에, 그는 타락한 인류를 거듭 낳아야 할 부모의 사명을 완수함으로써 타락한 부모 아담과 해와가 잃어버린 3대축복을 회복하기 위하여 오셨던 것이다."

통일교에서는 예수가 이루지 못했던 가정의 중요성을 중심개념으로 삼고 있다. 죄 없는 참사랑으로 이루어진 참가정을 출발점으로 하여 사회-민족-국가-세계로 나아갈 뿐만 아니라 우주와 천주에까지도 하나님의 참사랑의 이상사회가 실현되는 것을 궁극목표로 설정하고 있다.

개인들의 행복과 가정의 화평, 원만한 사회생활, 국가의 건전한 기본질서와 가치관 그리고 세계의 인류평화는 결국 참사랑에 의한 참부부와 참가정으로부터 시작된다고 본 통일교에서는 '세계평화통일가정연합'으로 이름을 바꾸었고 다음과 같은 〈가정맹세〉문을 정하고 이상가정의 지표로 삼고 있다.

가 정 맹 세

1. 우리 가정은 참사랑을 중심하고 본향땅을 찾아 본연의 창조이상인 지상천국을 건설할 것을 맹세하나이다.
2. 우리 가정은 참사랑을 중심하고 하나님과 참부모님을 모시어 천주의 대표적 가정이 되며 중심적 가정이 되어 가정에서는 효자 국가에서는 충신 세계에서는 성인 천주에서는 성자의 도리를 완성할 것을 맹세하나이다.
3. 우리 가정은 참사랑을 중심하고 4대 심정권과 3대 왕권과 황족권을 완성할 것을 맹세하나이다.
4. 우리 가정은 참사랑을 중심하고 하나님의 창조이상인 천주 대가족을 형성하여 자유와 평화와 통일과 행복의 세계를 완성할 것을 맹세하나이다.
5. 우리 가정은 참사랑을 중심하고 매일 주체적 천상세계와 대상적 지상세계의 통일을 향해 전진적 발전을 촉진화할 것을 맹세하나이다.
6. 우리 가정은 하나님과 참부모님의 대신가정으로서 천운을 움직이는 가정이 되어 하늘의 축복을 주변에 연결시키는 가정을 완성할 것을 맹세하나이다.
7. 우리 가정은 참사랑을 중심하고 본연의 혈통과 연결된 위하는 생활을 통하여 심정문화세계를 완성할 것을 맹세하나이다.
8. 우리 가정은 참사랑을 중심하고 성약시대를 맞이하여 절대신앙, 절대사랑, 절대복종으로 신인애일체이상을 이루어 지상천국과 천상천국을 완성할 것을 맹세하나이다.

따라서 통일교회에서는 이러한 이상가정을 이루기 위해서는 기존의 전통보수신학에서의 신관과 예수론에서 말하는 원죄예정설이나 십자가예정설과는 전혀 다른 해석을 하고 있는 것이다. 유대인들의 실수로 지상낙원을 이루지 못한 예수의 사명을 우리들의 노력으로 참사랑에 의한 참가정을 이루어야만 된다고 보았다. 그래서 문선명은, 하나님이 예수를 이 땅에 보낸 것은 예수가 결혼을 하여 지상에 죄 없는 자손을 낳아 가정을 이루고 사회와 국가를 만들어 지상천국을 건설하라는 것이라고 보았으므로 흔히들 말하는 예수의 사명을 인간들의 영혼구제나 대속물代贖物이 아니라는 것이다. 이것은 앞서의 '누가 예수를 죽기 위해서 왔다고 가르치는가?' 라는 글에서도 자세하게 설명하고 있다.

그러면 여기서 통일교에서 말하는 참사랑은 무엇이며 참가정은 어떤 것인가?

참사랑의 원형은 하나님이 창조한 만물에 대한 심정心情이다. 모든 만물이 공통적으로 지니고 있는 것, 즉 부모가 자식들에게 보여주는 모습과 같은 것으로 주고 또 주어도 자꾸 주고 싶어 하는 심정, 자식에 대한 어머니의 사랑과 같으며 '~위하여 사는 삶'이기도 하다. 그것은 자기희생과 무조건적인 봉사정신으로서만 가능하므로 이기주의와는 상반되는 이타정신에서 발현된다. 이것을 성서에서는 '원수를 내 몸같이 사랑하라'는 성구로 표현하고 있고, 예수가 십자가에 매달려 죽으면서도 원수를 위해 기도했던 것과 같다.

이러한 문선명의 참사랑 제일주의가 "믿음, 소망, 사랑, 이 세 가지는 항상 있을 것인데 그 중에 제일은 사랑이라."(고전: 14. 13)는 사도 바울S. Paul의 메시지와 맥을 같이하고 있는 것이다. 특히 바울이 초대교회의 분열과 무질서(성적 타락), 부도덕에 분노하면서 신앙인들을 올바른 길로 인도했듯이 문선명도 성적 타락이 원죄임을 밝혀냈고, 오늘날 교파간의 분열과 반목을 극복하려는 초교파운동과 교회일치운동에 전력을 쏟았던 것이다. 그리고 타락의 결과는 이기주의라고 보았기에 항상 희생과 봉사정신을 기본으로 하는 '위하는 삶'을 늘 강조했다.

한편 문선명은 "우리는 살아서 원수를 위해 눈물을 흘리면서 기도하여 사탄을 굴복시키는 것이 완전한 승리이다. 선은 악을 강제 굴복시키는 것이 아니고 자연 굴복시켜야 한다."라고 말한 것도 참사랑의 원리에서 연유하고 있다. 이러한 참사랑의 심정으로 평화로운 가정과 사회, 국가, 세계 더 나아가 천주의 세계까지 이룰 때 드디어 하나님의 창조목적이 달성된다고 본 것이 문선명의 인간의 하나님에 대한 책임론이며 지상천국 건설론이다.

그러면 문선명이 강조하는 참사랑의 심정으로 이루어진 참가정의 모습은 구체적으로 어떠한 가정인가?

가정맹세문에서와 같이 하나님에 대한 절대신앙-절대사랑-절대복종이라는 신(神)-인(人)-애(愛)가 일체가 되는 가정을 말하는 것으로, 여기에는 하나님을 정점으로 남편과 아내 그리고 자녀들로 이루어진 가족구조, 이른바 사위기대四位基臺를 구성조건으로 제시되고 있다. 사위기대란 하나님을 정점으로 조부모-부모-자녀로 구성된 가족형태를 말한다. 그런데 오늘날 한국사회는 서구적인 핵가족화로 가족간의 결속이 해체되고 사회의 무질서와 국가의 정체성도 희박해지면서 결국 인간사회가 비인간화로 삶이 각박해진다고 보았다.

가족관에 대한 김일성과 문선명의 접점과 분기점

김일성이 전통적인 개념의 가족관계를 종파주의의 씨앗으로 보고 철저히 배격하려는 데 대하여 문선명은 하나님을 중심삼고 참사랑으로 이루어진 가족이야말로 이상세계를 건설하는 씨앗이며 주춧돌로 보면서 가족뿐만 아니라 종족(씨족)의 중요성도 매우 강조하고 있다. 그리하여 문선명은 2004년에 앞으로의 하나님의 섭리사는 심정문화의 뿌리인 몽골리언Mongolian 후예들을 중심삼고 전개된다고 선언하면서 〈몽골반점 동족권 세계평화연합〉을 창설하고 수많은 국내외 조직과 행사를 주관하였다.

그러나 두 사람 간에는 이러한 본질적인 내용의 기준으로 본 분기점과는 달리 형식적인 관점에서 보면 구조상의 공통된 접점도 발견하게 된다.

우선 북한의 경우는, 주민들 개개인 수준의 전통적인 가족주의는 부정하지만 가족의 개념을 국가로 확대시켜 통치수단으로 삼고 있다는 점이다. 가령 통일교에서의 하나님이나 문선명 대신에 신격화된 김일성을 대입하면 그대로 성립된다. 즉 어버이수령 김일성원수님은 하나님 아버지나 참부모님 문선명 선생님으로 대치시키면 적어도 형식논리나 구조상으로는 양자 간에 공통적인 접점을 보여주고 있다.

한편 김일성의 가족개념은 정권초기에는 마르크스의 공산주의적 입장에서 가족주의를 낡은 봉건주의적인 유물로 부정하였으나 주체세상이 대두된 1960년대 중반에 이르자 이른바 혁명가족을 강조하기 위하여 자신의 가문만을 유일한 혁명가정으로 부각시켜야 할 처지에 이르자 종래의 반가족주의 정책은 디렘마에 빠지게 되었다. 그래서 김일성가족은 일반주민들의 가족개념과는 다른 유일한 '백두혈통'이며 '혁명가족'임을 강조하면서 장기독재 세습정치를 합리화하는 수단으로 삼았던 것이다.

따라서 김일성은 가족주의를 자신의 가족 이외에는 배타적으로 해체시키려는 방향으로 고착화 시켜 반 가족주의를 강조하여 왔다면 문선명은 가족개념을 '하나님의 참사랑을 중심한 지구가족(One family under God)'이라는 기치 아래 전혀 다른 의미로 나타내고 있다. 여기서 형식적으로는 가족주의의 개념은 동일하지만 내용적인 가족주의의 의미에서는 양자 간에 커다란 분기점을 이루게 된다.

문선명은 인류가 추구해야 할 이상가정을 '참가정'이라는 이름으로 부르면서, 참가정은 원래 하나님이 아담과 해와를 내세워서 이상가정, 이상사회, 이상국가, 이상세계를 건설하려고 했던 것이라고 보면서 참가정은 '영원한 행복의 터전으로서 인류가 복귀해야 할 창조본연의 모습이며 천국의 중심모형'이라고 정의하고 있다. 그리하여 이러한 참가정 구현과 실천운동으로서 〈성경말씀 시리즈; 참가정〉이라는 책에서 다음과 같은 지표를 제시하고 있다.

"참가정이란, 부모·부부·자녀가 변치않는 하나님의 사랑을 중심으로 하나되어 순결을 지키고, 서로를 위하고, 희생하는 사랑의 모범적인 전통을 세운 존경받는 가정을 말합니다.

> 참가정실천운동은, 첫째, 순결과 정절을 지키는 운동입니다. 둘째, 참부모 참부부 참자녀가되기 운동입니다. 셋째, 가족사랑을 이웃에 나눠주는 운동입니다. 넷째, 자연을 가족처럼 사랑하는 운동입니다. 다섯째, 지구촌 대가족을 이루자는 운동입니다.
>
> 세계평화통일가정연합의 축복식은, 영원하신 하나님의 사랑을 닮아서 우리도 참된 사람이 되고 참된 부부, 참된 가정을 이루자는 거룩한 의식입니다.

그런데 여기서 우리들에게 새로운 개념으로 다가오는 것은 다음과 같은 시리즈의 12장에서, '남자의 주인은 여자, 여자의 주인은 남자'라는 항목과 '사랑에는 발전도 혁명도 없다'라는 색다른 항목이다.

> **시리즈 1: 창조본연의 참가정**
> - 아담과 해와를 통한 하나님의 뜻.
> - 하나님께서 절대로 필요로 하는 것.
> - 하나님의 영원한 사랑의 상대자.
> - 아담과 해와를 창조하신 목적.
> - 아담과 해와의 첫사랑의 시기.
> - 모든 존재는 사랑을 통해서만이 완성된다.
> - 인간들이 자랑할 수 있는 가장 큰 자랑거리.
> - 참가정으로서 전통을 세웠어야 할 아담가정.
>
> **시리즈 2: 가정을 중심한 사랑의 법도**
> - 가정을 중심한 하나님의 사랑의 법도.

- 가정에 3대가 공존해야 하는 이유.
- 부모는 곧 사랑의 기원.
- 형제자매가 필요한 이유.
- 할아버지는 집안의 하나님의 입장.
- 조부모와 손자의 관계.
- 가화만사성(家和萬事成)의 참된 의미.

시리즈 3: 가정은 천국의 중심모형

- 가정은 모든 존재의 중심모델.
- 가정은 우주 사랑을 접할 수 있는 사랑의 교재.
- 사랑의 왕국에 입적하기 위한 사랑의 수련장.
- 가정은 천국의 모형의 교과서.
- 가정은 3시대의 사랑이 결집된 핵심체.
- 가정은 심정적인 훈련장소.
- 인간의 영원한 본향은 가정.
- 가정은 천주주의를 완결시키는 최종기준.

시리즈 10: 복귀해야 할 인류의 참가정

- 하나님의 구원섭리의 목적.
- 사탄의 소유물이 된 아담가정.
- 타락인간의 소원.
- 복귀의 최종 목표는 아담가정을 복귀하는 것.
- 예수님이 이루셔야 할 복귀의 가정.
- 통일교회는 본연의 참가정을 찾기 위한 곳.
- 참가정주의와 참부모종교.

시리즈 11: 가정은 영원한 행복의 터전

- 가정이 왜 좋은가.
- 가정은 영원한 행복의 터전.
- 가정은 천국완성의 기본단위.
- 사랑의 이상실현은 가정에서부터.
- 사랑하는 사람이 죽으면 왜 슬픈가.
- 가정을 통해 인간이 가야 할 천도.
- 통일교회는 가정천국을 이루자는 것.

시리즈 12: 참가정을 찾아서

- 자기를 위해서 생겨난 것은 하나도 없다.
- 하나님이 임재하실 수 있는 지성소.
- 남자의 주인은 여자, 여자의 주인은 남자.
- 사랑에는 발전도 혁명도 없다.
- 여자는 절개, 남자는 지조.
- 타락은 프리섹스의 뿌리요 개인주의의 조상.
- 절대순결과 참가정운동을 통한 평화세계실현.

그리고 통일원리에서 자주 쓰이는 '참'이라는 말은, 하나님의 죄 없는 아들딸로서 사랑과 봉사, 희생, 이타적인 삶을 살아가는 것으로 사탄의 저주와 위선, 이기적인 삶과는 구별되는 개념이다. 그런데 오늘날 사탄의 악이 거짓으로 '참'의 허울을 쓰고 세인을 혼란하게 만들고 있는 위선을 보게 된다. 전교조의 변질된 오늘의 '참교육'이라는 구호나 친북단체들의 '참세상'같은 것이며, 실제로 현실세계에서 부모가 자녀를, 자녀가 부모를 살해하는 사탄의 거짓 사랑과 거짓 가정을 보게 된다.

한편, 문선명은 남북통일과 세계평화는 참사랑으로 꾸려진 참가정으로부터 가능한 것이라고 역설하면서 통일교의 명칭도 1996년부터 〈세계평화통일가정연합〉으로, 그리고 12권에 이르는 〈참가정〉이라는 제목의 시리즈를 출판하고 있다.

또한 남녀 간의 성문제에 관한 것도 통상인식을 바꾸는 관점을 제시하고 있다. 남녀의 생식기는 자신을 위해서라기보다는 남편과 아내를 위해서 곱게 보존하고 봉사할 때만이 그 가치가 최고라는 것이다. 그렇지 않고 자신의 생리적인 욕구충족만을 위하여 자기배필 이외에 함부로 사용할 때는 커다란 재앙의 씨앗이 된다는 말이다.

실제로 아담과 해와가 이러한 하나님의 섭리를 몰랐기에 타락으로 말미암아 죄를 짓고 고통을 당하게 되었으며, 소돔과 고모라성에서도 음탕과 부패로 하나님의 불 심판을 당하게 되었으며, 역사적으로도 개인이나 사회 그리고 국가마저도 멸망하는 최초의 계기는 반드시 문란한 남녀관계로부터 출발하고 있음을 보게 된다. '통일원리'에서는 이처럼 죄악의 근원이 남녀의 타락한 성문제에서 비롯된다고 단정하면서 성의 절대적인 순결성이 곧 절대사랑의 본질이요 자연의 섭리임을 강조하고 있다. 이러한 원리에서 선문대학에는 세계에서도 전례가 없는 '순결학과'(현재는 순결가정문화학과로 개칭)를 1998년에 개설하고 성의 절대가치를 강조하는 교육을 하고 있다.

그리고 '사랑에는 발전도 혁명도 없다.'라는 말은, 사랑 그 자체가 아무런 전제조건이나 시간과 공간과는 상관이 없는 초월적이며 절대적이고 온전함이므로 변할 수 없는 것이고 따라서 변함없는 곳에 발전이란 성립되지 않는다는 논리이다. 그 어떤 것과도 대신할 수 없으므로 혁명(혁신)이 불필요하다는 것이다. 이것이 곧 참사랑의 본질이라고 문선명은 구약과 신약을 넘어선 '성약'成約이라는 새로운 개념으로 〈통일원리〉에서 설명하고 있다.

가족에 대한 관점과 가치관에서 김일성과 문선명은 정반대 방향으로 향하는 분기점에 서 있다. 김일성에 있어서 가족이 있다면 오로지 그의 할아버지(김보현: 1871~1959)를 위시한 할머니로부터 아들과 손자들 그리고 외가의 가족들만 있을 뿐이다. 북한의 일반 주민들에게는 이러한 혈족과 가문의식을 갖지 못하게 함으로써 일인독재자에게만 충성심과 효성심을 집중하도록 조작했던 것이다. 공산권 국가에서 종교는 인민의 아편이라면서 신앙의 자유를 금지한 이유도 이러한 맥락에서 이해할 수 있다.

여기에 대하여 통일교에서는 가족(가정)의 의미를 모든 가치의 중심에 두면서 개개인의 가정을 국가와 세계 그리고 우주에 이르기까지 그 외연을 무한대로 확장하고 있다. 교회의 명칭마저 '세계평화통일가정연합'이라고 한다든지 '가정교회'의 확산운동이 하나의 예이다.

일반 시중에서 '통일교' 하면 쉽게 떠오르는 세 가지의 이미지라면, 1970년대 국내외적으로 엄청난 조직으로 급성장하여, 당시 정부가 정치조직화의 돌변가능성을 두고 우려까지 했던 '국제승공연합'과, 국내의 모든 기존 기독교 단체와 교회들로부터 매도당한 대표적인 사이비 또는 '사이비 이단 종교집단' 즉 일종의 컬트Cult라는 것, 그리고 우리나라 역사상 최초로 본격적인 국제결혼의 출발점을 갖게 한 '국제합동결혼식'을 꼽을 수 있다.

'국제승공연합'은 철저한 반공주의를 내세운 국내외적인 조직단체이다. 1968년 1월에 창립하여 마르크스의 공산주의 이론과 역사를 학문적으로 연구하고 비판하면서 동시에 북한 김일성의 독재 이데올로기에 대한 허구성과 기만성을 대중들에게 계몽하여 반공 이데올로기를 강화하려는 데 그 목적을 두었다. 반공反共, 멸공滅共을 넘어선 승공勝共을 기치로 내 세웠던 것이다.

국내적으로는 중앙기구 산하에 14개의 시 도 지부와 230개의 시 군 지부 그리고 무려 3,416개에 달하는 읍 면 동 지부로 조직화되었고 60만 명의 연수교육 수료자와 700만여 명의 회원을 확보하는 엄청난 사회단체로 성장하게 되었다. 해외에도 133여 국에 달하는 나라에 지부를 둔 방대한 규모였다. 그러자 한때는 정부당국에서 조직의 정치화를 우려하여 세력확대를 예의주시하면서 견제하기도 했다. 그런데 1990년대 들어 공산권 국가들의 붕괴와 함께 국제간의 데탕트Detente라는 추세로 미소간의 냉정체제가 약화되었으므로 '남북통일운동국민연합'이라는 조직명칭으로 바뀌었고 승공통일론도 평화통일론으로 전환되었다. 여하튼 1970년대 당시 북한의 집요한 사상침투의 국면에서 정부가 해야 할 일을 통일교가 대신했던 것은 높이 평가할 일이다.

통일교의 국내외적인 합동결혼식은, 1960년에 36쌍으로부터 출발하여 72쌍, 124쌍, 430쌍, 777쌍, 1800쌍으로 이어지다가 1982년에는 세계 85개국 6,000쌍이 모여 잠실종합실내체육관에서 합동결혼식을 올렸는데 점차 세계화로 전개되면서 기성축복(이미 결혼한 부부에 대한 간단한 축복의식)을 포함하여 3만쌍을 거쳐 2000년 4월까지는 무려 4억 쌍의 합동결혼 축복식과 기성축복식을 거쳤다. 문선명은 세간에 회자되어 온 '지구촌', '지구가족'의 실천을 이루었던 것이다. '국제화'라는 21세기의 키·워드를 이미 50여 년 전부터 실천하는 선각자적인 예견력과 실천성을 보여주었다.

2001년에는 문선명의 주관 아래 미국 뉴욕 힐튼호텔에서 세계의 각 종교와 종파에 소속된 60명의 종교지도자들이 모여 합동축복결혼식을 가져 세계종교계를 놀라게 했다. 특히 아프리카 짐바브웨 가톨릭대주교인 밀링고M. E. Milingo가 한국인 여성과 축복결혼을 하여 국내외의 주요 언론에 소개되기도 했다. 그러자 로마 교황청은 밀링고의 대주교직을 교리에 따라 해임시키자 그는 "결혼이야말로 신의 본성을 온전히 드러내는 것으로 성직자의 독신은 부자연스러운 것이 틀림없다. 나는 결코 개종한 것이 아니며 결혼을 계기로 아프리카와 전 세계에 예수님의 축복을 전하겠다."는 성명을 발표하기도 했다.

문선명은 〈평화를 사랑하는 세계인으로〉라는 자서전에서, "이상적인 평화세계를 이루는 데 교차결혼보다 빠른 길이 없습니다. 다른 방법으로는 시간이 얼마나 걸릴지 계산도 할 수 없는 일들이 교차결혼으로 두어 세대만 가면 기적처럼 이루어집니다. 그러니 평화의 세계가 좀 더 빨리 올 수 있도록 국경을 넘어서 서로 원수로 여기는 나라의 사람들끼리 결혼해야 합니다. 원수의 나라에서 태어난 사람과 결혼하기 전에는 '저 나라 사람들은 보기도 싫어!' 하겠지만 그 나라 사람이 남편이 되고 아내가 되면 반은 이미 그 나라 사람이 되어 모든 미움이 눈 녹듯이 사라집니다. 그렇게 2대, 3대를 유지하면 미움은 완전히 뿌리 뽑힙니다."라고 했듯이 국경 없는 사랑이 국경 있는 오해와 편견 그리고 분쟁을 해소하는 데 그 무엇보다도 첩경임을 문선명은 이미 알고 있었고 실천하였던 것이다.

다시 말해, 통일교가 국제결혼을 시행하는 의미와 목적은 단순한 교세의 확장이나 전도의 수단을 넘어선 몇 천년간 쌓여온 민족간의 갈등과 불신을 해소하고 핏줄을 섞는 한 가족이 됨으로서 인류평화로 이르는 가장 효과적이고 확실한 방법이기 때문이다. 가령 반일감정이 극도로 강한 어느 할아버지의 경우, 며느리로 일본 여자가 들어온다고 하면 처음에는 절대로 안 된다고 반대하지만 효도하면서 손자손녀를 낳고 살다보면 정이 들어 몇 십년간의 적대감이 하루아침에 사라지게 마련인 것이다. 이것만큼 확실한 지구가족, 지구촌을 만드는 길은 없을 것이다.

또한 국제간, 인종간의 결혼은 우생학적優生學으로 보더라도 엄청난 의미를 갖게 된다. 인간을 비롯하여 모든 동식물까지도 동종번식同種繁殖은 후손들이 점점 열성화劣性化되면서 끝내는 멸종의 위기까지 이르게 된다는 것이 전문학자들의 정론이고 보면, 문선명의 국제간 결혼식은 단순한 종교적인 차원을 넘어서는 선각자의 혜안인 것이다. 이처럼 통일교는 일찍부터 이러한 국제축복결혼을 의식화儀式化하고 있음은, 어떠한 인종과 국경과 종파의 벽이라도 뛰어

넘을 수 있는 놀라운 참사랑의 힘이 작용한다는 원리와 함께 인류의 진화에 이바지하는 것으로 평가할 수 있다.

김일성이 자신의 가문 이외는 가족의 개념을 단순하게 부모로부터 물려받은 이른바 '육체적 생명'의 뿌리이므로 가족주의를 사회주의 계급혁명의 걸림돌로 여기고 말살하려는 정책이었다면, 문선명은 참사랑으로 연결된 참가정의 중시야말로 인격을 완성하고 사회를 건전하게 만들며 국가를 안정시키며 세계평화의 기본초석으로 여겼을 뿐만 아니라 천주세계에까지 미치는 하나님의 만물창조의 섭리라고 보고 있어 김일성과는 대립되는 분기점에 서 있음을 보게 된다.

김일성과 문선명의 신격화 - 그 접점과 분기점

누구에게나 자신의 이름 앞이나 뒤에 붙이는 말은 그 사람의 사회적인 위치나 지위를 대표하는 것으로 보통명사이면서도 고유명사처럼 쓰이는 경우가 많다. 이러한 관점에서 아마 우리나라 역사에서도 김일성만큼 고유 존칭어가 많은 인물은 없을 것이다. 동시에 문선명도 쉽게 찾기 힘든 남다른 개인존칭을 가지고 있다.

문선명의 경우는 종교인과 관계되는 목사라는 칭호부터 선생님, 참부모님, 만왕의 왕, 평화의 왕, 총재 등 여러 가지로 호칭되고 있으나 그 가운데서도 가장 일반적으로 많이 부르는 것으로는 정통 통일교인들은 '참부모님', '선생님'으로, 일반인들은 '교주' 또는 '총재'라고 한다. 그러나 그동안 통일교라면 만사를 제치고 비난과 모함까지 해 왔던 개신교 단체나 교인들로부터는 '사탄마귀', '가짜예수', '사이비종교 교주' 등으로 불려져 왔다.

그러면 통일교도들이 말하는 참부모란 어떤 의미인가를 간단하게 요약하면, 인류 태초의 부모였던 아담과 해와가 하나님의 말씀을 거역하고 타락한 부모라면, 참부모는 하나님의 말씀을 중심삼고 오로지 복귀섭리를 따라 살아가는 참다운 부모라는 것이다. 그래서 문선명과 한학자韓鶴子 부부는 하나님으로부터 인류구원의 섭리역사에서 중심적 역할과 사명을 다하도록 예정했다는 것이다.

이러한 통일교 문선명의 호칭과 존재이유에 대하여 김일성은 그의 이름 앞에 붙이는 호칭이 무려 40여 가지에 달하여 문선명과는 그 양과 질에 있어서 엄청난 차이를 보여주고 있다. 김일성에 대한 호칭을 성격별로 구분하여 살펴보면 대략 다음과 같다.

- 하느님…… 만백성의 하느님, 민족의 은혜로운 구원자.……(여기서 하나님이 아닌 하느님으로 표기한 것은 기독교리를 적대시해야 하는 입장에서 구별하기 위해서 임)
- 영웅…… 겨레의 영웅, 전설적 영웅, 민족적 영웅, 21세기의 영웅.
- 태양…… 민족의 태양, 겨레의 태양, 위대한 태양, 혁명의 위대한 태양, 위대한 붉은 태양.
- 영도자-지도자…… 불멸의 령도자, 현명한 령도자, 걸출한 영웅적 지도자, 혁명의 위대한 수령, 민족의 뇌수, 절세의 애국자.
- 천재-위인…… 20세기가 낳은 천재, 불세출의 위인, 인류가 낳은 위인중의 위인, 위대한 사상리론의 거장, 절세의 위인, 혁명의 영재.
- 영장-명장…… 백전백승의 강철의 령장, 천하의 명장, 탁월한 령장, 천재적 군사전략가, 반제반미 투쟁의 위대한 기수.
- 어버이…… 위대한 어버이수령, 자애로운 어버이.…… 등등 (로동신문, 로동청년 등에서 발췌)

김일성과 문선명에 대한 존칭과 신격화는 언어적인 표현으로는 초록동색草綠同色일지도 모른다. 특히 '어버이수령 김일성 동지'라는 말과 '참부모님 문선명 선생님'이라는 호칭은 내용은 다르지만 형식은 같다고 본다. 이러한 형식적인 상호접점과 유사성과 달리 본질적으로는 상당한 차이점과 분기점을 지니고 있다.

이와 같은 호칭과 함께 신격화의 영역에서는 두 사람 간에 상당한 거리가 있다. 김일성의 우상화나 신격화는 엄연한 역사적 사실까지도 왜곡하거나 허구로 이루어져 있다. 대표적인 예로, 북한의 역사교과서에서는 1945년 8.15 민족해방도 김일성의 항일무장투쟁의 결과라고 설명하고 있다든지, 김일성 장군이 1930년대 항일 빨치산 전투에서 축지법縮地法으로 일제 관동군을 혼쭐내게 만들었다든가 솔방울로 수류탄을 만드는 기적을 보였다는 식으로 허황되고 허구적인 내용들이 많다. 그러나 아무리 통일교의 열성신자라 할지라도 문선명이 초인적인 어떤 기적을 행하였다고 말하고 있지는 않고 있다. 다만 기적적인 일이라면, 2008년 7월, 문선명 일행이 탑승한 헬기가 경기도 가평의 산정에 추락했음에도 사상자 없이 모두가 안전했다는 사실 뿐이다.

그런데 재미있는 인간의 심리구조 특성의 하나는, 생활주변의 사소한 거짓말은 대번에 간파하면서 불신하지만 엄청난 거짓말일 경우 처음에는 가당찮은 것이라고 무시하다가도 반복적으로 주입하면 긴가민가의 반신반의로 변하다가 반복적인 동일자극을 계속 유지 강화시키면 점점 사실처럼 믿어버리는 최면술적인 경향이 있다는 점이다. 이것은 1930년대 독일의 히틀러 정권하에서 선전상으로 있었던 괴벨스Paul. J. Goebels가 "거짓말도 백번만 하면 믿는다."

라고 한 유명한 말과 같다.

이러한 허위와 허구에 근거한 김일성의 신격화에 비하여 문선명의 경우는, 구세주나 메시아와 같은 표현에 대한 근거를 '통일원리'에서 종교적인 해석과 이론적인 논리로 자세하게 설명하고 있다.

'평화의 왕'이라는 명칭도 그가 평생을 바쳐 오로지 조국의 평화와 세계의 만민평화를 실현하기 위한 이론개발과 실천과정에서 온갖 박해 속에서도 굴하지 않고 초능력적인 노력으로 일관해 왔다는 사실에서 그 근거를 찾고 있다.

그리고 마르크스의 상호모순과 갈등에서 야기되는 증오심에 의한 투쟁적인 관점에서의 유물변증법을 사물간의 상호협조와 조화라는 사랑의 원리로 대체하고 있는 수수법授受法, 그리고 이러한 수수법에 근거한 공생-공영-공의共生-共榮-公義라는 두익사상론頭翼思想論, 김일성의 주체사상에서의 의식성-자주성-창조성과 같은 개념을 문선명은 참부모-참스승-참주인이라는 새로운 대안적 이론 개발, 국제합동결혼식을 통한 하나님을 중심삼고 이루어지는 지구가족, 지구촌에 의한 세계평화 실현의 업적, 일본과 한반도, 중국, 중동, 유럽으로 이어지는 '국제평화고속도로' 건설계획과 구상 착수, 시베리아와 북미대륙을 연결하는 '만왕의 다리' 등등 누구도 할 수 없는 지상천국 건설을 구상하고 실천한 것으로서도 '평화의 왕' 이나 '구세주'의 의미를 부여할 수 있는 자격이 있다고 말하고 있다.

실제로 통일교단 관련 조직단체의 명칭에는 거의가 '세계'나 '평화'가 들어있지 않는 것이 없다. 1994년에는 〈세계기독교통일신령협회〉라는 명칭도 〈세계평화통일가정연합〉으로 바꾸어 불렀으며 또한 그의 생애를 정리하는 자서전 〈평화를 사랑하는 세계인으로〉의 제목에서도 볼 수 있듯이 그의 일생은 오로지 세계평화와 인류평화실현이라는 원대한 목표에 집중하였다. 이에 대하여 김일성은 대부분의 삶을 오직 자신의 권력 강화와 개인의 영화에 몰두하였고 허구와 허위에 근거하여 통치해 온 일생이라고 보면 두 사람은 전혀 다른 차원에 서 있다. 따라서 두 사람의 호칭과 신격화의 관계는 형식적으로는 접점에 위치해 있지만 실질적으로는 커다란 분기점을 이루고 있다.

그러나 다만 그 사실성과 실천성의 차이만 있을 뿐 적어도 형식적인 측면에서는, 김일성은 그의 〈백두산 전설집〉에서 보았듯이 만주벌판에서 일본 관동군(關東軍)과 게릴라 전법으로 싸울 때 신출귀몰하는 능력, 온갖 변장술과 둔갑술로 공간과 시간을 초월하는 전지전능의 신과 같은 존재로서 조국광복과 조선민족을 이끄는 민족의 유일한 지도자로 기록되고 있다면, 문선명은 통일교 교인들의 관점으로는 하나님의 소원인 지상천국 건설의 사명을 지니고 인류의 구세주로 태어난 제2의 예수와 같은 존재로 해석하고 있다는 시각에서는 두 사람은 접점에 서 있다고 볼 수 있다.

김일성의 혁명적 낙관주의와 문선명의 천국영계론

북한에서 말하는 '혁명적 낙관주의'는 필승의 신념, 혁명적 정열과 낭만, 미래에 대한 사랑으로 그 원천은 투철한 수령관과 당을 따르는 일편단심, 지도사상의 진리성에 대한 확신에서 나오며 그 실천은 온갖 시련과 자력갱생, 간고분투로 혁명가의 기본조건이라고 설명하고 있다. 그리고 주민들에게는 "당이 결심하면 우리는 한다!"라는 구호나 "가는 길 험난해도 웃으며 가자!"라는 말로 항일유격대원들처럼 살며 일하면 반드시 사회조국통일과 지상낙원을 건설할 수 있다는 희망사항적인 미래관을 끊임없이 주입하여 왔다.

그 대표적인 사례로 1930년대 김일성이 백두산 밀림 속에서 항일투쟁의 빨치산부대를 이끌고 간고한 세월을 보내면서도 반드시 조국의 독립을 성취할 수 있다는 희망으로 싸워 온 것을 들고 있다. 이것은 후에 '혁명전통'이라는 이름으로 그의 '주체사상론'과 함께 김일성이 지도자로 군림하고 독재정치를 합리화하는데 핵심적인 요건으로 크게 작용하게 된다. 혁명전통은 훗날 '혁명전통교양'이라는 개념으로 발전되면서 북한의 모든 학교의 교과목에서 주된 학습내용과 방법으로 적용되면서 그것은 '위대한수령 김일성 원수님의 혁명력사'와 같은 교과목과 '항일유격대식 학습법'이라는 교수학습이론으로도 나타나고 있다.

다시 말해 혁명적 낙관주의는, 현재는 우리들이 어려운 생활을 하고 있지만 머지않아 부패한 자본주의 사회는 반드시 멸망하게 되어있으므로, 오늘의 고난과 시련을 참고 이겨나가면 미래는 사회주의 조국의 승리와 영광의 시대가 도래한다는 논리이다. 1994년 김일성이 사망하고 연이어 발생한 자연재해로 식량난이 극심해지자 중앙당에서는 이른바 '고난의 행군', "가는 길 험난해도 웃으며 가자!"라는 구호가 전국의 곳곳에 내 걸어 주민들을 격려하면서 배고픔을 참아내는 인내를 강요하고 기약 없는 내일의 희망을 주입한 것이 혁명적 낙관주의의 구체적인 사례이다.

실제로 이러한 사상은 이미 마르크스의 변증법적 유물사관에서부터 출발하고 있다. 마르크스는 세계사를 원시공산사회에서 노예봉건사회로, 노예봉건사회에서 자본주의사회로, 다시 사회주의사회에서 공산주의사회로 진화 발전하다가 결국은 '능력에 따라 일하고 필요에 따라 소비하는 사회' 즉, 유토피아Utopia라는 지상천국의 낙원사회로 틀림없이 진입하게 되어 있다고 하면서 이것은 하나의 철칙鐵則이라고 못 박고 있다. 전형적인 진보사관이며 혁명적 낙관주의론의 역사관이다.

이러한 혁명적 낙관주의는 김일성과 김정일이 극심한 식량난으로 사회불안이 고조되자 민심의 동요를 막기 위한 최후의 수단으로 삼았던 것이다. 심지어 1990년대 후반 식량난이 한참 고조된 무렵 김정일은 주민들에게, "우리가 쌀을 사려고 태국에 갔더니 미제국주의 놈들과 남조선 괴뢰도당들이 우리들이 못 사가도록 먼저 와서 몽땅 사버려서 살 수가 없었다."는 거짓말로 주민들을 속이고 위로하면서, 우리가 이렇게 굶게 된 것은 미제승냥이 놈들과 남조선 역적패당이라고 함으로서 중앙당으로 겨냥될 주민들의 불만과 원망의 화살을 미국과 한국으로 바꾸게 하는 교묘하고 얄팍한 허위선전의 술책을 쓰기도 했다.

이제는 마르크스나 김일성의 이러한 혁명적 낙관주의가 공산권의 몰락과 김일성-김정일의 죽음과 함께 그 의미와 효력을 잃고 말았다. 특히 북한의 폐쇄사회에도 어쩔 수 없는 중국과의 민간교류와 핸드폰 같은 간편한 정보교환 수단의 유입으로 외부의 올바른 정보와 실상을 점차 알게 되면서 북한주민들에 대한 혁명적인 낙관주의와 같은 술책의 효력은 상실되고 있는 실정이다.

김일성은 이미 1980년대부터 혁명적인 낙관주의를 강조하면서 주민들에게 허황된 꿈(기와집에 비단옷을 입고 이밥에 고기국을 먹으면서 사는 것)을 안겨 주면서 배고픔과 고통을 참고 기다리라고 했으나 지금은 이밥(쌀밥)은커녕 보리죽도 못 먹고 먹을 것을 찾아 죽음을 각오하고 만주로 탈북하는 주민들, 심지어 살아남기 위해 여자들이 만주로 탈출하여 몸까지 팔아야 하는 유산만 남겨놓고 혼자 떠나버린 형편이다. 그럼에도 이러한 김일성을 미이라로 만들어 살아있는 모습으로 꾸미고 그의 아들과 손자는 "원수님은 영원히 우리와 함께 계신다!"와 같은 구호로 죽어도 살아있음을 의식화시켜 정권유지의 수단으로 삼고 있어 실로 안타까운 심정이다.

이러한 김일성의 정치적인 수단으로서의 미래관과 내세관(사후세계)에 비추어본다면 문선명의 내세관은 종교교리적인 논리와 구체적인 사례를 기본으로 사후세계를 설명하고 있어 형식과 내용이 전혀 다른 차원이다. 그것은 1998년 통일사상연구원에서 펴낸 〈영계의 실상과 지상생활〉에서 여러 사례를 구체적으로 들고 있다.

통일교에서도 사후의 영적세계를 인정하고 중시하는 것은 일반 기독교의 관점과 같다. 인간을 육체와 영혼으로 나누고 죽음은 육체의 죽음일 뿐이며 영혼은 죽지 않는다고 보는 영혼불멸설의 관점인 것이다. 그리고 사후세계를 지옥과 천당으로 구분하면서 현생에서 예수를 믿고 죄 없는 올바른 생활을 하면 천당에 간다고 규정하고 있다. 이러한 육체와 정신의 이원설二元說은 불교나 유교에서도 발견할 수 있다. 불교에서는 현생에서 지은 죄(업보)에 따라 후생이 결정되어 온갖 생명체로 환생한다고 보았다. 바로 윤회설이며 인과응보론因果應報論이다. 그리고 유교에서는 비록 육신은 죽어도 혼은 살아서 후손들에게 영향을 끼친다고 보아 선조에 대한 제사를 정성껏 지내고 있는 것이다.

그런데 기독교가 이러한 영혼불멸설을 지지하면서도 영혼에 대한 시각은 불교나 유교와는 다르다. "나 이외에는 누구도 믿지 말라."라는 유일신의 근거에서 영혼에 대한 숭배도 우상숭배라고 거부하고 있음은 불교와는 다르다.

이에 대하여 통일교의 통일원리에서는 반드시 유일신만을 믿어야 함을 강조하지 않고 유교나 불교처럼 영혼에 대한 숭배도 포용하고 있다. 부모에 대한 제사도 지내고 불교나 유교적인 영혼관도 허용하고 있어 열려진 신앙체계인 것이다. 그리고 사후의 영계靈界를 매우 구체적으로 설명하고 있다.

1998년 통일교의 성화사에서 발행된 〈영계의 실상과 지상생활〉이라는 책에서는, 영계에서 본 천국과 지옥, 중간영계, 영계에서 본 지상생활, 지상인과 영계인의 다른 점 등을 영계인과 지상인 간의 꿈을 통한 교신을 근거로 매우 사실적으로 설명하고 있다.

그리고 천국이란 생각과 행동이 바로 하나되는 곳으로 무엇이든지 하고 싶다는 생각만 해도 곧바로 실천되는 곳이어서 불평불만이 없으며 서로가 서로를 위하는 곳이며 지옥은 자기의 뜻대로 되는 곳이 아니어서 언제나 서로 아귀다툼을 벌이는 곳이다. 그런데 영계에는 중간영계가 있어 이곳은 생전에 공적이 많았지만 신앙생활과 관계없는 사람들이 모인 곳으로 천국과 지옥의 중간이다. 여기서는 생전과 같이 각자의 노력에 따라 보상이 주어지는 곳이라고 설명하고 있다.

한편 지상인과 영계인의 차이는, 지상인은 누구나 시간과 공간이라는 절대적인 제약 속에서 오감을 통해서만 생활해야 하는 제약이 따르지만 영계인은 육체적인 제약이 없기 때문에 생각이 곧 행동으로 실현되는 것이다. 물질적인 제약에서 해방된 무한한 자유공간이라는 것이다.

또한 지옥과 천국의 다른점은, 천국에서는 음식을 길다란 젓가락으로 먹어야 되는데 서로가 남의 입에 넣어주고 있으나 지옥은 자기입에만 넣으려고 하다보니 잘 먹지도 못하여 아귀다툼이 벌어지고 있다는 것이다.

물론 이러한 영계설靈界說을 현대의 경험과학으로는 증명할 수 없지만 증명할 수 없다고 믿을 수 없다는 논리도 비논리일 수도 있다는 것이다. 인류문명과 과학기술이 고도로 발달하여 언젠가는 이러한 주장이 과학화가 될지도 모르기 때문이다. 따라서 적어도 현시점에서는 비과학적인 주장인 것이다. 마치 달에는 토끼와 계수나무가 '있을 것이다-없을 것이다'를 단정적으로 모르고 있다가 인공위성의 탐사로 진위를 규명하는 것과 같다. 따라서 미지의 세계를 우리들은 '있다-없다'로 단정하기보다는 '모른다'로 해야만 맞는 것이지만 그렇다고 '있다- 없다'가 틀린 것은 아니다. 왜냐면 '모른다'가 현재기준에 의한 결론이라면 '있다-없다'는 미래의 언젠가에 '있다-없다' 가운데서 하나로 판명되는 날이 오기 때문이다. 그래서 미래의 종교는 과학의 발달이 종교의 후퇴를 가져오는 상반관계가 아닌 종교와 과학은 상보관계라고 볼 수 있다.

그러면 김일성의 정치적인 미래관과 문선명의 종교적인 미래관에서 접점과 분기점은 무엇인가는 분명하게 드러난다. 간단히 말해, 김일성의 미래관은 오로지 마르크스-레닌주의에 근거한 혁명적 낙관주의로 주민들에게 현실적인 불만을 허황된 내일(실제로 주민들이 굶어죽은 후)의 꿈으로 포장하여 현세의 독재권력을 유지하는 수단으로 이용했다면, 문선명은 현세의 올바른 신앙생활이 곧 사후의 행복을 보장한다는 논리인 것이다. 그것을 문선명은 사후세계에서 써야 하는 '사랑의 저금통장'(생전에 남에게 베푸는 사랑)으로 비유하면서 설교하였다. 사후세계의 유무에 대한 존재와 형식에서는 두 사람 간에 일말의 동일한 접점을 찾을 수 있으나 현세와 내세의 연관성이나 영혼불멸성에 관해서는 현격한 차이점을 나타내고 있다.

"종교는 아편이다."라는 공산주의 종교관에 뿌리를 두고 무신론과 인간중심사상에서 평생을 살아 온 김일성과 '하나님주의'라는 신 중심사상Godism에서 살아 온 문선명이기에 사실상 김일성에게는 영계와 같은 사후세계에 대한 인식은 갖지 않았다면 문선명은 사후세계를 현세와 등가가치로 매우 중시하였다.

그런데 재미있는 것은, 이처럼 두 사람 본인들의 뜻과는 관계없이 남은 사람들이, "수령님은 영원히 우리와 함께 계신다!"라는 구호와 "참아버님은 우리 가슴속에 살아 계신다!"라는 1주기의 추모사로 김일성과 문선명을 비슷한 구호로 표현하고 있어 서로간의 접점을 만들고 있다는 사실이다.

김일성과 문선명의 방대한 저작물

일반적으로 개인이 평생 동안 직접 집필하여 남긴 책이 100권에 이르기는 거의 불가능에 가깝다. 그런데 김일성이나 문선명은 둘 다 몇 백 권에 달하는 저서를 남기고 있다. 학자들과는 달리 정치인이나 유명인들의 경우는 거의가 연설문이나 어록을 대필하기 때문에 가능한 이야기이다.

김일성은 평양 조선로동당 출판사에서 1979년부터 1998년까지 10년간에 걸쳐 주로 김일성이 1930년대 만주에서 항일 빨치산 활동을 했다는 내용으로 편집된 〈김일성저작집〉이 총 50여 권이 있다. 그런데 김정일은 1980년 제6차 조선로동당전당대회에서 후계자로 결정되면서 그 이후부터는 책의 편집방향을 아버지에 대한 충성의 증표와 우상화의 목적도구로 활용하도록 유도하면서 수많은 책들을 자신의 이름으로도 발간하기 시작하였다.

현재 〈김일성전집〉으로 출간된 88권은, 김일성의 80회 생일을 기념으로 김정일의 주도하에 1992년 3월에 제2권이 먼저 출간되었으며 그 이후 그가 사망한 다음 해인 1995년에야 제1권이 간행되기도 했다.

한편 〈김일성선집〉은 1953년부터 1964년 사이에 있었던 김일성의 건국과정을 중심으로 정권창출의 정당성과 합리화를 내용으로 꾸민 것으로 4권에 수록하고 있다. 그리고 김일성의 자서전적인 회고록 〈세기와 더불어〉는 1992년부터 1995년까지 6권이 간행되다가 김일성 사후인 1998년에 7권과 8권으로 마무리되고 있다.

그의 생전에 기록된 내용의 주류는 개인사에 관한 것보다는 6.25전쟁 때 미국의 호된 폭격 때문인지 지금까지도 심한 피해의식과 불안감으로 적개심을 나타내면서 정치나 외교관련 것들 보다는 오로지 군비증강의 중요성을 강조하는 것으로 꾸며져 있다. 또한 혁명적 낙관주의 사상의 중요성, 주체성과 창조성에 따른 전략전술의 중요성, 통일전선의 필요성, 인민들에게 적에 대한 복수의 정당성 강조와 같은 내용이다.

이러한 전집류에 못지않게 정치-외교-군사-경제-사회-과학-문화예술-교육 등등에 관한 단행본들이 무수하고 농업-어업-임업-공업 등등의 실무영역에 대한 다양한 교시문(지도서)을 근거하여 편집된 소책자도 많이 출간되고 있다.

이에 대하여 문선명의 저작물도 김일성에 못지않게 방대한 분량으로 발간되고 있다. 우선 〈문선명선생 말씀선집〉이라는 이름으로 현재까지 무려 총 620권이 나와 있고 앞으로 1,200권을 목표로 진행되고 있다. 내용은 주로 통일교의 창시부터 그의 90평생에 각종 집회나 설교 그리고 교리해설로 이루어진 것으로, 기독교적 세계관과 예수와 하나님에 관한 '통일원리'에 근거한 해설과 대중강연문으로 이루어져 있다. 이것들은 주로 통일교 산하의 '역사편찬위원회'에서 편집하고 있으며 출판은 주로 '성화출판사'에서 담당하고 있다.

1999년부터 출간된 '문선명선생말씀 정선'이라는 시리즈는 〈참부모님 생애노정〉의 제목으로 12권이 나와 있다. 이것은 문선명의 출생부터 시작하여 평생을 걸어 온 족적을 망라한 것으로, 문선명과 통일교의 역사에 대한 체계적인 연구서로서 대표적인 것이다.

제1권에는 '참아버님 탄생과 내적준비' 제2권은 '한국 해방과 섭리출발' 제3권은 '통일교 창립과 섭리 출발' 제4권은 '참부모님의 성혼과 제1차 7년 노정' 제5권은 '2차 7년 노정' 6권은 '제3차 7년 노정' 7권은 '40년 노정 종결과 제2회 3차 7년 노정' 제8권은 '남북통일 대비와 해방직후 섭리 탐강노정' 제9권 '환고향 시대와 참부모 선포' 제10권 '참어머님과 참가정' 제11권 '성약시대와 통일교 40년' 그리고 제12권은 '참부모님 생애의 업적'으로 구성되어 있다.

한편, 2002년부터 '세계평화와 남북통일에 대한 문선명선생의 비전과 실천'이라는 제목으로 6권에 달하는 시리즈물을 출판하면서, "한평생을 남북통일과 세계평화, 인류구제사업에 헌신해온 문선명 선생! 그가 공사석에서 행한 강연과 설교 모음집"이라는 설명으로 340여 권에 달하는 것을 편집출판하고 있다. "평화관련 어록을 발췌해 체계화한 이 책은 문선명 선생의 평화사상과 실천모습이 고스란히 담겨져 있다. 특히 세계분쟁에 대한 명쾌한 해법과 남북통일과 세계평화의 대안 제시가 돋보이는 본 책들은 우리시대

유일무이한 평화운동의 지침서로 평가받고 있다."라는 글을 출판 취지문에서 밝히고 있다.

이러한 것들과는 별도로 1987년부터는 당시 문선명선생말씀 편찬위원회 위원장으로 있었던 유광렬이 '문선명선생말씀 주제별 정선'이라는 제목으로 몇 권의 시리즈를 출판하고 있기도 하다. 이러한 모든 출판물들의 이론적인 뿌리는 통일교의 사상이론이 압축되어 있는 〈원리강론〉原理講論인 것이다.

이것은 1950년대 초, 6.25전쟁의 피난시절 부산의 범냇골(범일동) 토담집에서 집필한 〈원리원본〉原理原本이 그 이후 〈원리해설〉原理解說을 거쳐 오늘날의 〈원리강론〉原理講論이 된 것으로, 이 책에는 보수근본주의 신학이론과는 상당히 다른 통일교의 모든 교리가 담겨져 있다. 이러한 통일신학을 통일교도들과 일부 신학자들은, 16세기 독일의 M. 루터가 구교도들의 부조리에 저항하여 일으킨 종교혁명에 이어 통일신학은 신교의 교리를 재해석한 제2의 종교개혁으로 평가하기도 했다. '통일원리'에서는 전통적인 신관神觀과는 전혀 다른 신관神觀을 역설하고 있기 때문이다. 조직신학이나 변증신학의 난제인 신의 존재증명론과 예수론, 타락론, 부활론 등을 전혀 새로운 관점에서 재해석하고 있기 때문이다.

한편 이러한 통일신학적인 해설서인 〈원리강론〉原理講論과는 달리 통일사상연구원 이상헌(李相憲)원장이 1993년에 집필한 〈통일사상요강〉統一思想要綱은, 원리강론에 기초한 신관神觀인 원상론原相論과 존재론, 인간관인 본성론本性論, 가치론, 교육론, 윤리론, 예술론, 역사론, 인식론, 윤리학, 방법론 등으로 구성되어 있다. 특히 신관에서는 하나님과 인간과 자연과의 관계를 4위기대四位基臺와 정분합작용正分合作用이라는 특수개념으로 접근하여 전통기독교의 신관과는 다른 접근법으로 해석하고 있다.

다시 말해, 하나님의 본성을 신상神相과 신성神性으로, 인간과의 관계를 4위기대와 정분합의 수수작용授受作用으로 봄으로써 전통신학의 초월적 인식차원을 논리적인 사유가능의 세계로 전환시키고 있다. 하나님의 존재증명存在證明을 종래의 연역적인 시각에서 귀납적인 접근법으로 설명하고 있다.

한편 2003년 문선명은 〈천성경〉天聖經이라는 이름의 무려 2,332쪽에 달하는 방대한 저작물을 발간하였고, 2013년에는 문선명의 성화 1주년을 기념하여 비슷한 분량의 〈평화경〉平和經을 출판하였다. 그리고 2014년에는 문선명 탄생 94주년을 추모하면서 그의 탄생과 일생의 업적을 기리는 〈참부모경〉의 출판을 추진하고 있다고 한다. 〈천성경〉은 통일교의 초창기부터 2000년대 초까지의 기간에 걸친 주요 자료를 주제별로 분류하고 해설한 것이며, 〈평화경〉은 1970년대부터 문선명의 여러 강연문을 중심으로 편집한 내용이다.

김일성과 문선명의 사회악과 선악관의 갈림길

마르크스의 변증법적 유물사관에서는 사회악의 근원과 공공의 적으로 부르주아지Bourgeoisie를 지목하고 그들에 대한 저주와 폭력적인 타도를 역설하였다. 따라서 자본주의 계급과 국가는 악의 근원이고 불평등 계급사회이므로 폭력적인 계급혁명으로라도 그들을 말살하고 전복시켜야만 사회주의와 공산주의라는 유토피아 세계가 도래한다고 보았다. 이것이 그의 계급사회관이며 공산주의 혁명관이다.

이에 따라 김일성은 1960년대 초기까지는 선과 악을 오로지 사회주의계급 혁명기준에 두고 아군과 적군으로 구분했다. 따라서 항일무장투쟁시기 활동했던 현준혁을 중심한 국내파와 남로당파의 박헌영 그리고 김두봉을 위시한 연안파, 박금철과 이효순 중심의 갑산파, 허가이의 소련파들이 정권초기에는 김일성이 그들과 손잡은 정치동반자였지만 1960년대부터 자신의 통치 이데올로기를 혁명전통론과 주체사상으로 바꾸면서 그들을 자신의 일인 영구독재 정치에 방해물로 여기게 되었고 그들을 적(악)으로 단정하고 종파분자나 반당분자 또는 미제 스파이라는 허위죄명을 씌어 차례로 숙청하였던 것이다.

따라서 북한의 김일성은 선과 악의 판단기준으로 주체사상과의 적합성 그리고 1974년 김정일이 아버지에게 아부하기 위하여 만들어 본격적으로 통치전면에 등장시킨 〈당의 유일사상체계 확립의 10대 원칙〉 기준에 따라 결정했다. 이것은 그 이후부터는 김 부자를 제외한 북한의 당·군·정의 고위간부들로부터 일반 주민들에 이르기까지 모든 행동의 선과 악을 판단하는 초법적인 유일한 기준이 되었던 것이다.

그리고 '유일사상체계 10대 원칙'의 핵심개념인, 김일성중심 혁명사상의 원칙, 절대충성의 원칙, 김일성절대성의 원칙, 주체사상에 대한 유일성의 원칙, 무조건성의 원칙, 통일단결의 원칙, 대중투쟁의 원칙, 정치적 생명의 우선원칙, 조직규율에 대한 비밀엄수의 원칙, 혁명가문의 대를 잇는 원칙을 모든 인민들이 지켜야 할 절대가치의 판단기준으로 정하고 이것들과 조금이라도 배치되면 혁명과업에 거역하는 중대한 사회악으로 간주하였던 것이다.

이처럼 김일성의 경우는 혁명전통과 주체사상을 최고 가치로 설정하고 그의 통치 이데올로기의 중심이론으로 활용했다면 김정일은 이러한 바탕 위에 '당의 유일사상체계 확립 10대 원칙'을 추가했던 것이다.

실제로 세계 각국에서 그 나라의 기본가치관을 가장 명료하게 표현하고 있는 것은 그 나라의 헌법과 법률 그리고 어떤 낱말에 대한 국어사전에서의 해설이다. 이러한 의미에서 '자본주의'와 '사회주의'라는 개념에 대한 해석을 남북한의 국어사전에서는 어떻게 설명하고 있는지를 대비시켜 보면 그 차이가 극명하게 나타난다.

(자본주의)

남 = 생산수단을 가진 자본가 및 기업가 계급이 이익 추구를 위해 생산활동을 하도록 보장하는 사회경제 체제.

북 = 지주, 자본가를 비롯한 극소수의 착취계급이 절대다수의 근로인민대중을 억압착취하는 썩고 병든 사회제도.

(공산주의)

남 = 생산수단의 사회적 공유를 토대로 하고, 자본주의 사회를 유물변증법으로 비판하며, 계급투쟁으로 프롤레타리아 혁명을 주장하는 주의.

북 = 경제와 문화, 사상과 도덕의 모든 분야가 전면적으로 발전되었으며 지덕체를 갖춘 다방면적으로 발전된 새형의 인간들이 자연과 사회의 주인이 되어 자주적이며 창조적인 생활, 참으로 문명하고 유족한 생활을 마음껏 누리는 인류의 최고 리상사회 또는 그러한 사회를 실현하려는 사상.

여기서 남과 북은 동일단어에서도 상반된 이데올로기 때문에 해석에서 극심한 차이를 보여주고 있다. 이러한 차이는 김일성과 문선명이 보는 선과 악에 대한 인식에서도 그대로 적용되고 있다.

물론 그것은 김일성의 정치적인 현실주의와 문선명의 종교적인 초월주의에서도 연유하고 있을 것이다.

문선명은 선과 악을 기독교의 교리에 적용하여 공산주의 집단을 성경에 등장하는 사탄의 화신으로 규정하였고 악의 근원이라고 보았다. 1987년에 '세계평화통일가정연합'에서 발간한 문선명의 어록인 〈뜻 길〉에서는 선善과 악惡에 관한 것을 다음과 같이 구분 설명하고 있다.

- 선은 자기를 중심삼는 것이 아니다. 남을 위하여 자기를 희생하는 것이다. 악은 자기를 중심한 것이요, 자기를 위하여 남을 희생시키는 것이다.
- 악을 분별할 수 있는 지침으로 주신 것이 양심이다.
- 개인을 희생시켜 가정이 선해질 수 있다면 그렇게 하는 것이 선이요, 가정을 희생시켜 세상이 선해진다면 그렇게 하는 것이 선이다.
- 선은 자신보다 가정을 더 사랑하는 것, 가정보다 국가를 더 사랑하는 것, 국가보다도 세계 인류를 더 사랑하 는 것이다.
- 선은 더 큰 것을 위하는 것이다. 통일교의 전체를 희생시켜서 이 민족과 국가를 위하면 그것은 선이다. 국가를 희생시켜 세계를 위하면 세계가 잘 될 때 그 국가는 중심국가(中心國家)가 되고, 어떤 민족을 희생시켜 국가를 살리면 그 민족은 그 국가의 주동민족(主動民族)이 될 것이다.
- 악이 발동할 때 선이 가만히 있는 것은 선은 악과 더불어 행동할 수 없기 때문이다. 악이 지나간 후에 선은 나타나는 것이다.(여기서 '악은 먼저 치고 빼앗아가지만 선은 맞고 빼앗아 온다.'는 어록을 보여 줌)

선과 악에 관한 인식과 태도에서, 김일성의 경우는 희생과 봉사정신이 자기 자신에게 집중되고 가까워질수록 선에 가까워지고 멀어질수록 악이라고 인식했다면, 문선명은 자기 자신의 욕구에 가까워질수록 악이고 멀어질수록 선이라고 함으로써 전혀 상반적인 관계를 보여주고 있다. 따라서 문선명은 이 세상의 모든 악의 근원은 개인적인 이기주의에서 비롯된다고 단정하고 있으며 또한 죄의 출발은 불륜이라고 단정하고 있다.

이것은 성경에서도, "인자의 온 것은 섬김을 받으려함이 아니라 도리어 섬기려 하고 자기 목숨을 많은 사람의 대속물로 주려 함이니라."(막 10:45)의 구절이나 "욕심이 잉태한즉 죄를 낳고 죄가 장성한즉 사망을 낳느니라."(약 1:15)와 같은 구절로 이타주의와 이기주의에 대한 분명한 경고를 하고 있다.

그리고 김일성이 무신론적 공산주의 이념과 제도를 최선으로 보고 자본주의 사회와 제도를 악의 근원으로 보았듯이 문선명은 공산주의 이념과 체제를 악의 화신으로, 유신론적인 자유민주주의 세계를 선으로 보았다는 점에서도 두 사람은 분명한 대극점에 서 있다.

김일성의 인간개조론과 문선명의 인간개선론

인간개조론은 김일성이 그의 '주체사상론'에서 사회역사의 원리로 내세운 '3대 개조사업', 즉 사회개조-인간개조-자연개조 중의 하나이다. 사회개조란 자본주의적인 착취계급의 타파를 통한 공산당 일당독재의 무계급사회화이며, 인간개조란 이러한 사회개조 사업에 적극적으로 참여하고 혁명정신에 투철한 사람으로 만드는 것이고, 그리고 자연개조라는 것은 자연환경 조건을 인간의 요구에 맞도록 개발하고 개선하는 것으로 설명하고 있다.

이러한 인간개조론은 학생들의 학습이론에도 적용하고 있다. 그러한 근거로는 개체의 능력은 선천적이라기보다는 후천적인 학습(환경)요인에 의하여 결정된다는 전제에서 성립되는 것으로, 그 대표적인 이론가로는 소련의 파브로브I.P.Pavlov와 미국의 행동주의 심리학자 월슨J.B. Watson이다. 그는 "나에게 평범한 지능을 가진 아동 10명을 10년간 맡겨주면 거지로부터 천재에 이르는 사람으로까지 만들 수 있다."는 극단적인 말로 교육만능설을 역설하였다. 문자 그대로 학습에 의한 인간개조론자인 것이다.

바로 김일성의 인간개조론이 이들의 관점과 같다. 그래서 북한에서는 사람은 누구나 평등한 능력과 소질을 지니고 태어났기 때문에 천재교육을 부정하기도 했다. 그러나 이것은 매우 극단적이고 잘못된 관점이다. 그렇다고 인간학습능력과 효과를 선천적인 유전요인에만 의존하는 결정설만도 아니고 후천적인 학습설만도 아닌 통합설이 학계의 정설인 것이다. 그러나 특히 예체능 분야의 능력은 후천성보다는 선천적인 유전요인이 결정적으로 작용하게 된다고 보고 있다.

사실 인간의 개조문제에 관해서는 비단 김일성이나 김정일뿐만 아니고 신학이나 기독교의 교리에도 등장한다. 1964년에 연세대 서남동교수의 연구논문 '인간개조론과 그리스도 신앙'이라는 논문에서도 논의되고 있다.

기독교에서의 인간개조의 의미는, 인간은 원죄를 지니고 태어났으므로 예수의 보혈과 성령에 의하여 죄 없는 인간으로 '거듭남' 즉 중생重生을 의미한다. "너희는 유혹의 욕심에 따라 썩어져 가는 구습을 좇는 옛 사람을 벗어 버리고 오직 심령으로 새롭게 되어 하나님을 따라 의와 진리의 거룩함으로 지으심을 받은 새 사람을 입어라."(엡: 4: 22-24)에서 잘 보여주고 있다. 그러나 김일성의 인간개조는 사회주의 계급혁명의 투사로서 반사회주의적인 적대계급에 대한 적개심이 강한 인격개조를 의미한다. 따라서 김일성의 인간개조론은 인격의 수단화라면 기독교는 선을 향한 목적으로서의 인간개조인 것이다.

이러한 관점에서 김일성은 개개인들의 생명을 공산주의사회 건설을 위하여 주체사상으로 무장하고 혁명투쟁의 수단으로만 보는 하나의 소모품으로 생각하고 있다면, 문선명은 지상에 하나님이 그리던 인류평화세계를 이루기 위하여 '통일원리'의 참사랑의 원리에 따라 참부모, 참가정, 참자녀가 되도록 하는 것이었다. 전자는 인격을 정치적으로 수단화하였다면 후자는 종교적인 관점에서 목적화하였다고 볼 수 있다. 인간개조이론에 대한 인간개선이론인 것이다.

그리고 김일성은 자신의 통치이데올로기로 삼았던 이른바 주체사상을 한마디로 수령에 대한 충실성이라고 결론지었다. 즉 개개인들(주민)의 삶의 목적은 사회주의국가 건설을 위하여 자신에게 무조건적인 충성을 바치는 사람으로 바뀌어야 된다는 뜻이라면, 문선명은 지상에서의 평화세계를 이루기 위하여 모든 삶을 하나님의 심정으로 살아야 한다고 역설하고 있어 인간개조론의 명목과 형식은 같을지라도 내용에서는 전혀 상반적인 분기점을 보여주고 있는 것이다.

김일성과 문선명의 남북통일관의 분기점

김일성과 문선명의 근원적인 분기점은 무신론과 유신론에서부터 시작된다. 이러한 관점에서 본다면 김일성의 남북통일론에 관한 기본 핵심은 철저한 무신론자이며 반 그리스도 사상을 강조한 마르크스-레닌의 공산주의 계급혁명론과 폭력적인 투쟁이론에 뿌리를 두고 남한을 사회주의혁명론에 근거하여 자신의 주체사상으로 남북통일의 이념과 방법론을 일관되게 강조해 왔다면, 문선명은 유신론적인 기독교사상에서 나온 하나님주의Godism라는 원칙에서 비폭력적인 참사랑과 두익사상으로 남북한 주민들이 화해와 협력의 평화통일론으로 접근하고 있어 양자 간에 목표는 같아도 서로 다른 길을 걸어가고 있었다.

김일성은 1950년 한국전쟁으로 남한의 공산주의화를 시도했으나 실패로 끝나자 1960년대에 접어들면서 남북연방제로 위장 평화공세를 취하였다. 그의 통일에 대한 대남정책으로는, 1957년 9월에 김일성은 "평화적으로 어떠한 다른 나라의 간섭도 없이 조선인민 자신의 민주주의적 의사에 의하여 통일되어야 한다."는 취지의 민족자주론의 '조국통일 기본방침'을 제시했지만, 그가 여기서 말하는 민족은 이른바 김일성 중심의 민족이며 평화란 "남조선에서 미군이 완전 철수하고 보안법을 철폐한 상태"를 전제한 주체사상으로 이루어진 평화사회를 의미하는 것이었다.

북한의 김일성은 1960년 8월에 남북한 총선거에 의한 '북남련방제안'을 남한정부에 제안하기도 했다. 그는 이러한 것을 대비하여 종래의 황해도-평안북도-평안남도-함경북도-함경남도-강원도로 된 6개도의 행정구역을 남한의 9개의 도에 맞서도록 량강도-자강도-황해남도-황해북도로 분할 개편하여 9개의 도로 만드는 사전준비 작업을 했다. 그래서 현재는 황해도가 남도와 북도로 나뉘고, 평안북도에서 자강도, 함경남북도에서 쪼개어 낸 량강도라는 생소한 도명이 생겨난 것이다. 당시 문선명은 이러한 김일성의 전략을 간파하고 1968년에 '국제승공연합'을 전국적인 조직으로 결성하여 김일성의 모략에 대비하였던 것이다.

김일성의 이러한 주장도 남한의 이승만의 '멸공통일론과 박정희의 반공주의 등 일련의 대북강경 정책으로 별다른 반응효과가 없자 그는 온갖 명칭의 통일안을 제안하면서 한편으로는 지하조직을 통한 간첩활동과 지상침투의 무력공세를 파상적으로 전개하였다. 뒤로는 무장폭력, 앞으로는 평화공세로 나오는 북한의 전략전술을 간파한 박정희의 일관된 대북강경정책에 김일성은 박정희를 제거할 목적으로 1968년 1월 21일에는 일단의 특공대를 청와대까지 침투시켜 암살을 시도하는 사건이 발생하게 되었다.

김일성과 김정일 부자간에 있었던 남북통일 관련 주요 원칙은 '조국통일 3대원칙'과 '전민족대단결10대강령', '고려민주련방공화국창립방안'(고려연방제안) 그리고 '민족대단결 5대방침'이라는 3개의 문건 속에 잘 집약되어 있다.

'조국통일 3대원칙'은 1972년 김일성이 제시한 것으로, 요점은 자주통일-평화통일-민족대단결이다. '전민족대단결 10대강령'은 상호간의 화해-불가침-민주-단결-교류-국제연대-통일꾼 평가 등이며, 이른바 '고려연방제안'은 1980년 10월 제6차 당대회에서 김일성이 주체사상에 입각한 최선의 통일방안으로 내놓은 것이다. 이것은 그 뒤 2000년 6월 소위 김일성과 김대중간의 '6.15정상회담'에서는 '낮은단계 연방제'라는 이름으로 개명되었지만, 그것은 하나의 포장된 전술에 불과한 것이었다. 그리고 '민족대단결 5대방침'은 1998년 김정일이 제시한 것으로, '민족자주의 원칙-애국애족의 기치-북과 남 사이의 관계개선-외세간섭과 반통일세력 반대-온 민족교류와 련대련합' 등으로 제시되고 있으나 전술상으로 전혀 변화된 것은 없었다.

요약한다면, 김일성과 김정일의 일관된 통일관과 통일정책은 그럴듯한 제안과 선전술로서 실제로는 폭력과 협박, 전쟁도 불사하겠다는 위협으로서 남한을 속이고 길들여 최종목표는 김일성국가로 만들겠다는 것이 기본원칙이다. 따라서 그동안 이루어졌던 일련의 남북관계는 철저하게 그들의 당 강령 전문에 명시하고 있듯이 이른바 남조선의 사회주의국가 건설에 최종목적이 있을 뿐이며 그 수행과정에 등장하는 평화적 제안은 하나의 일관된 불변의

전략전술에 불과한 것이다.

이러한 북한 김일성의 통일관에 비추어 문선명의 통일관은 전혀 다른 대척점에 서 있다. 즉 김일성은 자신의 목적달성을 위해 전쟁을 통한 동족살해도 합리화할 만큼 폭력주의라면 문선명은 어떠한 경우라도 신앙적인 가치관에서 적을 껴안고 동족을 참사랑으로 감싸려는 비폭력 평화주의적인 통일론이었기 때문이다.

그러나 문선명은 북한의 김일성을 무조건 사랑하고 용서할 수는 없었다. 왜냐하면 통일교의 기본사상인 〈원리강론〉에는 공산주의사상과 민주주의사상을 악과 선으로 대비시켜 설명하고 있어서이다. 공산주의는 성서의 창세기에 기록되어 있는 아담과 해와의 두 자녀 중에서 장남인 가인Cain의 입장에 서 있기에 목적달성을 위해서는 폭력과 살인도 합리화하는 공산주의의 상징으로, 동생 아벨Abel은 자유와 평화를 기본으로 하는 자유민주주의로 비유하고 있다. 가인이 동생 아벨을 돌로 쳐 죽이는 최초의 살인자이듯이 공산주의는 폭력과 살인의 편에 선 악마의 대변자로 보았던 것이다.

그래서 문선명은 1965년부터 통일교의 목회자들을 중심으로 '반공계몽단'을 결성하여 활동하다가 1968년 1월에는 정부의 협력하에 '국제승공연합'을 조직하고 발전시켜 국내외적으로 반공활동을 본격화하였다. 마침 당시 김신조 청와대습격사건이 터지자 국민들의 흥분된 반공감정에 통일교의 승공조직과 활동은 요원의 불길처럼 퍼져나갔다. 이러한 추세로 조직과 세력이 전국적으로 확대되자 한때 정부의 지시로 기본조직원들의 통태에 대한 정보기관의 감시도 받을 정도였다.

그런데 '반공계몽단'에서 '국제승공연합'의 이름으로 개명한 것은 공산주의사상이나 집단을 이론적으로 극복하고 그들로 하여금 자유민주주의 사상에 승복하도록 만들겠다는 취지였다. 1987년에는 '국제승공연합'이 전국의 사회각계 지도층을 중심으로 한 '남북통일운동국민연합'으로 개명되고 계승되면서 문선명은 북한동포해방의 시민운동과 조직의 활동자금으로 당시로서는 막대한 금액인 50억원을 투입하는 열정을 보여주었다.

이러한 문선명의 대북관과 통일관은 김일성의 대남관이나 통일관과는 전혀 다른 차원이다. 문선명은 하나님의 참사랑으로 북한을 용서로 포용하며 이른바 두익사상Headwingism의 기본가치인 공생共生과 공영共榮, 공의公義로 공산주의와 자본주의의 결점을 극복하여 평화통일을 구축하려 했다면, 김일성은 일관되게 공산주의 이데올로기에서 폭력적 계급투쟁을 통한 남북통일국가를 달성하여 그의 주체사상에 의거한 독재정권을 수립하려고 했다. 이에 맞서 문선명은 그들로부터 온갖 비난과 생명을 위협하는 테러까지 당하면서도 하나님의 심정으로 이러한 김일성을 사탄과 마귀의 굴레로부터 구하기 위하여 부단한 노력과 인고의 세월을 보냈다.

이것을 문선명은 '악은 때리고 빼앗아 가지만 선은 맞고 빼앗아 온다.'는 말로 표현했으며 성경의 '에서와 야곱'의 관계로 설명하였다. 김일성의 통일개념과 기조가 혁명과 폭력과 증오와 전쟁이라면 문선명은 평화와 화해와 사랑이었다. 극과 극의 분기점인 것이다.

문선명은 1970년대부터는 2012년 일생을 마칠 때까지 모든 조직과 단체의 이름에 '평화'라는 말이 들어가도록 했다. 1973년 5월 당시 전국의 각 대학의 교수 163명이 모여 '세계평화교수협의회'라는 이름으로 창립총회를 열고 이항녕 당시의 홍익대총장을 회장으로 선출하여 현재까지 남북통일과 세계평화에 관한 이론연구와 국내외에서 다양한 국제세미나를 개최함으로서 교수들로 하여금 조국의 평화통일에 관한 이론개발과 실천운동으로 사회참여를 선도해 왔던 것이다.

한편 1990년 6월에는 〈세계평화연합〉을 결성하여 소련을 위시한 공산권 지도자들과 서방세계 지도자들을 한데 모아 평화실현을 강구하는 단체를 조직하게 했고 8월에는 〈세계평화종교연합〉을 창설하여 세계의 각종 종교지도자들의 화합을 도모하였다. 이것은 1999년 2월에 발족한 〈세계평화초종교국가연합〉으로 발전되었다. 그리고 1992년 8월 총선을 앞두고 〈세계평화통일당, 世界平和統一堂(The House of Unification for World Peace)〉을 창당하고 17대 총선에 전국각지에 후보자를 내기도 했다. 당黨이 아닌 당堂으로 정당명을 정한 것도 정당이 갖는 패거리의 이미지가 아닌 식구들이 한데모인 집단의 의미에서였다. 또한 그해 9월에는 〈세계평화여성연합〉을 만들어 일본여성들을 중심으로 유럽과 미국에도 창립대회를 연달아 개최하면서 '세계여성해방시대'를 선포하였던 것이다.

그리고 1999년부터는 북한의 남포지역에 본격적인 자본주의 기업체제로 운영하는 '평화자동차'공장을 설립, 가동하였고, 2007년에는 평양 중심지에 사실상 선교목적의 '세계평화 센터'를 준공하여 북한으로 하여금 하나님의 사랑으로 평화사상을 갖도록 하였다.

또한 2000년도에는 전국 시-도-군 지역에 걸쳐 지역인사들로 구성된 〈평화대사협의회〉(UPF)를 구성하여 세계평화와 평화통일 실천을 위한 대사大使의 역할을 하도록 운영하고 있는가하면 2005년에는 〈천주평화연합〉이라는 조직도 결성하는 등 다양한 족적을 남겼다. 현재 UPF조직의 자문위원으로는, 전현직 국회의원 그리고 대학총장, 장차관과 같은 고위직 인사들로 이루어져 있다.

이러한 그의 평화에 대한 집념은 1996년부터 교회의 명칭을 잠정적으로 '세계평화통일가정연합'으로 개칭하기에 이르렀다. 이처럼 모든 대내외 조직단체에 '평화'라는 이름을 붙일만큼 문선명은 평생을 남북통일과 세계평화에 모든 생애를 바쳤던 것이다.

이와 같이 문선명은 공산주의와 북한 김일성 집단을 악惡으로 규정하면서 성서적인 관점에서 사탄과 악마 그리고 인류사에서 최초의 살인자 카인으로 비유하였고, 통일교와 공산주의를 선善과 악惡으로 갈라 상극적인 대칭점에 두면서도 동시에 문선명은 '눈은 눈으로, 이는 이로'라는 성구보다는 '오른 빰을 맞으면 왼빰을 내어주라'는 말처럼 '맞고 빼앗아 오는' 하나님의 심정으로, 탕아蕩兒를 맞아들이는 부모의 심정으로, 공산국들과 김일성을 끌어안으려고 했던 것이다. 여기에 분기점과 접점이 서로 만나는 놀라운 이치가 숨어있는 것이다. 이러한 접점의 기적은 1990년 4월 모스크바에 들어가 고르바초프를 만나고 1991년 12월 평양에서 김일성과 포옹하는 것으로 적을 사랑으로 끌어안고 포용하는 것에서 잘 나타나고 있다.

한편 2005년부터는 일본에서 친북단체로 활동하는 조총련 소속의 재일교포 1만명을 목표로 '모국방문단'이라는 이름으로 한국에 초청하여 그동안 그리던 고향방문과 부모들의 묘소를 참배하고 일가친척들을 만날 수 있게 하는 행사를 주관함으로써 악을 사랑으로 용서하고 화해와 평화통일로 가는 데 하나의 디딤돌로 삼게 했던 것이다.

여기서 한 가지 제기되는 문제로, 통일교는 이처럼 모든 활동을 오로지 국내외적인 반공활동과 세계의 평화운동에만 몰두했을 뿐 1970년대부터 세차게 몰아쳤던 국내의 정치적인 민주화 투쟁 대열에서 다른 종교단체와는 달리 동참하지 않고 '왜 방관만 했는가? 라고 비판할 수 있을 것이다.

그것은 국내의 정치적인 군사독재와 인권침해에 대한 항거와 투쟁운동 못지않게 북한 김일성의 폭거와 사상침투 문제가 남한의 운명을 좌우하는 데 있어서 더 근본적이고 절박한 것으로 보았기 때문이다. 독재정권교체로는 국가가 살아남을 수 있지만 북한의 김일성체제로의 변화로는 국가도 사라져 버리기 때문이다. 그렇다고 군사독재를 옹호하고 지원하기보다는 이반되는 민심 속으로 침투하는 공산주의 사상을 경고하고 척결하는 것이 더 절실했던 것이다. 잘못된 정치(정권)문제보다 잘못된 사상(이념)문제가 더 근원적이고 심각한 것이라고 보았던 것이다.

한편 당시의 국내외 종교계에도 남미에서부터 다분히 급진좌경적인 해방신학이나 민중신학 등이 침투되었고 국제정치학계에도 종속이론과 같은 좌경 진보적인 사상에 많은 지식인들이 관계되면서 북한에 대한 한국사회의 사상적인 편향이 나타났던 것이다. 특히 민주화 투쟁의 운동권 학생조직에 침투하는 위험에 처하기도 했다.

김일성과 문선명 - 적과 동지의 포용

1991년 12월 6일, '땅은 나뉘어도 민족은 하나', '이념은 달라도 마음은 하나'라는 심정으로 방북한 문선명은 김일성을 얼싸 안았고 적을 동지로 포용하면서 상극相剋을 상생相生으로 바꾸려고 했던 것이다. "우리는 누가 먼저랄 것도 없이 서로 얼싸 안았습니다. 나는 철저한 반공주의자고 김주석은 공산당의 우두머리지만 두 사람의 만남에 이념이나 신앙은 중요한 것이 아니었습니다. 우리는 오랫동안 헤어진 형제와도 같았습니다. 그것이 바로 피가 통하는 민족의 힘입니다."라고 피력한 문선명의 심정에서 화해와 용서의 극치를 보게 된다. 분기점으로 달리던 적과 적은 그 꼭지점에서 급선회하면서 극적으로 만나는 접점을 보여주었던 것이다. 적과 동지, 분기점과 접점의 일체화였던 것이다.

김일성이 불이라면 문선명은 물이다. 불은 만물을 태우고 재로 만들어 생명력을 파괴하고 죽여버리는 분노와 증오의 파괴적인 성질이라면 물은 만물을 포용하면서 생명을 불어넣고 창조적인 사랑이 그 본질이다. 그러나 물은 불까지도 잠재우면서 불모의 잿더미 위에 생명의 새싹을 돋게 한다.

문선명의 방북과정에서 한두 가지 에피소드가 있다. 문선명 일행을 인민문화궁전으로 안내한 북한의 윤기복과 최태복은 "조국의 통일은 오로지 위대한 수령 김일성원수님의 주체사상으로만 가능하다."는 취지로 남북통일관을 역설하자 문선명은 단호하게 "주체사상이 인민의 행복을 보장할 수 없고 하나님사상에 입각한 참사랑만이 평화와 행복을 보장해 줄 수 있다. 따라서 주체사상으로는 안 된다. 하나님의 참사랑이어야 한다. 그리고 이것은 창조론적인 두익사상에 남북한의 통일사상이 모두 들어 있다."는 취지의 공박적인 설명에 동석한 남한의 수행원들은 물론이고 북한의 고위당간부들이 너무 당황하여 어쩔 줄 모르자 한때 장내는 험악한 긴장감이 교차했다는 것이다. 감히 여기가 어디라고 원수님의 지도이념을 정면에서 비판하는가의 당혹감에서였으며 지금까지 방북한 수많은 외국 원수들은 누구나 머리를 조아리며 동감하는 것을 정면에서 부정당한 것은 처음이었기 때문이다.

다른 한 가지는, 귀국 하루 전 김일성과의 기념촬영에서이다. 김일성은 그동안 수많은 외국원수들과의 기념촬영 때 예외 없이 자신은 항상 두 손을 뒤로 한 뒷짐을 지고 찍었다. 김일성의 이러한 특유의 습관을 간파한 문선명은 촬영장으로 나갈 때 잡은 손을 끝내 놓아주지 않고 기념사진을 찍었다. 아마 그것은 김일성이 외빈과 두 손을 서로잡고 찍은 최초의 사진이었을 것이다.

김일성과의 만남으로 이루어진 남북한 간의 공동성명을 1991

년 12월 6일자 〈로동신문〉은 다음과 같이 쓰고 있다.

공동성명

1. 쌍방은 반세기 가까이 지속되고 있는 나라와 민족의 분열을 더 이상 지속시켜서는 안되며 반드시 가까운 몇해안에 통일을 이룩하여야 한다는데 대하여 강조하였다.
2. 쌍방은 조국통일을 외세의 개입이나 간섭이 없이 자주적으로 대화와 협상을 통하여 평화적으로 실현하여야 한다는데 대하여 견해의 일치를 보았다.
3. 쌍방은 제도가 다른 북과 남이 서로 공존 공영하는 기초우에서 같은 민족으로서 하나의 통일국가를 세우는 방침으로 조국통일을 우리나라 실정에 맞게 민주주의적으로 하여야 한다고 인정한다.
4. 쌍방은 우리민족이 다시는 전쟁의 참화를 입는 일이 없도록 하기 위하여 북과 남이 불가침에 합의하고 핵에네르기는 오직 평화적목적에만 리용하며 조선반도에서 핵무기의 제조나 배치가 없어야 한다고 주장한다.

   최근 〈핵사찰〉문제를 힘의방법으로 해결하려는 일부 계층의 시도는 동북아세아와 조선반도의 평화를 위협하는 일로서 즉각 중지되어야 한다.
5. 쌍방은 정치군사적대결상태를 해소하며 다각적인 협력, 교류를 실현할 것을 목적으로 하는 북남고위급 회담이 성과적으로 진전되기를 희망하였다.
6. 쌍방은 북남고위급회담이 온겨레의 기대에 맞게 진전되여 하루

빨리 북남정상회담이 열리기를 기원하였다.

7. 쌍방은 피는 물보다 진하다는 원칙에서 민족의 대단결을 실현하며 힘있는 사람은 힘을, 지식있는 사람은 지식을, 돈있는 사람은 돈을 내여 조국통일실현에 적극 이바지할 데 대한 공통의 념원을 표시하였다.
8. 해외동포원호위원회측은 북반부에 대한 해외교포들의 경제적투자를 환영하였으며 세계평화련합측은 북반부에서 추진하는 경제사업에 여러 가지 형식으로 투자할 용의가 있음을 피력하였다.
9. 쌍방은 세계평화련합측과 해외동포원호위원회측 사이에 문화교류를 실시하는데 합의하고 우선 다음해(1992년)에 〈리틀엔젤스〉(어린이민속예술단)의 평양초대공연과 평양소년예술단의 서울초대공연을 실현시키기로 하였다.
10. 쌍방은 관계단체들과의 협력하에 조국통일을 앞당기며 1천만 리산가족의 고통을 덜어주기 위하여 북과 남 사이의 자유래왕과 전면개방을 실현하는데 공동의 노력을 기울이면서 첫단계로서 인도주의적사업을 함께 추진시켜나가기로 하였다.

그 일환으로 다음해(1992년) 안으로 쌍방이 합의하는 장소에 리산가족 면회소와 편지교환소를 설치하고 먼저 로령자들 사이의 만남부터 실시하도록 노력하기로 하였다.

1991년 12월 5일

조선해외동포원호위원회 위원장 윤기복

세계평화련합 총재 문선명

그런데 양측이 합의한 성명문을 보면 북한은 김일성이 1972년에 대남통일 원칙으로 주장해 왔던 이른바 '조국통일 3대 원칙'에서 이미 제시하고 있는 자주-평화-민주의 틀에 기초하고 있는 것이며 한편으로는 통일교의 재력을 끌어들이려는 목적이 숨어 있고 당시 국제적으로 민감했던 핵무기개발 문제도 조건적 제안으로 교묘하게 피하고 있음을 보게 된다.

그러나 성과라면 제 9항과 10항의 내용인 것이다.

여하튼 상극적 대척점에 서 있던 김일성과 문선명 간의 만남과 공동성명을 두고 당시 조선, 동아, 중앙일보와 같은 주요 일간지에서는, 그것은 정부당국자간의 합의가 아니며 통일교가 북한의 통일전선전략에 동조한 것이라는 부정적인 평가와 함께 남북대화를 일방적으로 중단시켜 왔던 북한정상과의 만남과 대화 교류의 성명(이산가족 면회나 예술단 교류)은 쉽지 않은 성과라고 긍정적인 평가도 하였다.

사실, 극과 극의 상반성과 조화성은 자연의 섭리일 수도 있다. 마르크스와 엥겔스는 이것을 그들의 변증법적 유물론에서 자연변증법으로 설명하고 있다. 자연과 인간사회에는 남자와 여자, 낮과 밤, 불과 물, 양성(+)과 음성(-) 등이 있듯이 인간사회에도 선과 악이 공존하고 있으나 이들의 관계는 항상 대립과 모순 만으로의 정지상태가 아니고 변증법적 지양止揚을 거쳐 하나의 통일성으로 진화한다고 보았다.

여기서 통일교는 하나님의 참사랑이라는 매개체를 통하여 극과 극의 접점을 찾고 있다. 문선명은 그의 자서전 〈평화를 사랑하는 세계인으로〉에서 "나는 공산주의의 유물사관을 반대하는 사람입니다. 전 세계적으로 승공운동을 벌였고, 소련 공산주의 세계 적화전략에 맞서 자유세계를 수호해야 한다고 역대 미국 대통령들에게 직언을 한 적도 있습니다. 내 행적을 못마땅하게 여기는 공산국가에서 나를 제거하려고 테러를 시도하기도 했지만, 나는 그들을 미워하거나 원수로 여기지 않았습니다. 나는 공산주의의 사상과 이념을 반대하는 것이지 그 사람들을 미워한 것은 아닙니다. 하나님은 공산주의자들까지도 하나로 끌어안기를 원하시는 분입니다……. 남북을 통일하는 데는 좌익도 안 되고 우익도 안 됩니다. 그 두 가지 사상을 조화시킬 수 있는 두익사상頭翼思想이 있어야만 가능합니다."라는 글로 잘 나타내고 있다. 이것은 진정한 승자는 패자를 힘으로 굴복시키는 것이 아니라 사랑과 용서로 감동시켜 스스로의 개심改心과 회개로 참회의 눈물을 흘리게 하는 것, 곧 '자연굴복'이라는 그의 평소 지론을 의미하는 것이다.

남북통일에 대한 김일성과 문선명의 기본관점에서, 김일성은 자주-평화-민족이라는 아주 당연하게 보이는 말로 대변하고 있으나 이것은 표면적인 구호에 불과할 뿐 실제로는 군사력에 의한 폭력과 전쟁을 통해서라도 남한사회의 공산화를 최종목표로 하는 것이 부동의 전략전술이라면, 문선명은 하나님의 사랑을 통한 평화와 자유민주주의의 민족통일이었다. 이러한 문선명의 통일관은 그의 자서전에서 "사랑하면 통일이 됩니다."는 말로 잘 나타내고 있다. 그래서 참다운 승리는 폭력으로 굴복시키는 것이 아니고 사랑의 눈물로 상대방의 증오심을 감싸고 용서하는 것이라고 했다.

그리하여 김일성은 남한의 적화통일만을 최종목표로 삼은 한계에 머물렀다면, 문선명은 남북통일이 곧 세계의 통일로 보았다는 인식의 지평에서도 분기점의 일면을 보여주었다. 그러나 두 사람은 각자의 평생 목표를 현세에서는 다 이루지 못하고 운명을 하였지만 아마 영계靈界에서만은 서로 만나 진정한 화해와 협력으로 생전에 못 다한 조국의 평화통일을 염원하고 있을 것이다.

정치의 종교화와 종교의 정치화

김일성은 50년간의 봉건영주적 독재정치로 북한의 2천만 주민들을 신도로 하는 종교집단으로 만들었으며 무소불위無所不爲, 전지전능全知全能의 신과 같은 존재로 군림하여 정치의 종교화를 성공적으로 이루고 떠난 지도자이다. 그리고 권력의 세습화는 조선왕조 5백년의 왕권제도 그대로이며 그가 가족주의를 부정하면서도 공산주의 이데올로기에 따라 선조에 대한 제사도 봉건적인 유교의 낡은 폐습이라면서 한때는 금지했으나 다시 묵인하였던 모순을 보여 주기도 했다.

어버이 수령과 어머니 당에 대한 효도와 충성심의 강조, 그리고 북한주민들이 가진 남존여비사상은 바로 유교의 삼강오륜의 덕목이기 때문이다. 또한 자신을 전지전능, 무소불위의 신과 같은 위치에서 전 주민을 신도로 삼아 북한을 거대한 종교적인 유기체로 만들어 통치한 것은 정치의 종교화의 전형인 것이다.

실제로 그는 자신의 자서전 〈세기와 더불어〉에서 밝히고 있듯이, 그의 어머니는 예수교 장로회의 독실한 신자였고 또한 교회장로였던 외삼촌 강돈욱康敦煜이 운영하던 기독교 계통의 '창덕소학교'에 다니면서 찬송가도 부르고 성경도 읽었다고 밝히고 있다. 따라서 그의 뿌리는 기독교 정신에서 자랐다고 본다. 이러한 잠재의식의 뿌리가 후에 국가체제에서도 그대로 반영되었다고 본다. 잠재의식과 정치현실과의 갈등에서 그는 일생을 보냈을 것이다.

이에 대하여 문선명은, 하나님이 독생자 예수를 지상세계에 보낸 것은 죄 없는 자녀를 낳아 가정을 이루고 후손들이 번성하여 천상천국과 같이 지상천국을 이루라는 것이었다고 보면서 성경의 "진실로 너희에게 이르노니 무엇이든지 너희가 땅에서 매면 하늘에서도 매일 것이요 무엇이든지 땅에서 풀면 하늘에서도 풀리리라."(마태: 18-18)라는 말씀처럼 종교는 천상천국 건설에 앞서 지상천국을 먼저 이루어야만 된다는 논리에서 종교이념과 현실세계와의 통합성을 매우 강조하면서도 이상과 현실의 결합을 쉽게 이룰 수 없는 고뇌와 안타까움으로 일생을 보냈던 것이다. 이러한 과정에서 문선명은 성聖과 속俗을 대립적으로 구별함이 없이 현실적인 정치, 경제, 사회, 문화, 예술, 교육과 같은 모든 분야를 통하여 하나님의 뜻을 현실세계에 이루는 지상천국을 도모했다.

중국의 유명한 사상가인 펑유란馮友蘭은 그의 〈중국철학사〉에서 진정한 성인聖人은 이처럼 성과 속을 모두 이룩하는 사람, 즉 안으로는 성인이요 밖으로는 제왕帝王인 것을 '내성외왕'內聖外王이라고 했다. 물론 펑유란의 성은 종교개념이라기 보다는 순수철학적 개념이기는 하지만 종교와 철학은 근원적으로는 동일범주인 것이다.

이러한 기준에서 보면 김일성은 평생을 분명한 철학도 없이 현실정치 권력에 안주하여 속俗에만 머물러 제왕에 불과한 속인이었다면 문선명은 종교철학적인 우주관과 현실정치적인 사회참여로 성聖과 속俗을 아우르는 일생을 살았기에 내성외왕의 성인으로 구분할 수 있다.

이념과 사상적인 대칭구조로는, 김일성의 주체사상에 대하여 문선명의 통리원리와 3대 주체사상이며 김일성의 사회주의계급혁명론에는 문선명의 하나님주의의 참사랑과 두익사상이 있고 김일성의 조선로동당에는 문선명의 '천주평화통일가정당'이 있었다. 김일성이 국가를 종교적 유기체로 만들었다면 문선명은 종교를 국가적 유기체로 만들었다고 본다.

이러한 관점에서 문선명은 지상천국 건설의 기반으로서 종교 관련 단체만이 아니고 다양한 영역에서 조직을 만들고 실천을 확산해 갔던 것이다.

종교 관련 국내외적인 단체로는 1966년에 결성된 초교파기독교연합회를 비롯하여 국제크리스챤교수협의회, 국제기독학생연합회, 전국대학 원리연구회, 천주평화연합, 세계종교회의 등등 무수한 조직과 단체들이 있다.

경제 분야에서는 현재 전 영역에 걸쳐 사업체를 운영하고 있는 가운데 몇 개만 살펴보면 ㈜일화, 선원건설, 일신석재, 신정개발 특장차, 아시아해양, 통일항공, 일흥조선, 요트 일상, 용평리조트, 세일로, The Ocean Resort, 세일여행사, 일본의 해피월드 등이 주력기업이고, 청평에 청심국제병원과 노인요양 시설 등이 운영되고 있다. 한편 2002년에는 북한의 평양근처인 남포시에 평화자동차 공장을 건설하여 박상권 사장의 관리하에 북한에서 최초로 자동차를 만들었고 김정일은 '파랑새'라는 이름으로 부르면 좋겠다고 했다. 그리고 북한에서는 최초로 자동차 상품선전탑이 평양시가에 세워지면서 자본주의적 시장경제의 상징물이 되고 있다.

교육연구기관으로는, 선문대를 비롯하여 선화유치원, 경복초등학교, 선화예술고등학교, 선정중학교, 선정고등학교, 선정관광고등학교, 청심국제중학교, 청심국제고등학교, 청심신학대학원대학 등이 있고, 해외에는 미국의 컨네티컷 주에 위치한 브리지포드Bridgeport 대학교를 위시하여 통일신학교(UTS), New Eden-Academy, Principle-Academy, New Hope- Academy, 진아 유아원 등을 설립하고 문선명의 세계관의 하나인 천(天)-지(地)-인(人)에서 비롯된 교육이념으로 애천(愛天)-애국(愛國)-애인(愛人)을 교육이념으로 삼고 있다.

학교교육에서 유일한 특성의 하나로는 선문대학에 개설된 '순결학과'이다. 지금은 신학순결대학의 '순결가정문화학과'로 편성되고 있지만 세계대학의 어느 곳에도 없는 유일한 성격의 고등교육 기관이다. 문선명의 참가정론은 하나님의 주관 아래 죄 없는 자손들로 이루어진 가정과 사회, 국가, 세계의 건설이다. 여기서 죄 없는 인격의 제1조건은 성적으로 타락하지 않은 것을 말한다. 모든 죄의 씨앗은 불륜으로부터 자라난다고 보았기에 순결純潔이야말로 모든 가치의 기본으로 강조해 왔다. 실제로 성적 타락이 개인의 파탄, 사회의 혼란, 국가의 몰락을 초래한 것을 인류사가 증명하고 있는 데서도 알 수 있기 때문이다.

학술연구기관에서 특기할 것으로는 '통일사상연구원'統一思想研究院이다. 1973년에 발족한 연구원은 이상헌 원장(서울의전 졸업 후 대전에서 병원을 운영하던 중 우연히 통일교의 원리를 접하고 병원을 정리하면서 평생을 '원리강론'에 근거한 '통일사상' 연구에 몰입)이 중심이 되어 전국의 각 대학 교수들에게 '통일사상'을 전파하고 오로지 이론개발에 전념하다가 돌아가신 학자이다. 황장엽이 김일성의 주체사상을 이론화시킨 주인공이었다면 이상헌은 문선명의 '원리강론을 근거로 통일사상론을 연구개발한 중심인물이었다.

연구원에서 1993년에 출간된 〈통일사상요강〉에는 하나님(신)의 본질을 새롭게 규명하는 원상론原相論에서부터 존재론存在論, 본성론本性論, 가치론價値論, 교육론教育論, 윤리론倫理論, 예술론藝術論, 역사론歷史論, 인식론認識論, 논리학論理學, 방법론方法論에 이르기까지 모든 인문사회과학 분야에 걸쳐 종래의 기존이론에 대한 분석과 비판 그리고 극복이론으로 구성되어 있는 것으로 학자들에게는 학문세계의 새로운 시각과 지평을 넓히는 계기를 부여하고 있으며 통일교의 사회화에 이론적 근거가 되고 있다.

여기서 한 가지 잊을 수 없는 이야기로는 이상원 원장이 〈통일사상요강〉의 '존재론'에 서 마르크스의 유명한 변증법의 비판과 대안론에 관한 것이다. 마르크스의 이른바 자체모순 즉 정正과 반反의 갈등관계를 주체와 대상간의 상보와 조화의 원리관계로 대치시킨, 즉 변증법의 개념을 수수법授受法의 개념으로 환치한 대안이론을 인증받기 위하여, 대전의 교도소를 찾아가서 장기 수감된 북한의 사상범과의 특별면회를 신청하여 공산주의 이론의 골수분자와 만나이 주제를 두고 며칠간의 토론을 벌린 끝에 그로부터 수수법의 원리를 인정받는 과정을 거쳤다고 고백한 것이다.

사회문화, 교육연구, 예술분야로는, 유니버설 발레단, 리틀 엔젤스 합창단, 유니버설 아트센터, 유니버설 아카데미, 국제승공연합, 국제여성승공연합, 세계여성연합, 남북통일운동 국민연합, 세계평화청년연합, 중앙노동경제연구원, 세계대학연맹(WUF), 전국의 도-시-군-구의 단위로까지 조직되어 있는 평화대사협의회, 한일의료봉사단 등과 통일사상연구원, 세계평화교수협의회(PWPA), 역사편찬위원회, 국제과학자통일회의(ICUS)와 2007년에는 올바른 기능을 못하는 기존의 UN 대신에 새로운 UN을 역설한 아벨유엔(평화유엔) 등을 설립, 창설하였다. 그리고 2012년 9월에 '문선명연구원(IRSMM)'을 선문대학교 부설기관으로 설립하였다.

언론출판 분야에서는 1982년에 창간된 미국의 영문판 일간지 워싱턴타임스Washington Times와 세계적인 통신사 UPI를 2001년에 인수했고 출판사인 파라곤하우스Paragon House가 있으며 일본에서의 일본어판 '세계일보' 창간 발행했고, 출판사인 광언사光言社, 남미 우루과이, 브라질에서는 〈티엠포스델문도〉라는 현지어 신문을 발행하였다. 또한 중동에서는 〈미들이스트 타임스〉를 발행하였다. 국내서는 1989년 창간의 '세계일보'가 대표적이고 한편 초종교 신문인 '주간종교'와 2004년 10월에 창간된 회원지로서 '평화대사' 신문을 발간하고 있다.

그런데 김일성의 저작물은 반드시 평양의 '조선로동당출판사'

에서 발행했다면 통일교 관련 출판물은 주로 ㈜성화출판사에서 간행하고 있다. 그러나 문선명의 자서전은 대중보급을 위하여 '김영사'에서 출판했던 것이다.

특히 1980년대 국내 각 대학가에서 학생운동이 정치민주화라는 명분을 앞세워 친북노선의 주체사상으로 물들고 있을 때 문선명은 각 대학의 동아리인 '대학원리연구회'를 통하여 운동권 집행부와 좌경적 이념투쟁을 전개하기 위하여 '전교학신문'全敎學新聞을 발행하여 대학가에 보급함으로써 반공이론으로 그들과 사상투쟁을 벌였던 것이다. 스포츠 분야에서는 2003년에 서울서 개최한 '피스컵 코리아 세계축구 경기'와 '일화천마 축구단'이 성남구단으로 2013년까지 활약하여 왔다.

문선명은 세계평화실현에서 언론의 중요성을 강조하면서 1978년에 세계언론인회의를 조직하였고 1990년 4월에 모스크바에서 개최한 세계언론인대회 기간 중 문선명은 당시 고르바초프와 M. Gorbachev와의 만나는 자리에서 "당신이 권좌에 오래 머물고 싶으면 당장 모스크바 거리에서 레닌동상부터 철거하고 과감하게 공산주의를 탈피해야만 한다."고 충고했으나 그는 용기를 못 내고 미적거리다가 옐친에게 권력을 빼앗기고 말았던 것이다. 당시의 충고를 따르지 못한 것이 후회스러운지 그 뒤부터 그는 한국을 방문할 때마다 문선명을 꼭 찾았으며 서로의 우정을 돈독하게 유지하였다.

이와 같은 국내조직단체와 함께 대외적인 것으로는, 뉴욕시티 심포니오케스트라, 뉴 호프 싱어즈 국제합창단, 유니버설 발레학교, 남미의 스페인어 판 신문인 노티시아스 엘 문도, 브라질 판타날의 새소망 농장, 미국 알라스카 근해의 코디악Kodiak 섬에 있는 수산물 가공공장과 연수원 그리고 평양의 보통강 호텔, 남포시 근교의 평화자동차 생산공장, 평양의 보통강 호텔, 호텔 근처의 세계평화선교센터 등을 설립운영하고 있다. 그리고 무엇보다 국제적인 대형 프로젝트로는, 일본에서 유럽까지 연결하는 '국제평화 고속도로'International Peace Highway와 시베리아 대륙과 미국 알라스카 간의 베링Bering해를 가로지르는 '세계평화왕의 다리'World Peace King Bridge 등의 건설이 선포되면서 기술단이 결성되고 그 기초조사를 착수하였다. 일본 큐수九州로부터 한국의 거제도로 이어지는 해저터널은 이미 기초조사를 마무리하고 부분적인 공사가 이루어지고 있다.

최근 들어 박근혜 정부의 국토연구원에서 남북통일에 따른 인프라 구축과 투자사업 구상으로 내놓은 부산서 유럽까지의 대륙간 고속철과 고속도로 건설안도 이미 문선명은 1980년에 한일 간의 해저터널로부터 실크로드를 따라 유럽을 잇는 '국제평화 고속도로'의 이름으로 발표한 것이며 기초조사와 일부공사까지 진행했다는 것은 문선명의 실로 놀라운 미래관이며 선지자적인 혜안인 것이다.

또한 박근혜정부가 평화통일을 위한 주요 국책의 하나로 제안하고 있는 'DMZ 평화공원조성'의 구상도 이미 문선명은 10여 년 전부터 각종 국내외 집회에서 제기하고 역설해 왔던 것으로 그의 평화적 남북통일에 대한 구체적인 방안의 일면인 것이다. 김일성이 전국의 절경지에 자신만의 호화별장(특각)이나 기념박물관(묘향산

산록에 위치한 '국제친선 박물관 등) 그리고 평양의 거창한 김일성동상을 축조하고 있을 때 문선명은 세계평화와 인류평화를 위해 이와 같은 거대한 구상과 실천활동을 해 왔던 것이다.

김일성과 문선명의 이러한 족적에서 김일성과의 분기점과 접점을 본다면, 한반도의 국토에서 김일성은 북한이라는 조그마한 영토 안에 군림하면서 반세기에 걸친 장기독재 정치가로 모든 주민을 주체사상이라는 이데올로기로 종교적인 신앙으로까지 만든 정치의 종교화의 교주라면, 문선명은 남한을 기점으로 '원리강론'과 '통일사상'을 전 세계적으로 전파 확대하여 세계평화국가를 구현하려는 것으로 하는 종교의 정치화라는 관점에서는 형식적으로는 하나의 동질성을 이루고 있지만 두 사람의 지향점은 내연內延과 외연外延 그리고 수렴收斂과 확대擴大라는 서로 다른 접근법으로 그 목표점을 개인과 인류에 두고 있어 차원을 달리하는 분기점에 서 있음을 알 수 있다.

김일성은 일국의 권좌에 머물고 말았다면 문선명은 적어도 세계를 품속에 안으려는 스케일과 차원에서도 분명한 차이를 나타내고 있다. 김일성은 정치적 종교인(교주)이라면 문선명은 종교적 정치인(총재)이라는 표현도 가능하여 형식은 같고 내용은 다르다는 차이점이다.

이러한 김일성과 문선명의 관계를, 동아일보사 〈신동아〉 송홍근 기자는 2009년 11월호에서, '김정일-문선명 리더십의 비밀?'이라는 제목으로 "북한은 스탈린주의의 옷을 입고 출범한 국가인 반면 통일교는 기독교에서 갈라져 나온 종교다. 그런데 두 조직은 놀랄 만큼 닮은 구석이 많다."라고 하면서 유기체 국가와 유기체 종교라고 비교하여 서로간의 형식적인 접점을 설명하고 있기도 하다.

또한 정대일(한국학중앙연구원) 객원 연구원은 '북한의 종교정책 연구'라는 논문에서 김일성의 주체사상을 하나의 종교구조로 보면서 유교, 기독교, 천도교의 교리와 연결시키고 있다. 수령+당+인민을 기독교의 성부-성자-성령으로, '사람중심'사상을 천도교의 인내천人乃天으로, 김일성의 영생관은 러시아정교회의 황제교황관으로, 김일성의 대가정론과 김정일의 인덕정치론을 유교의 충효사상으로, '우리민족제일주의'는 유대교의 선민사상選民思想으로 연결된다고 보았다.

이러한 구조는 통일교의 교리에서도 찾아볼 수 있다. 기독교의 삼위일체는 하나님-참부모-참자녀 그리고 천天을 성부로, 인人을 성령으로, 지地를 성자로 규정한 것이나, 사후 영계세계의 중시는 불교의 윤회설輪回說, 주체로서의 남성과 대상으로서의 여성의 인식 그리고 가정질서의 중시사상은 유교의 부부유별夫婦有別과 맥을 같이 하고 있다.

한편 문선명은 2004년 8월에 '몽골반점동족세계평화연합'Providential Mission of Mongolian Peoples Federation for World Peace이라는 조직을 결성하여 몽골반점 동족권 연합운동으로 참가정 이상왕국 건설의 모범을 만들어야 한다고 했다. 이러한 관점은 잘못하면 선민주의로 발전될 수 있어 이른바 김일성의 '우리민족 제일주의론'이라는 민족관과 맥을 같이할 수도 있다. 또한 김일성의 '사회정치적 생명관'은 문선명의 '축복결혼'을 통한 거듭나는 생명관의 중시사상과 논리상의 유사성을 갖는 접점을 이루고 있다.

그리고 김일성이 부자손父子孫의 3대에 걸쳐 이조시대 유교적 왕권세습제와 같은 길을 걸어가고 있는데 대하여 문선명도 가족중심 후계자를 선택하고 있어 맥을 같이하고 있다. 실제로 북한의 〈현대조선말사전〉에서는 '세습제도'라는 단어의 설명으로, "낡은 사회에서 피압박 인민들에 대한 반동통치계급의 지배를 유지강화하기 위하여 특권계급의 신분에 기초하여 지위나 재산 등을 대대로 물려받도록 법적으로 고착시킨 반동적 제도"라고 비판적인 해설하고 있음에도 불구하고 현실적으로는 스스로 그러한 길을 택하고 있어 자가당착적인 모습을 보여주고 있다.

그러나 이러한 상호간의 동질성에도 불구하고 김일성은 무신론의 정점에서 오로지 주체철학에 근거하여 남한사회의 사회주의 조국건설을 위한 길을 걷다가 미완의 지점에서 일생을 마감한 사람이라면, 문선명은 오로지 하나님의 참사랑으로 평화세계의 구현과 조국통일의 실현을 갈망하다 그 결실을 보지 못하고 떠났다는 측면에서는 서로의 족적이 같으나 김일성의 사고지평思考地平이 한반도에 머물러 있었다면 문선명의 이상은 인류의 평화와 천주세계의 영역으로까지 확대되어 있었다는 것은 서로 다른 사고차원과 스케일의 차이라고 하겠다.

그러나 김일성과 문선명은 형식상의 동질관계임에도 불구하고 내용상으로는 전혀 다른 이질적인 좌표에 머물고 있다. 김일성은 일국의 정치지도자로서 자신의 권력구조에 유교적인 통치철학과 기독교적인 유일절대 사상을 대입시켜 정치의 종교화를 도모했다면 문선명은 종교지도자로서 종교적인 초월적 가치체계에 과학적 논리성과 현실주의를 적용함으로서 두 사람의 인식세계는 역방향으로 향하는 커다란 분기점을 만들고 있기 때문이다.

어떠한 관점에서는 문선명은 신흥종교 교주임과 동시에 무수한 조직 지도자이고 사회사업가의 능력과 실천자이다. 그는 사후 천상천국세계를 지상에서 이루려고 했기 때문이다. 종교인이면서 세계적인 기업인이었다. 경영학의 아버지로 알려진 드러커P. Drucker는 기업이란 신이 인간에게 준 하나의 축복으로 보면서 창세기의 3대 축복의 하나인 '생육하고 번성하라'에서 '번성'을 경제적인 번영으로 해석하면서 지상의 낙원을 천국의 낙원과 동일시 했던 것과도 맥을 같이하고 있다.

김일성과 문선명의 고난과 영광의 궤적

김일성은 1930년대 만주벌판에서 소수의 부대원들과 함께 항일 빨치산 활동을 펼쳤다. 당시 일본 관동군關東軍이라는 정예부대가 만주 일대에서 항일운동을 하고 있던 조선독립군과 중공군 그리고 조선의 민족해방 운동의 단체나 조직을 수색하고 검거하는 데 병력을 대거 투입하여 소탕전을 벌였던 것이다.

북한의 역사자료에서는, 이러한 김일성의 항일투쟁사를 1936년부터 3년간에 걸친 '동북항일연군 제2 군사장'부터라고 기록하고 있으나 당시 그의 나이가 16세에 불과하여 신빙성이 없는 기록이다. 이것은 일본의 김일성연구 전문가로 잘 알려진 와다하루끼和田春樹 교수가 그의 저서인 〈김일성과 만주항일전쟁〉에서, 동북항일연군 제2군은 독립부대가 아니라 중공군 부대에 예속된 부대로 '조선홍군'朝鮮紅軍이었다고 밝히고 있다. 하지만 중국군과 함께 무장 게릴라전투를 수행했던 것은 사실이다. 김일성이 이러한 어려운 가운데서도 젊은 나이로 소수의 병력을 이끌고 험난한 산속에서 굶주리면서도 일제의 관군官軍과 싸우면서 조선독립에 매진한 것은 평가해야만 할 것이다.

김일성은 1937년 3월, 만주의 서강양목정자西崗楊木頂子라는 곳에서 중국군과 합동전투회의를 마치고 제6사를 이끌고 압록강을 건너 함경남도 보천보普天堡의 전투로 일제 파출소를 습격하여 커다란 전과를 올렸다. 김일성이 이끈 부대가 국내에서 올린 유일한 전과인 셈이다. 이것을 〈조선통치사료〉 제6권에서는, "드디어 1937년 6월 4일 새벽 12시, 김일성은 대원 90명을 이끌고 압록강을 건너 보천보 근방의 숲속에 은신하고 공격준비를 완료하였다. 6월 5일 밤 10시에 공격을 개시하였으나 파출소 순경들을 모두 놓치고 경기관총 1정, 소총 6정, 권총 2정과 함께 일제의 상점과 민가에서 돈과 물자를 빼앗고 면사무소와 소학교, 우편국을 불태우는 전과를 올렸다."로 밝히고 있다.

오늘날 북한에서는 각종 역사서나 각급학교 교과서의 학습단원 그리고 모든 사회분야에 걸쳐 김일성의 '보천보전투'를 연결, 부각시키면서 그의 우상화와 카리스마 조성 그리고 통치이데올로기의 합리화 자료로 활용하고 있다. '항일유격대식 학습법(교육), 보천보혁명박물관, 보천보집단달리기(체육), 보천보경음악단(음악), 보천보횃불(선전벽화), 보천보승리기념탑(건축), 보천보전투(영화) 등이 구체적인 보기이다.

이러한 김일성의 고난과 역경에 견주어 문선명도 앞서 문선명의 출생과 성장과정 부분에서 언급했듯이 종교 신앙인의 위치에서 김일성에 못지않은 갖은 수난과 역경의 삶을 걸어 온 점은 비슷하나 김일성의 수난기受難期는 1930년대부터 1945년까지라면 문선명은 1948년부터 평생에 걸친 긴 여정이었다.

문선명은 일제 식민통치 시기 '정주공립보통학교'를 다닐 때 일본인들이 강요했던 일본어를 단시일에 몽땅 외우고는 졸업식 날 일부러 정주읍定州邑의 유지들이 모인 앞에 나가 일장 연설을 하였다. 그러나 졸업식 축하연설이 아니라 유창한 일본말로 "일본인들은 하루 빨리 보따리를 싸서 일본으로 돌아가라. 이 땅은 우리나라 사람들이 대대손손 살아가야 할 조상의 유업이다!"라는 취지의 말로 연설을 하자 참석했던 경찰서정, 군수, 면장들의 얼굴색이 변하였고, 다음날부터 문선명은 요주의 시찰인물로 감시를 당하게 되었다.

그 뒤 1941년 문선명은 일본으로 건너가 와세다早稲田대학 부속 와세다고등학교 전기공학공부로 유학생활을 하였다. 당시 도쿄에는 유학생들로 구성된 지하 비밀 독립운동조직이 있었는데 그곳에서 조직도감組織都監이라는 직책을 맡아서 상해 임시정부와 비밀연락을 책임지는 독립운동에도 가담했다. 그런데 학교 근처에 있는 경찰서에서 눈치를 채고 일본경찰의 미행을 당하는 가운데 문선명은 여름방학 중에 고향을 가려고 요코하마橫濱 부두에 나가자 사복경찰이 먼저 나와 동태를 살피면서 밀착감시를 당했다. 결국 조직비밀을 캐려는 일본형사들에게 붙잡혀 경찰서에 잡혀가서 뭇 매를 맞고 심한 고문을 당했지만 끝내 비밀을 밝히지 않고 버티었다. 한번은 미행하는 형사와 도쿄도東京都내의 요쯔가와四川 다리위에서 마주치자 문선명은 목재의 다리난간을 빼들고 서로 치고 박는 싸움을 하다가 도망치기도 했다.

그러나 금지된 종교인 기독교의 교인이라는 죄목으로 본격적인 고초를 당한 것은 해방이후 김일성치하의 1948년부터 1950년까지 흥남교도소에서 수감번호 596번으로 수감생활을 한 기간이었다. 무참한 강제노동, 참혹한 굶주림과 헐벗음의 옥중생활은 삶과 죽음의 경계선을 넘나들었던 것이다.

김일성이 1930년대 만주벌판에서 풍찬노숙 생활을 하면서 오로지 조국해방을 위해 빨치산 항일독립투쟁으로 젊음을 보냈다면 문선명은 항일무장투쟁 보다는 종교적 신앙의 자유를 추구하는 길에서 반종교적인 공산주의자들과 투쟁하는 고행으로 젊음을 바쳤다고 하겠다.

김일성과 문선명의 이러한 고난의 역사를 바탕으로 훗날 두 사람은 영광의 삶도 함께 누리었다. 1948년부터 1994년까지 무려 46년 동안 김일성은 일사불란한 공산주의 일인독재정권을 유지하면서 우리나라 역사의 그 어떤 군주보다도 절대적인 권력과 부귀영화를 누렸다. 그는 자신의 생일을 최대의 국경일로, 자신의 출생 년을 기점으로 한 주체主體 ○○년의 호칭으로, 무수한 동상과 흉상, 자신의 이름으로 명명된 꽃과 학교명, 김일성의 노래와 수많은 용비어천가, 영화, 연극, 방대한 책과 출판물, 건물명과 학교명들, 기념관들, 중국의 진시황제 아방궁에 못지않은 주석궁 등등, 그리고 오로지 그만의 건강을 위한 〈장수연구소〉, 유흥대상의 〈기쁨조〉 등등으로 일생을 보낸 역사의 주인공이었다. 더구나 이러한 영화를 손자에게까지 물려주는 전대미문의 3대 세습까지 이루었던 것이다.

한편 문선명도 미국 뉴욕주의 베리타운에 위치한 거대한 부지와 저택, 경기도 가평군 청평호반 일대에 자리한 기념박물관인 천정궁天正宮은 국내의 어느 사저보다도 웅장하고 거대하다.

그리고 1999년을 기점으로 한 천기天紀 ○○년의 호칭 등은 김일성의 연호인 주체主體 ○○과 상응하고, 또한 통일교 신도들이 절대적으로 신봉하고 존경하기로는 북한의 주민들이 김일성을 신격화하는 수준과 다르지 않으며, 통일교의 전통을 후손에게 전수한 것도 동일하여 김일성과 문선명의 영화와 영광은 질과 양의 차이점은 있으나 형식적으로는 닮은 점이 많다고 본다.

김일성과 문선명의 주요 기념일의 대조표

김 일 성			문 선 명		
일자	명 칭	비 고	일자	명 칭	비 고
1/12	김형권추모일	김일성의 숙부	1/1	참하나님의 날	1968
1/14	〈노동적위대〉 창건일	노동자-농민으로 결성된 친위단체	1/3	예수님 탄신일	1971
			1/13	기원절(基元節)	2013
2/16	김정일 생일	1942	1/3	종족메시아 선포	1989
3/8	국제부녀절	1961	1/31	통일식	1976 악의 역사종말
3/22	어부의 날	1962	2/22	영육통일식	1982
4/3	제주도인민봉기 기념일	1948	2/27	천지부모 선포일	1990
4/15	태양절	김일성 생일(1912년 4월 15일)	3/1	참부모의날(한학자와의 약혼식)	1960(음. 3월 1일)
4/19	남조선인민봉기 기념일	1960	4/30	참부모메시 선포일	1990
4/25	조선인민군 창설일	1932	4/17	심정-실체 부활의 날	1960-1961
5/13	조평통결성일	대남사업 기관	5/1	통일교 창립일	1954
5/18	광주인민봉기 기념일	1980	5/1	승한일	1974 (恨의 극복)
5/25	총련결성일	1955년 재일조선총연합회	5/1	참만물의 날	1963(음) 만물창조기념
6/6	조선소년단 창립일	1946	5/16	애천일	1984 (섭리복귀)
6/25	조국해방전투승리 기념일	1950년 6.25사변 개전일	5/10	세계여성해방 시대 선포일	1992
7/8	김일성추모일	1994	6/21	영계통합 선포식	1982 (사후의 영혼세계)
7/27	조국해방전쟁 승리 기념일	1953년 휴전일	6/7	남북통일과 세계통일 선포식	1975
7/31	강반석추모일	1932 김일성의 모	6/9	실체사탄 굴복식	1964
8/15	해방기념일	1945	6/23	일심식	1989 (성씨별 단합)
9/1	평화의 날	1982	7/1	7.1절	1989 (하나님영원축복)
9/22	김정숙추모일		7/15	기독교를 위한식	1964 (아벨적 기독교)
10/10	당 창건일	1945	8/31	팔정식	1989 (탕감복귀노정)
10/17	ㅌ.ㄷ동맹결성일	1926 타도제국주의 동맹	9/1	천부주의시대 선포	1989 (天父主義)
10/19	10월민주항쟁 기념일	1979 남한의 부마사태	9/27	섭리적 통일 전환식	1988 (남북통일섭리)
11/20	범민련결성일	1990 조국통일범민족연합	10/1	참자녀의 날	1960(음)
11/28	조선기독교연맹 결성일	1946	10/26	천지간 통일선포	1992
12/10	4대군사노선채택일	1962	11/17	영계해방 선포	1990
12/24	김정숙 생일기념일	1917	12/31	나의 날	1978 (주체적 섭리투쟁)
12/26	조선불교도연맹 결성일	1945			
12/27	헌법절	1972			

* 통일교의 기념일은 모두 음력을 기준으로 하고 있음.

세기의 독재자와 선지자, 그리고 전쟁과 평화

세계 현대사에서 북한의 김일성 왕조만큼 오랜 세월 지속된 독재정권은 없다. 인류사에서 독재자로 대표되는 독일의 히틀러도 1934년 나치당의 총통으로 오른 뒤 그가 자살한 1945년까지의 독재기간은 11년이었고 소련의 스탈린도 1929년부터 1953년까지 24년간 철권통치를 했지만 김일성의 46년간에는 못 미친다. 이들 이외에도 현대사에는 인구의 1/4을 학살한 캄보디아의 폴 포트, 칠레의 피노체트, 필리핀의 마르코스, 이란의 팔레비 등등 수많은 독재자가 있으나 통치기간은 짧았다.

그런데 이들 대부분이 비참한 최후를 맞이하였으나 김일성은 희대의 장기 독재자요 동족상잔의 전쟁까지 일으켰음에도 불구하고 그의 생전에 이룬 주민들에 대한 철저한 인간개조의 성과로 오히려 그의 죽음을 전 주민들이 통곡하고 애도하게 만들었던 것이다. "원수님은 우리와 함께 영원히 살아 계신다!"라는 구호와 함께 그의 시신은 미이라로 만들어져 주석궁에 아들 김정일과 함께 누워있다. 김일성이라는 독재나무는 꽃도 화려했지만 열매도 안 떨어지고 있다. 그만큼 생전에 자신의 악정惡政을 선정善政으로 왜곡하여 폭군暴君을 성군聖君으로 의식하도록 전인민들의 뇌리에 낙인烙印시키는 '인간개조 사업'에 성공했기 때문이다.

독재자들이 추구하는 공통된 만족감은, 1992년 후쿠야마F. Fukuyama가 〈역사의 종말〉이라는 그의 저서에서 설명하고 있듯이 자유가 박탈된 노예에 대한 지배보다는 자유의지를 지닌 개인을 지배할수록 더 높아지는 것이다. 사람이 사람을 마음대로 다루고 지배하는 것 만큼 재미있는 것도 없다. 그래서 남에게 명령만을 일삼는 정치만큼 자기본능을 만족시키는 직업이 없기에 정치는 아편과 같다고 한다.

이것은 프로이트S. Freud가 개념한 죽음의 본능이 추구하는 만족의 극치는 폭력이나 파괴보다는 자살이 아니면 살인이라는 것과 같은 관점이다. 자살과 살인의 차이는 폭력의 내향화內向化와 외향화外向化이다. 공통적으로 독재자들이 정적의 숙청을 예사로 자행하고 전쟁으로 대량살인을 쉽게 하는데서 그 이유를 설명할 수 있다. 그러나 김일성은 자유인들을 지배한 것이 아니라 반노예들을 지배하였기에 그 만족감은 수백만을 처형한 히틀러보다는 적었을 것이다.

독재자들의 공통된 통치기술의 하나는 반드시 국내나 국가 간에 적대세력을 만들어 상대방에 대한 극도의 증오심이나 적개심을 유발했다는 점이다. 이것은 머리말에서도 언급했듯이 인간의 본능적인 욕구로 작용하는 심리기제에서도 설명이 가능하다. 즉, 인간의 심층적 잠재의식에는 사랑과 미움, 포용과 배척, 창조와 파괴, 평화와 전쟁과 같은 상반적인 욕구가 공존하면서 끊임없이 상호작용하고 있다는 프로이트의 정신분석학적인 인간본능설로 설명할 수 있다.

여기서 폭력과 파괴욕구를 이성으로 억제하면서 사랑과 용서, 창조와 평화에의 욕구를 발현한 지도자는 위대한 정치가로, 증오와 적개심 그리고 폭력과 파괴의 욕구충족을 위해 전쟁을 유발한 지도자는 포악한 독재자로 후세의 역사가들은 평가하고 있다.

인류사에서 역대의 독재자들은 예외 없이 내전이나 외전을 유발했던 것이다. 김일성은 부단한 정적의 숙청과 함께 1950년 6.25 남침도발을 통하여 파괴와 폭력의 욕구를 만족시켰고 '같은 하늘을 이고 살 수 없는 철천지원쑤미제국주의 놈들'이라는 구호로 인민들에게 극도의 증오심을 배양시켜 충성과 단결력을 유발했던 것이다.

따라서 폭군과 성군의 차이는, 인간이라면 누구나 본능적으로 타고난 사랑과 미움의 감정을 어떻게 표출하느냐에 따라 극과 극으로 갈리게 된다. 김일성은 철저하게 죽음의 본능을, 문선명은 철저하게 사랑의 본능을 추구하면서 살아 온 극과 극의 정점에 서 있었다. 악인과 선인의 갈림길이다.

지구상에는 수십억 명에 달하는 사람들이 살고 있지만, 삶의 형태를 크게 세 가지로 나눌 수 있다. 남을 해하거나 심지어 남의 목숨까지도 빼앗아야만 살아갈 수 있는 부류가 있는가 하면 반대로 여러 사람들을 도우면서 또는 남을 위해 자신의 생명까지도 희생하면서 살다간 사람 그리고 그저 조용하게 자급자족의 평범한 삶을 살아가는 사람들이다. 예수와 석가를 비롯하여 슈바이처 박사, 가까이는 마더 데레사M. Teresa 수녀와 우리들에게 '울지마 톰즈'로 알려져 있는 최태석 신부, 평생을 하나님의 사랑으로 의료활동과 평화운동으로 보낸 장기려 박사 등과 같은 인류사를 빛낸 위인들과 현인들이 있는가 하면 세기의 독재자와 흉악범들도 이들과 함께 살았던 것이다.

이러한 관점에서 김일성은 개인적인 정권야욕으로 동족전쟁을 일으켜 200만 명이 넘는 인명이 살상되었고 46년간의 독재정권하에서는 무고한 인민들을 강제노동수용소에서 죽어가게 만든 악인이었다면, 문선명은 갖은 핍박과 고난의 일생을 보내면서도 오로지 하나님의 뜻 길을 따라 걸으면서 인류평화를 실천하는 데 삶의 전부를 바친 사람인 것이다. 악인惡人과 선인善人, 전쟁과 평화의 갈림길인 것이다.

이러한 차이점의 원인은, 김일성은 일인독재와 동족상잔同族相殘의 6.25전쟁 주범으로서 민족적인 비극의 역사를 후손들에게 남기고 떠났다면, 문선명은 평생을 미래의 통일된 조국의 모습과 인류평화를 염원하면서 일생을 보내다가 떠났다는 사실에서 찾을 수 있을 것이다.

김일성과 문선명이 드리운 빛과 그림자

인류사에는 무수한 위인과 종교지도자 그리고 정치인들이 명멸했다. 그들에 대한 평가는 후세의 역사가들에 의하여 이루어졌다. 그런데 아무리 훌륭한 위인으로 살았더라도 인간은 전지전능한 신이 아니며 따라서 완전무결한 사람이 없고 보면 최선과 최악의 대상일지라도 반드시 명암이 있게 마련이다. 다만 어둠보다는 밝음이 많을 때는 선인이고 밝음보다 어둠이 많을 때는 악인으로 평가되는 것이다. 빛이 강하면 그늘도 짙고 뫼가 높으면 골도 깊듯이 영광과 명망이 높으면 세속인들이 모르는 번뇌와 과오도 있을 것이다. 그런데 이러한 관점에서 그들의 족적에서 빛과 그림자들을 살펴보고 평가한다는 것은 범인들의 지식과 판단능력의 한계를 벗어나므로 매우 어려운 것일지도 모른다.

김일성이 남긴 빛과 그림자

김일성은 젊은 시절에는 오로지 일제의 압박으로부터 조선독립을 위하여 독립운동을 하였다. 백두산 밀영에서 풍찬노숙으로 숨어 지내면서 일본 관동군 토벌대와 게릴라 전법으로 맨손으로 맞서 싸웠던 고된 나날을 보낸 조선민족 독립운동가의 한 사람이다. 이러한 빛이 점차 어둠으로 변하면서 그는 후손들에게 너무나 짙은 그림자를 남기고 말았다.

1930년대 당시 만주 일대에서 일본군대도 두려워했던 신출귀몰의 김일성장군이 과연 지금의 김일성이었던가는 일부 국내의 역사가들에 의하여 그렇지 않다는 이른바 '가짜 김일성론'이 한때 제기되기도 했다. 그 대표적인 사람이 이명영李命英(성균관대) 교수와 재일역사연구가인 박갑동朴甲東이다. 이들은 원래 김일성의 본명은 김성주金成柱라는 점과 북한에서 '혁명전통론'의 근거로 삼고 있는 1937년의 '보천보 전투'도 당시 김일성의 나이 25살로 항일빨치산부대의 지휘관으로는 너무 어릴 뿐만 아니라 또한 진짜 김일성 이름의 한자는 '金一成'이라는 견해이다. 이러한 가짜 김일성을 우상화 시킨 것은 그가 북한의 통치자로 등장한 이후부터 임춘추, 강석숭, 양형섭, 이라영, 황장엽 등의 북한의 역사연구가들과 관변 학자들이었다는 주장이다.

두 번째의 어둠은 김일성 자신의 신격화 작업이다.

1987년 북한의 문예출판사가 펴낸 〈백두산 전설집〉에는 김일성을 전지전능全知全能, 무소불위無所不爲, 신출귀몰神出鬼沒과 같이 묘사하고 있다. 앞서 자세하게 소개했듯이 김일성원수님은 항일무장 투쟁시기에 천지조화를 부려 밤하늘의 달을 없애기도 하고 종이 한 장으로 강을 건널 수 있었는가 하면 갑자기 가랑잎으로 변하는 둔갑술, 백마를 타고 구름 위로 나르는 기적, 일본군과의 싸움에서는 솔방울로 수류탄을 만들고 모래알이 갑자기 총알로 변하며, 김일성의 부하대원들이 쏜 총알은 눈이 달려서 백발백중인가 하면 총 한 방이 수천 발로 변하여 일시에 수천 명의 왜놈이 몽땅 죽었다는 이야기, 종이에 말을 그리면 진짜 말로 돌변한다는 이야기, 또한 무려 99가지에 이르는 축지법, 김일성 이름을 세 번만 부르면 어떠한 마귀도 쫓아버릴 수 있었다는 이야기, 김일성이 뿌린 씨앗에서는 강냉이 알이 사과만큼 커지고 수수 알은 밤알만 하고 조알은 땅콩알만 해진다는 것 등이다. (김동규 해설, 〈김일성 전설집, 김정일 전설집, 문예출판사, 평양, 1987, 백수사, 서울, 1996〉 참조)

다음으로는 극도의 위선과 허위의 조작이다.

이러한 허위와 허구는 추종자들에 의한 과잉충성이라고 보더라도 그의 개인사는 허구의 도를 넘어 완벽하게 왜곡하여 재편집되고 있다. 북한의 〈조선력사〉에서는 민족사를 철저하게 마르크스-레닌의 공산주의적인 혁명사관으로 개조하고 있다. 고대와 중세인 선사시대와 삼국시대, 고려시대를 노예봉건 사회로, 근세 조선왕조를 자본주의 반동시대로, 현대를 사회주의 건설기로 구분하면서 신라의 삼국통일의 시기를 없애고 후삼국시대로 기술하고 있다.

그리고 1919년의 3.1운동에 관한 부분에서는 평양을 중심으로 김일성의 아버지인 김형직을 위시하여 7살에 불과한 김일성이 주도하여 봉기한 것으로 묘사되고 있는 것이다. 또한 김일성은 1992년에 발행된 자서전 〈세기와 더불어〉의 서문에서까지 국민을 하늘처럼 섬긴다는 뜻의 '이민위천'以民爲天을 자신의 좌우명이었다고 밝히고 있으나 실제로는 주민들로 하여금 자신을 하늘처럼 섬기게 만들게 한 장본인으로서 허위와 위선의 극치를 보여주고 있어 어둠의 역사를 만들고 있을 뿐이다.

김일성과 김정일의 허위와 위선의 통치형태는, 미국의 유명한 문화인류학자인 클리퍼드 기어츠C. Geertz라든가 고려대 신일철申一澈 교수, 그리고 권헌익과 정병호의 공동 저작물에서도 잘 묘사되고 있다. 다만 기어츠는 대상을 19세기 인도네시아 발리의 왕을 모델로 했다면 신일철의 〈북한 정치의 시네마폴리티카〉Cinemapolitica나 권헌익과 정병호 교수의 〈극장국가 북한〉의 경우는 김일성과 김정일을 모델로 삼고 있다. 그리고 정통 마르크스 신봉주의자이면서도 새로운 관점에서 공산주의와 자본주의를 동시에 비판하고 있는 슬로베니아 철학자 지젝S.Zizek은, 오늘날의 북한정권을 '겁날 정도로 기괴한 정권으로 변태적이며 보기만 해도 끔찍한 모습'으로 묘사하고 있기도 하다. 그는 "나는 철저한 마르크스주의자이지만 결코 공산주의자는 아니다."라고 천명하였던 것이다.

한편 오늘날 한반도에서 심각한 국제문제로까지 대두되고 있는 북한의 핵무기개발에 있어서도 이미 1973년부터 본격적으로 김일성의 주도하에 진행되고 있었던 것이다. 이러한 가운데서 김일성은 1972년의 남북한 간의 7.4공동성명을 비롯하여 1991년의 남북한 기본합의서에서의 상호불가침조약과 한반도에서의 비핵화선언을 정상 간에 합의했음에도 불구하고 실제로는 핵무기개발에 전력을 기울이고 있었다는 사실은 허위와 위선정치의 극단적인 사례인 것이다. 필자는 1990년대 북한의 영변핵시설문제가 본격적으로 대두되기 시작되었을 때부터 앞으로 북한은 절대로 핵무기개발을 포기하지 않을 것이라고 보았다. 핵무기보유는 정권유지를 위한 최후의 보루이기 때문이다.

북한의 김일성은 자신의 독재정권을 유지하기 위한 유일한 수단인 핵무기제조를 북한주민들에게는 물론 동족간과 국제간에도 철저한 위장술과 속임수로 일관했다. 그동안 북핵문제 해결을 위해 수많은 6자회담이 개최되고 미국의 특사들이 평양을 들락거렸지만 아무런 결실을 거두지 못한 것은 그동안 미국이 북한 정권의 본질에 대하여 얼마나 무지했는가를 말해주는 것이다. 그들은 항상 서구적인 사고와 논리로 북한을 해석하고 평가했기 때문이다. 세계사에는 스탈린이나 히틀러 등의 악명 높은 지도자들이 허다하다. 김일성도 그들과 견주어 결코 뒤지지 않는 어두운 그림자를 인류사에 남기고 간 주인공인 것이다.

사실 김일성이 36살의 젊은 나이로 집권하게 된 계기는 남한의 이승만 초대 대통령과 별로 다를 바 없기도 하다. 1945년 조국해방으로 북한에 진주한 소련군이 국내파 박헌영이나 연안파인 무정, 박일우, 최창익, 소련파 허가이 등등의 능력자들이 많았지만 러시아어를 구사할 줄 알고 젊어서 그들이 쉽게 조종할 수 있다고 여긴 김일성을 통치자로 내 세웠다면, 미국은 남한의 김구와 같은 민족주의적인 독립운동가 보다는 영어에 능통하고 친미적인 이승만을 옹립했다는 점에서는 남북한의 통치자 선택기준은 동일하였던 것이다.

그러나 오늘날 김일성은 수많은 기념물과 동상으로 추앙받고 있다면 이승만은 그래도 남한에 자유민주주의의 씨앗을 뿌린 건국 초대 대통령인데도 불구하고 남한의 일부 종북세력들로부터 독재자로 평가되면서 기념관이나 한 개의 동상마저 세우지 못하게 하고 있는 것은 후손들의 커다란 잘못이라고 본다.

세계적으로 각국의 초대 대통령이나 위대한 민족지도자들은 다소 그들의 행적에 미비한 점이 있었더라도 후세의 국민들 마음속에 건국이라는 역사적인 머릿돌을 놓는 의미로 반드시 동상을 세우고 기념관을 만들어 성지화 하고 있다. 미국의 초대 대통령 죠지 워싱턴은 화폐(달러)의 사진으로, 기념관과 광장 명으로, 케네디는 국제공항 명으로, 우주센터 명(NASA)으로, 프랑스의 드골은 국제공항 명으로, 인도의 인디라 간디도 국제공항 명으로 기념하고 있고 북한도 김일성광장과 김일성대학을 비롯하여 수백여 개의 동상과 기념관이 있다. 여기서 우리들은 국가의 뿌리가 없는 국민으로 오늘날을 살고 있다는 것을 심각하게 되돌아보아야 시점인 것이다.

문선명이 남긴 빛과 그림자

문선명은 비록 일국의 정치적인 최고 지도자로 살다간 인물은 아니지만 한국 현대사에서 적어도 종교인으로서 평생을 공산주의

자들과 맞서 싸운 자유세계 수호자로서 걸어 온 길에서 빛이 강했던 만큼 그림자도 만들었다.

문선명의 일생에서 일부 교파와 권력으로부터 온갖 박해와 모함으로 수난의 길을 걸었음은 많은 순교자들의 모습과 같았다. 북한의 김일성 치하에서는 금지된 선교활동의 죄목으로 투옥되어 1948년부터 1950년까지 흥남감옥에서 혹독한 강제노동으로 보내면서 처참한 생활을 하던 중 1950년 8월 1일 아침 처형장으로 끌려나가 총살직전에 북진하는 유엔군과 함께 B-29기의 감옥폭격으로 구사일생으로 탈출한 생사의 순간에 살아나기도 했다.

피난민들과 함께 구걸하면서 부산까지 걸어간 피난역정. 1951년부터 1953년까지 부산 범냇골의 토담집에서 2년간 부두노동자로 지낸 피난생활. 1955년에는 통일교의 새로운 교리에 심취한 이화여대생들의 집단입교 때문에 이승만 정권하의 정부고위층의 모략에 의한 서대문 형무소에서의 3개월간의 수감생활. 그리고 미국에서의 선교활동과 반공활동을 못마땅하게 여기고 있던 미국 의회의 용공주의자 프레이즈 의원을 비롯한 일단의 정계인과 종교인들의 모함으로 1984년에 일본신도 가미가야神谷와 함께 코네티컷 주의 덴버리 연방교도소에서 지낸 1년간의 수감생활(아이러니컬하게도 문선명의 투옥기간에는 미국 보수계 기독교단인 남부침례교의 J. 포웰 목사와 오바마 대통령 취임식 축복기도자인 J. 라우리 목사를 비롯한 일단이 문목사 구명운동에 가담했고, 출소환영 집회에는 전국서 모인 신도들과 세계 정상급 지도자들 7천여 명이 참석)과 같은 수난과 고행의 연속이었다.

그러나 문선명의 이러한 북한 공산정권이 가한 고통이나 미국에서의 투옥생활보다는 모국에서의 핍박이 더 힘들었던 것이다. 그것은 통일교의 세력이 놀랍도록 번성해지자 국내의 보수 기독교 단체로부터의 배척과 무고와 핍박의 고통이었다. 모든 이러한 일련의 삶이 그에게는 짙은 그림자이면서 동시에 빛으로도 나타났다.

인간의 원죄가 아담과 해와가 에덴동산에서 금단의 열매를 따먹었기 때문이라는 성서의 전통해석과는 달리, 통일교에서는 금단의 열매는 사과나 무화과와 같은 것이 아니고 하나님의 계율을 어긴 천사장이 어린 해와와의 불륜의 성관계라는 해석, 따라서 인간의 모든 불행과 죄의 씨앗은 남녀간의 잘못된 성관계로부터 출발된다고 보는 통일교의 성구해석은 이단시비와 사교邪教라는 공격표적이 되었다. 통일교는 앞으로 변증신학자辨證神學者가 많아야 할 대목이다.

통일교재단의 선문대학교에서는 세계의 어느 대학에도 없는 '신학순결대학'을 설치하고 '순결가정학과'까지 개설하고 있으며 무엇보다 남녀간의 건전한 성문화를 통일원리의 핵심교리로 강조하고 있는데도 불구하고, 초기 통일교 번성기에는 통일교주가 국제결혼의 예비신부와 혼전관계를 한다느니 신도들이 집회에서 나체로 어울려 춤을 춘다느니 하는 거짓과 악담의 소문을 만들어 모함했던 경우도 있었다. 통일교도들의 관점에서는 사탄마귀들의 발호였다.

그런데 한때 어느 기성교회 목사가 우연한 기회에 통일교리를 접하고 감동을 받으면서 신도들과 함께 통일교회로 입교한 사건도 있었기에 기성교회 목회자들은 주일설교시간에 신도들에게 성경말씀보다는 통일교에 대한 비난과 비판으로 신도들의 이탈을 단속하는 사례도 많았다. 그러나 문선명은 결코 그들에 대한 증오심 보다는 그들을 위한 기도로 용서하라고 했던 것이다.

문선명은 이러한 모함과 핍박에 대하여 그의 자서전 〈평화를 사랑하는 세계인으로〉의 서문에서 다음과 같은 글로 심정을 밝히고 있다.

> "나는 이름 석 자만 말해도 세상이 와글와글 시끄러워지는 세상의 문제인물입니다. 돈도 명예도 탐하지 않고 오직 평화만을 이야기하며 살아왔을 뿐인데 세상은 내 이름자 앞에 수많은 별명을 덧붙이고 거부하고 돌을 던졌습니다. 내가 무엇을 말하는지, 무엇을 하는 사람인지는 알아보려고도 하지 않고 그저 반대부터 했습니다. 일제 식민통치 시대와 북한 공산정권, 대한민국 이승만 정권, 그리고 미국에서 생애 여섯 차례나 주권과 국경을 넘나들며 무고한 옥고를 치르면서 살이 패이고 피가 흐르는 아픔을 겪었습니다만 지금 내 마음속에는 작은 상처 하나 남아 있지 않습니다. 참사랑 앞에서 상처는 아무것도 아닙니다. 원수조차도 참사랑 앞에서는 흔적도 없이 녹아 없어집니다. 참된 사랑은 주고 또 주어도 여전히 주고 싶은 마음입니다. 참사랑은 사랑을 주었다는 것조차 잊어버리고 또다시 주는 사랑입니다. 내가 평생 그런 사랑에 취해 살았습니다."

이러한 문선명의 어둠 속의 빛과 함께 그림자도 드리워져 있음도 사실이다. 그것은 이러한 문선명의 참뜻과 달리 주변의 목회자들에 의한 과도한 충성심으로 그의 권위와 명예를 성역화시키는 문제라고 하겠다. 통일교의 열성간부들 가운데는 자신의 영달을 위해 허위의식으로 그를 성자나 종교적인 선지자임을 넘어 초월적인 절대자로 만들려는 우를 범해서는 안 된다. 이것은 추종자의 신성화나 절대화를 통하여 자신의 지위도 동일시화 하려는 일종의 심리적인 욕구기제인 것이다. 따라서 예수를 곧 하나님이라고 맹신하는 일부 개신교신앙인들과 같은 우를 문선명의 추종자들이 답습해서는 안 될 것이다. 참된 선지자는 가장 낮은 데로부터 나오기 때문이다.

예수는 일생을 수난과 고행으로 살았다. 마더 데레사 여사가 그랬고 최태석 신부도 그랬다. 그들의 영광과 명예는 오히려 죽은 다음부터 시작되었다. 김일성은 독립투쟁에 바친 헌신과 고난이 생전의 부귀영화로 탕감되면서 사후에는 오히려 비판과 비난만이 남아 그늘을 드리우고 있다. 문선명의 유산도 물질이 아닌 그의 뛰어난 세계관과 정신세계에 있음을 알고 남은 자들은 오로지 선지자의 정신세계의 길을 따라 걸어가는 것만이 그의 이름에 빛을 더하게 할 것이다.

인류사에서 위대한 인물들과 선지자들은 한결같이 생전의 영화보다도 사후의 영광을 걸어 왔다. 선지자先知者란 몸은 비록 현세에 있지만 정신만은 세속인들과는 다른 세계에 살았던 것이다. 그래서 현실과는 맞지 않는 언행으로 세속인들로부터 핍박과 함께 미친 사람이라고 소외당하기도 했다. 문선명도 늘 자신만이 너무 앞서가면서 뒤 따르는 범인들을 질책만 했을 뿐 뒤에서 밀어주는

데 소홀했는지도 모른다. 앞으로만 비추는 빛은 뒤에는 그림자만 남긴다.

그러나 역사의 수레바퀴는 이러한 선지자와 같은 몇몇 미친 사람들에 의하여 굴러왔던 것이다. '미쳤다'는 의미는 미칠 급(及)자와 이를 지(至)와 같다. 무수한 세상 사람들이 미처 다다르지 못한 먼 곳에 이미 이르고 있다는 뜻이기에 선지자先知者 또는 선각자先覺者, 예언자豫言者라고도 부른다. 그래서 시간과 공간을 앞서가는 선지자들은 항상 외로웠고 수난의 삶이었다. 과거와 현재만을 알고 있는 몽매한 대중이 대다수이기 때문이다.

문선명은 1985년 미국 덴버리교도소에 수감되어 있을 때 면회 온 시카고대학의 세계적인 정치학자 캐플런M. Kaplan 박사에게 오는 8월 15일이 되기 전에 '소련 공산주의의 종언'을 국제회의의 주제로 삼고 공동선언문으로 선포하라고 지시했다. 그러자 그는 소련 KGB의 위협을 감지하면서도 그해 스위스 제네바에서 개최된 세계평화교수아카데미 총회에서 '공산주의 종언'을 선포하여 수많은 각국의 석학들과 언론을 놀라게 했다. 왜냐하면 당시만 하여도 소련과 동구 공산권 국가들이 시퍼렇게 살아 있어 커다란 비판과 위험이 예상되었기 때문이다.

그리고 1990년 모스크바에서 개최된 '세계언론인대회'에서 문선명은 당시 페레스토이카(개혁)와 글라스노스트(개방)의 기치를 내세운 고르바쵸프M. Gorbachev에게 개혁을 하려면 확실하고 과감하게 해야지 어중간한 태도를 취하면 당신의 정치생명이 위태하다고 경고하였으나 그렇게 따르지 못하다가 결국 옐친B. Yeltsin에게 정권을 박탈당했던 것이다. 이러한 일로 그 뒤부터 고르바쵸프는 방한시에는 반드시 문선명을 예방하였고 지도조언을 구했다.

"인자의 온 것은 섬김을 받으려 함이 아니라 도리어 섬기려 하고 자기 목숨을 많은 사람의 대속물로 주려 함이니라."라는 예수의 말씀처럼 평생을 평화세계 구현으로 살다 간 문선명의 뜻을 실현하려면 그를 따르는 목회자들 중에 제2의 문선명과 같은 후계자가 없이는 통일교의 역사는 쇠퇴의 길로 접어 들 것이다. 그의 위대한 사상과 이념보다는 물질적인 업적에 안존하는 추종자들이 만드는 그늘은 버리고 광야의 빛을 찾아 따르라는 말이다.

무엇보다 문선명의 사후에 드리워지고 있는 그림자라면, 그가 생전에 자신의 뜻을 이어갈 후계자를 당신처럼 혹독한 시련을 거쳐 기르면서 교단의 모든 질서를 확립해 놓지 못한 것인 듯하다. 이것은 한편으로는 남겨진 사람(간부)들의 몫임에도 불구하고 그가 떠난 이후의 핵심간부들과 교단내부의 자정능력自淨能力이 부족하여 대내외적으로 혼란을 야기하고 있음은 통일교단에 어두운 그림자를 드리우면서 일반식구(신자)들로 하여금 적잖은 실망을 안겨주고 있는 것이다. 통속적인 신흥교회들이 보여준 쇠퇴의 전철을 밟기는 매우 쉽기 때문이다.

항간에 알려진 바와 같이 분쟁의 근거는 표면적으로는 재산문제로 형제간에 벌어진 분쟁처럼 보이지만 사실은 후계구도를 두고 야기된 불화인 것이다. 이와 같은 문제가 교단내부의 자정력으로 소화시키지 못하고 국내외에서 가족 간이나 핵심간부들 간에 법정 문제로까지 이어지게 되면서 언론을 통하여 일반인들에게 나쁜 인상을 갖도록 만들고 있는 것은 떠난 사람에 대한 배신이며 부끄러운 자화상인 것이다.

다행히 현재는 미망인 한학자 총재가 새로운 리더십으로 질서를 잡으면서 교단을 이끌어 가고 있으나 가족들 간, 핵심간부들 간의 갈등과 법정문제를 해소하고 지도하는 것이 교단의 생명을 결정할 수 있는 중대한 과제이며 분수령이 될 것으로 본다. 이러한 관점에서는 김일성은 비록 독재권력에 의존한 것이기는 하지만 성공적인 후계자 구도를 완성한 사람이기는 하다.

그러면 북한 김일성은 어둠과 그림자만 짙고 통일교 문선명은 그늘보다 빛만 있는가이다. 그렇지는 않다. 다만, 비유하자면 김일성이라는 태양은 서산위에 기울어져 가는 해와 같아 그 그늘이 길게 드리워져 있다면 문선명은 정오의 태양처럼 지상에 드리운 그림자가 적어서 거의 보이지 않고 있다는 것 뿐이다.

정치적 조작성의 카리스마와 종교적 상징성의 카리스마

대중을 이끌거나 국가라는 거대한 집단을 통솔하려면 리더에 대한 어느 정도의 과장된 남다름과 초인超人과 같은 권능을 부여하기 위하여 이른바 상징적 조작이 필요하게 마련이다. 다만 그 진실성과 강약에 있어서 차이가 있을 뿐 누구에게나 공통된 현상이다. 정치적으로는 독재자이면 독재자일수록 진실과 거리가 먼 조작적인 허구성이 심하다. 세기의 독재자 히틀러 그리고 김일성이 그 대표적인 예이다.

히틀러는 열광하는 대중연설을 할 때, 무대의 배경을 붉은 장막으로 꾸몄고 김일성과 김정일은 가능한 대중연설을 하지 않고 행동을 노출시키지 않는 것으로 대중들에게 어떤 호기심과 신비감을 갖도록 만들어 카리스마를 조작했을 뿐만 아니라 주민들에게 확인할 수 없는 조작된 과거의 초능력적인 행적으로도 신비스런 카리스마를 고조시켰던 것이다.

김일성은 항일무장투쟁 빨치산 활동을 하였을 때는, 가랑잎을 타고 압록강을 건넜고 솔방울로 수류탄을 만들었으며 절대적인 공간도 자유자재로 조정하는 축지법縮地法을 사용하였으므로, 그는 전설적 영웅이며 백전백승의 강철의 영장인가 하면, 김정일은 1993년에 발행한 〈아흔아홉가지 축시법〉이라는 책에서, 흉년으로 강냉이 농사를 망쳐 고생하는 농민들에게 보낸 씨앗이 하루 만에 싹이 돋고 열흘 만에 무릎 높이만큼 자라더니 두 달 후에는 팔뚝만한 강냉이가 열리면서 그 마을에는 만풍년이 들게 하는 초능력의 이른바 축시법縮時法을 쓰신 위대한 지도자 선생님이라고 설명하고 있는 것들이 대표적인 예이다.

아버지는 축지법, 아들은 축시법의 초인들이라면 두 사람을 합하면 시간과 공간의 절대적인 한계를 초월하는 전지전능한 신과 같은 존재인 셈이다. 21세기 대명천지大明天地의 현대사회에서 도저히 불가사의한 망상적인 허구를 반복적인 주입교육으로 주민들의 판단력을 마비시켜 김일성의 카리스마를 주입했던 것이다. 허구와 조작성의 극치이다. 그런데 문제는 이처럼 부자간에 축지술(공간의 절대적 한계초월)과 축시술(시간의 절대적 한계초월)로 전지전능全知全能, 무소불위無所不爲의 신의 초능력을 가진 그들이 북한을 지상천국으로 만들어 놓고 떠났어야 하는데도 오히려 수백 명의 인민들이 굶주려 죽어가는 지상지옥을 만들어 놓고 떠났다는 사실이다.

〈부도덕한 카리스마의 매혹〉이라는 책을 쓴 블루먼J. Lipman_Blumen은 악명높은 독재자들이 나타내는 폭력적이고 파괴적인 행동특성을 다음과 같은 14가지로 요약하고 있다.

- 지지자들일지라도 언제든지 투옥시키고 고문하며 공포감을 갖게 한다.
- 저항세력들의 인권을 말살한다.
- 지지자들의 독립적인 행동을 극도로 제한한다.
- 지지자들의 마음속에 품고 있는 두려움과 욕구를 악용한다.
- 건설적인 비판을 억누르고 지지자들로 하여금 의구심을 가지지 못하게 한다.
- 교묘한 거짓말로 문제해결을 그릇되게 유도한다.
- 올바른 제안과 해결책을 비합법적으로 강제한다.
- 후계자를 비민주적으로 합리화 시키면서 전체주의 혹은 왕조적인 정권을 구축한다.
- 자신의 혈족이 아닌 후계자를 기르지 않고 자신을 중심한 영구적인 권력을 유지한다.
- 악의적, 의도적으로 유권자들을 분열시킨다.
- 지지자들로 하여금 적대집단에 강한 공격을 하도록 만든다.
- 희생양을 찾아내어 심판은 남에게 맡긴다.
- 정권이 전복되면 지지자들이나 비지지자들이 모두 위험하도록 하는 제도를 마련한다.
- 부패를 무시하거나 조장한다.

이러한 기준에서도 김일성의 카리스마 조작의 과정에서 보여준 특성들과 일치하는 요건들이 많음을 발견할 수 있다.

한편, 신흥종교 창시자들이 말하는 공통적인 신비성이기는 하지만, 어떤 계기에서 하나님과의 조우나 계시를 직접 체험하는 경우가 있었음을 밝히고 있다. 문선명도 16살의 부활절(4월 17일) 아침에 고향의 뒷동산서 기도를 하던 중 하나님으로부터 예수가 못다 한 인류를 불행과 죄악으로부터 구원하라는 소명을 받았다고 한다. 그래서 문선명은 재림 예수의 사명을 받아 "부모의 심정을 지니고, 종의 몸을 쓰고, 땀은 땅을 위하여 눈물은 인류를 위하여 피는 하늘을 위하여 뿌리자."라는 것을 평생의 좌우명으로 삼았다고 한다.

이러한 계시와 깨달음은, 석가의 보리수나무 아래서의 외침, 천상천하유아독존天上天下唯我獨尊, 예수의 요단강에서의 세례 후에 있었던 하나님의 말씀, "이는 내 사랑하는 아들이요 내 기뻐하는 자라"는 하나님의 음성을 듣고 광야에서 40일 동안의 단식과 3번의 마귀시험을 물리친 일, 이슬람의 마호메트Mahomet는 40살에 히라 동굴에서, "일어나 낭송하라. 창조주이신 주님의 이름으로 그 분은 엉겨진 피로부터 인간을 창조하셨다. 선포하여라. 그대의 주님은 가장 자비로우셔서 계시로 가르치시고 인간이 알지 못하는 것을 가르쳐 주셨다."라는 주님의 음성을 최초의 계시로 삼았다는 것에서도 나타나고 있다.

이러한 관점에서 문선명을, 통일교의 〈원리강론〉의 '재림론'에서는 예수가 이 땅에서 못 다한 사명을 이어받아 지상천국 건설을 위해 태어난 재림주로 설명하고 있다. 실제로 이 부분에서 기성 기독교인들로부터 심한 비난과 공격을 받게 된다. 통일교 교리의 재림론에서는 제2의 예수재림과 관련된 여러 성경구절을 인용하면서 그것은 문선명이라는 역사적인 논리성으로 귀결시키고 있으나 이에 대한 평가는 후세 역사가들에 의하여 이루어지겠지만 미래가 아닌 현세에서는 타 종교인들로부터 많은 거부감과 비판을 받고 있다.

여기서 김일성과 문선명의 접점과 분기점이라면, 한 사람은 세기의 정치적 독재자로서 생전의 김일성은, 만백성의 하느님, 불멸의 영도자, 위대한 붉은 태양 등으로 불리었고 그의 사후에는 "위대한 수령님은 우리와 함께 영원히 계신다."와 같은 구호로 영생불멸의 신격화를 시키고 있음에 대하여 문선명은 종교지도자로서 생전에는 통일교 교인들로부터 '제2의 메시아' 또는 '만왕의 왕'으로 추앙되었다는 점에서는 상호간에 근접하는 하나의 접점을 보여주고 있다.

극과 극 그리고 상호 접점과 분기점은 그 뿌리가 하나이면서도 열매가 달리 열리듯이 김일성과 문선명의 일생은 한 사람은 세기의 장기 독재자, 다른 한 사람은 세기의 신흥종교 교주로서 두 사람은 사상과 이념에서는 천적과 같은 분기점(대극점)에 서 있었으나 조국통일이라는 역사적 사명감에서는 한 사람은 총과 칼로서, 그리고 한 사람은 참사랑과 심정으로서 하나로 만들려고 했던 것이다.

그러나 이러한 분기점을 문선명은 1991년 12월 6일 평양을 방문하여 숙적인 김일성을 만나면서 극(+)과 극(-)이 부딪혔지만 문선명은 참사랑으로 미움을 녹이는 지양止揚의 과정을 거쳐 서로 포옹하고 형제애를 나누게 되는 승화昇華로 합일(=)되는 접점을 만들었던 것이다. 이것을 통일교에서는 창세기에 나오는 '에서와 야곱'의 관계로 비유하여 설명하고 있다. 변증법의 논리이기도 한 것이다.

폭력적 계급혁명론과 평화적 심정문화론

김일성은 그의 저작물인 〈김일성저작집〉)에서, "로동계급은 착취계급의 권력기구를 뒤 집어 엎고 자기의 정치적 지배를 확립하기 위한 투쟁에서 혁명적 폭력이 없이는 승리할 수 없습니다."라고 밝히고 있어 어떤 타협이나 화해란 있을 수 없고 오로지 폭력투쟁을 계급혁명의 필수조건으로 전제하고 있다.

이것은 마르크스가 사회구조를 부르주아 계급과 프롤레타리아 계급으로 양분하면서 자본가 계급들의 노동자 농민계급에 대한 착취를 타파하기 위해서는 폭력적 계급투쟁이 유일한 수단이라는 사회주의계급혁명론에 근거하고 있다.

김일성은 같은 저작물에서, 계급투쟁의 기본형식으로 "사회주의사회에서는 로동자, 농민, 근로인테리들의 통일과 단결을 목적으로, 협조의 방법으로 그들을 혁명화하고 개조하는 계급투쟁의 기본형식과 함께 외부와 내부의 원쑤들에 대하여 독재를 실시하는 계급투쟁의 형식이 있는 것입니다."라고 하여, 프롤레타리아 계급의 단결을 통한 부르주아 계급의 지배를 계급투쟁의 기본조건으로 하고 있다.

그리고 계급투쟁의 방법으로는, 정치투쟁과 경제투쟁 그리고 사상투쟁의 과정을 거치면서, 군중집회와 시위, 정치적 동맹파업, 의회투쟁, 무장폭동의 형식을 취해야 한다는 지침이다. 따라서 김일성 정권의 사회문화적 가치구조는 적 아니면 아군일 뿐 중간지대는 용납하지 않는 흑백론적이고 단세포적이어서 어떤 양보나 화해가 있을 수 없으며 치열한 대결과 폭력만이 최선의 수단으로 이루어져 있다.

이러한 투쟁과 폭력의 기본인식은 북한사회에서 여러 현상으로 나타나고 있다. 가령 군사적인 문화예술의 발달과 전투용어의 일반화이다. 소위 5대혁명가극(피바다-꽃 파는 처녀-당의 참된 딸-금강산 노래-밀림아 이야기하라)이나 붉은 기 사상, 항일유격대식 학습법, 기동예술 선전대, 속도전, 실효투쟁, 전투속보, 국방체육, 노농적위대, 청산리전투 정신, 100일 전투, 땅끄사냥군조, 타도제국주의동맹, 혁명전통교양 등의 수많은 이름들과 함께 심지어 '모내기작업'을 '모내기전투'라고까지 하는 거친 전투적 용어를 일상화 하고 있다.

김일성의 이러한 투쟁과 폭력혁명론에 대하여, 문선명은 하나님의 사랑과 평화를 기본으로 하는 심정문화론心情文化論의 중요성을 매우 강조하고 있다. 여기서 두 사람의 좌표는 대극점으로 이동하고 있는 것이다.

실제로 신앙의 본질은 인간의 이성理性에 호소하기보다는 감성感性에 가까운 것이다. 그래서 심정心情이란 이성세계라기보다는 감성세계에 속한다. 문선명은 그의 자서전에서, "사람들은 흔히 정치가 세상을 움직인다고 생각하지만 그렇지 않습니다. 세상을 움직이는 것은 문화이고 예술입니다. 사람들의 마음 가장 깊은 곳을 울리는 것은 이성이 아닌 감성입니다."라고 설명하고 있다. 이것은 예수가 만물을 바라보는 마음(사랑)이나 석가가 중생을 어여삐 여기는 마음(자비심)과 같은 것으로 마치 어머니가 자녀들 가운데서도 정상아보다는 장애아를 더 애틋하게 바라보는 것과 같은 심정의 이치인 것이다.

문선명은 심정세계心情世界를 무조건적인 사랑, 주고 또 주어도 더 주고 싶고 준 것까지도 잊어버리는 부모의 자녀에 대한 마음가짐 그리고 타락된 인간에 의하여 시달림을 받고 있는 만물을 볼 때 불쌍하게 여겨 자꾸 눈물이 나는 경지의 마음, '~위하여 사는 삶'의 태도라고 하면서 이것이 곧 참사랑이라고 설명하고 있다.

통일교에서는 1963년부터 매년 5월 1일을 '만물의 날'로 정하고, 타락된 인간에 의하여 고통 받는 만물을 위하고 사랑하는 기념일로 정하고 있다. 이것은 지구 생태환경 보호정신의 기본이다. 한때 세간에서는 통일교를 '우는 교회'라고 불렀던 것도 하나님의 피조물인 만물의 고통을 함께하는 심정교류의 통성기도痛聲祈禱였기 때문이다.

김일성의 받는 기쁨과 문선명의 주는 기쁨

세계사에서 정치적인 독재자들은 모두가 개인적인 영화와 향락을 누리다가 몰락하였다. 김일성도 예외가 아니다. 1974년부터는 자신의 생일을 '태양절'이라는 이름으로 명명하여 최대 명절로 지정하는가 하면 그의 노래(김일성 장군)가 북한의 애국가보다 찬양되고 전국에 수많은 동상과 흉상을 세우고 자신의 이름으로 된 꽃 '김일성화'가 신성시되고 있으며 그가 지나간 곳은 성역화 시켜 기념물로 조성되고 있다.

평양의 중심인 만수대 언덕 위에 거대하게 세워져 있는 '김일성 동상'은 방북하는 외국의 방문객들이 반드시 제일먼저 찾아가서 인사를 드려야하는 곳이다. 2002년 10월, 저자는 일단의 일행들과 함께 밤늦게 평양의 순안 비행장에 도착했다. 이미 어둠이 깔리고 초저녁인데도 일행을 태운 버스가 호텔 숙소로 가기에 앞서 만수대 언덕 위에 있는 거대한 김일성동상이 있는 곳부터 안내되어 일행으로 하여금 헌화하고 인사를 하도록 했다. 죽은 김일성에게 입국신고부터 하는 셈이다.

마침 늦가을의 싸늘한 밤, 비까지 흩뿌리고 있었다. 그런데 놀라운 광경은 중학생 정도의 남녀학생들이 빗자루를 들고 어둠의 광장을 쓸고 있었던 것이다. 아마 외국인들로 하여금 북한주민들이 얼마나 김일성을 추모하고 정성을 드리고 있는가를 느끼도록 하기 위하여 정해진 각본대로 급히 동원된 학생들 같았다. 나는 일행과 더불어 묵례를 하면서 '제발 지하에서 만이라도 진심으로 생전의 과오를 참회하고 조국의 평화통일로 자손들이 행복한 미래를 갖도록 도와주소서!'라고 기원했었다.

그리고 2003년 7월, 두 번째로 북한을 방문하였을 때이다. 우리 일행은 국내선을 타고 삼지연 비행장에 내려 미니버스로 백두산 길을 올라 천지연을 보고 내려오는 도중에 백두산 산록에 위치한 삼지연 호숫가에 갔을 때 '김일성원수님께서 기념사진을 찍으신 곳'이라는 글자가 새겨져 있는 기념비를 만들어 놓고 주변광장을 각종 석조물로 장식해 두고 있었다. 또한 묘향산 산록에는 '국제친선전람관'이라는 이름의 거대한 석조건물에 김일성의 통치기간 중 외빈들로부터 받은 각종 선물들로 가득 차 있었다.

그리고 평양에는 김일성과 당 군 정의 고위층 계급만을 위한 특별병원인 '남산병원'과 '봉화진료소'가 있고 그의 건강과 장수를 위한 〈장수무강연구소〉가 1977년부터 설립 운영되었고 '제1호 식품'이라는 이름의 김일성 전용 식재료를 공급하는 특별농장도 운영하고 있다. 불로초를 구하려 경남 남해섬까지 수백 명을 보낸 진시왕의 영화보다도 더한 것이다.

그러나 김일성의 영화와 향락의 대표적인 것은 1983년에 생긴 이른바 '기쁨조'이다. 김일성만의 별장인 '자모산 특각'을 비롯하여 전국의 명승지에 지어놓은 수많은 특각特閣(별장)에는 전용 '기쁨조'가 항상 대기하면서 그에게 봉사하도록 조치하였다. 기쁨조는 중앙당 간부가 전국의 중고등학교를 순회하면서 여학생들 가운데서 몸매와 얼굴이 예쁜 여학생들을 선발하여 일정기간 엄격한 훈련을 거친 다음 평양과 지방의 특각에 배치하는 것이다.

그런데 기쁨조에는 행복조-가무조-만족조로 구별되어 있다. 행복조는 주로 김일성의 건강을 위한 맛사지를, 가무조는 김일성이나 최고위 당간부급들의 각종 연회에서에서 노래와 춤을, 만족조는 육체적인 성적제공이 그녀들에게 주어진 역할과 임무이다. 이러한 현상은 세계사에서도 드문 사례이다. 한때는 젊은이들의 피를 뽑아 김일성에게 투석했다고 한다. 여기서 한 가지 재미있는 에피소드로는 1989년, 생전에 자신과 절친했던 루마니아 대통령 차우세스쿠N. Ceausescu가 공산정권 붕괴로 부인과 함께 시위대에 끌려나와 길거리에서 총살당하는 모습을 보고 김일성은 너무나 충격을 받아 심한 우울증으로 고생하자 그의 아들 김정일은 유명한 희극배우들에게 '원수님을 하루에 5번 웃게 하면, 공훈배우 칭호를 수여한다'고 했던 일이다.

한편 김일성의 생일기념으로 제정한 '태양절'(4월 15일)이라는 글자를, "창세기 제1장 1절(태초에 하나님이 천지를 창조하시니라.)에 비유하여, (태)-태초에 김일성은 북한사회주의를 건설하기 위해 태어났고, (양)-양호한 국가를 건설하기 위해 밤잠도 못 주무시고, (절)-

절세의 민족영웅이야말로 하늘같은 존재이시다."라고 재미있게 풀이한 글도 있다.

수천만 년의 인류역사에서 수많은 통치자들이 살다 사라졌지만 아마 김일성만큼 부귀영화를 누리다 사라진 권력자도 없을 것이다. 그들 가운데는 뭇 사람들의 생명을 앗아간 세기적인 악한惡漢들이 있었는가 하면 많은 사람들의 생명을 구하고 자신은 희생적인 삶을 살다간 선인善人들도 있다. 지구상에서 인류가 멸망하지 않고 그런대로 평화를 유지하며 역사를 만들어 가고 있는 것도 이러한 몇몇 의인義人들이 있었기 때문이다.

김일성이 이러한 향락과 호화생활을 하다 떠난 뒤에는, 남은 2천만 주민들이 절대적인 빈곤 속에서 배고픔을 이기지 못해 가족을 먹여 살리려고 몸을 파는 여성들과 죽음을 각오하고 국외로 탈출하는 인민들만 남아있는 것이 북한의 현실인 것이다. 그럼에도 불고하고 김일성은 생전에 인간개조사업을 통하여 인민들을 '원수님에게 기쁨을 드리는 것을 최대의 영광'으로 여기도록 만든 것은 세계사적인 기록으로 평가해야 할지도 모른다.

여기서 북한의 이러한 인간개조사업이 얼마나 무서운가의 사례를 한두 가지 살펴보자.

가령 집에 불이 났을 때, 어린아이들과 노부모들이 집안에 갇혀 죽어가고 있는데도 가족들을 구하기에 앞서 안방 벽에 걸려 있는 김일성과 김정일 초상화부터 먼저 가지고 나왔다고 하여 인민영웅으로 칭송하면서 선전하는 것이라든지, 남한에서의 88올림픽을 방해하기 위해 1987년 남한의 중동 근로자 115명을 태운 KAL

기의 폭파범 김현희의 증언, 즉 북한의 대외정보조사부 리 부장으로부터 KAL기를 폭파하라는 지령을 받았을 때 나도 죽는다는 불안감보다는 그 많은 공작원 가운데서 제가 뽑혔다는 것이 자랑스러웠다고 심문과정에서 고백한 것들이다. 인간의 껍질을 벗기고 내장까지 바꾸어 버리는 무서운 인간개조(악)의 극치라고 하겠다.

이에 대하여 문선명의 인간개조는 무엇인가?

종교적인 관점에서 세속적인 가치관을 버리고 하나님의 뜻을 알고 실천하는 삶으로 거듭 태어나라는 인간개선인 것이다. 기독교에서 말하는 중생重生의 의미이다. 문선명은 마치 자녀가 부모에게 효도할 때 부모가 기뻐하는 것을 보고 자녀도 기뻐하듯이 하나님의 자녀인 인간이 어떻게 하면 하느님이 기뻐할까를 늘 생각해야 한다고 했다. 그래서 우선 나 자신의 기쁨보다는 남의 기쁨을 먼저 생각해야 한다면서, '~위하여 사는 삶'과 '주고 또 주어도 더 주고 싶고 준 것까지도 잊어버리는 참사랑을 생활신조로 삼아야 한다고 역설하면서 그것은 곧 하나님의 기쁨으로 이어진다는 논리이다. 이것은 오늘날 대부분의 종교 신자들이 이른바 기복주의祈福主義에 빠져 있음에 대한 경고인 것이다. 문제는 기복내용이나 대상이 자기 자신에 가까워지면 질수록 하나님과 자신과의 거리는 점점 멀어진다는 사실이다. 이것은 모든 종교에도 적용되는 기본철학이다. 김일성에게 기쁨을 드리는 것이 아니라 하나님에게 기쁨을 드리는 대상의 차이라고 하겠다.

사실 자본주의적 자유시장경제의 원리는 이익추구가 기본가치로 작용하기 때문에 이기적 개인주의Egoistic Individualism 현상이 자연

적으로 발생하게 마련이다. 어쩌면 이것은 인간의 생존본능이기는 하지만 문제는 그것이 무한한 인간욕망으로 나타난다는 점이다. 그래서 법과 윤리도덕 등으로 무한욕구를 절제하도록 유도하고 통제하지만 인간의 본능억제에는 한계를 갖게 되고 결국에는 상호 충돌하면서 개인간의 갈등과 집단간의 충돌 그리고 끝내는 대량 학살을 초래하는 국가간의 전쟁으로까지 발전되어 온 것이 인류사이므로 통일사상에서는 성적인 타락 다음으로 인간의 '이기주의'를 악의 근원으로 규정하고 있다.

이러한 것은 성경의 여러 구절에서도 잘 나타나고 있다. "욕심이 잉태한즉 죄를 낳고 죄가 장성한즉 사망을 낳느니라."(약. 1:15)와 같은 것과 함께 이기심을 극복하여 이타심으로 바꾸어야만 된다는 것으로 "인자가 온 것은 섬김을 받으려 함이 아니라 섬기려 하고 자기 목숨을 많은 사람의 대속물로 주려 함이니라."(마. 20:28)와 같은 경구도 있다. 받는 기쁨만을 바라는 이기심과 주는 기쁨이 갖는 이타심은 기쁨의 차원이 다르다. 주는 기쁨의 전형은 배고픈 아기에게 젖을 먹일 때 웃는 아이를 보고 만족하는 어머니의 심정, 달려오는 기찻길에서 아기를 구하고 자신은 희생되는 어머니의 죽음이 바로 참사랑이요 주는 기쁨이며 그것은 곧 하나님의 기쁨이고 하나님의 심정이다.

참다운 신앙인이라면 늘 하나님에게 무엇을 해 달라고 바라는 기도를 해서는 안 된다. 이것은 마치 참된 효자孝子는 부모에게 무엇을 해 주기를 바라는 자식이 아니라 어떻게 하면 부모를 기쁘게 해 드릴 수 있을까를 생각하는 자식이듯이 참된 하나님의 자녀라면 내가 어떻게 하는 것이 나의 기쁨이 아닌 하나님 아버지의 기쁨이 될까를 먼저 생각하는 사람이 되어야 한다고 문선명은 언제나 강조하였다.

여기서 우리는 김일성과 문선명이 인식하는 기쁨의 내용과 방법에서 커다란 분기점을 발견하게 된다. 세상의 기쁨의 총량은 일정하고 유한하다. 나의 기쁨이 남의 기쁨을 빼앗는데서 생기는 경우는 악이며 나도 기쁘고 남도 기쁜 것은 선이다. 김일성의 기쁨은 주민의 몫을 빼앗아 독차지한 악마의 기쁨이라면 문선명은 남과 나누워 가지고 자신의 것까지도 모두 주려고 한 하나님의 기쁨이다. 이것은 그가 1948년 미제간첩이라는 죄명으로 흥남감옥서 지옥과 같은 강제노역 중에서도 동료죄수들에게 보여준 희생적 사랑으로부터 평생을 인류평화와 종교화합을 위해 갖은 박해 가운데서도 희망과 즐거움으로 살다 간 순간까지가 하나의 예이다. 그리하여 김일성은 기쁨조 소녀들에게 둘러싸여 쾌락을 추구하고 있을 때, 문선명은 '리틀 엔젤스'라는 어린 소녀들로 구성된 무용단을 세계 곳곳에 보내어 노래와 춤으로 한국을 알리고 세계인들을 즐겁게 했던 것이다.

더구나 우리들이 김일성이나 김정일에게 분노하는 것은, 1970년부터 김일성은 주민들에게 '이밥(쌀밥)에 고기 국을 먹으며 비단옷을 입고 기와집에 살게 하는 것'이 자신의 소원이라고 말했으나 그는 북한을 국제거지국가로 만들어 놓고 혼자 잘 살고 잘 먹으면서 향락을 누리다 떠나고 말았다는 점이다. 그러면서도 주민들에게는 '세상에 부럼 없어라'와 같은 노래나 부르게 하고 '우리는 그

래도 하루 두 끼는 먹지만 남조선에는 한 끼도 못먹고 다리 밑에 거지가 우굴거리고 있다.'는 허위선전이나 하고 있음은 무서운 위선이요 죄악인 것이다.

그런데 서구의 합리적인 시각에서 보면 북한은 주민폭동이나 군사 쿠데타로 체제전복이 일어나도 수십 번 일어나 벌써 붕괴되었을 것임에도 여전히 명맥을 유지하고 있는 것은 왜일까? 그것은 학교라는 제도교육을 통하여 어릴 때부터 평생을 김일성의 신격화와 절대가치관을 주입시키는 의식화 작업, 심지어 부부간에도 주민들 간에도 거미줄처럼 짜여있는 상호감시체계 그리고 이른바 반동분자라는 죄명으로 빈번하게 행해지는 처참한 공개처형을 통한 공포감을 조성하는 특이한 사회구조 때문이다.

절대가치 세계에서는 상대가치 세계가 허용될 수 없다. 따라서 불평과 불만이란 생겨날 수가 없다. 절대유일가치의 무서움이기도 하다. 대부분의 불평불만은 남과의 비교평가로부터 생겨난다. 그래서 절대유일가치의 사회에서는 비교 평가할 대상이 없기에 어떤 갈등도 없다. 이것이 전체주의의 본질이다. 이러한 의미에서 유일신을 추종하는 종교세계도 마찬가지일 수 있다. 다만 종교세계는 다종교多宗教 사회이므로 비교대상이 있기에 절대가치의 비교평가가 가능하여 상대가치화가 가능하다. 어떤 면에서는 영토분쟁, 민족갈등, 이념전쟁보다 더 무서운 것이 종교전쟁일 수도 있다. 이것은 끊임없는 중동지역의 분쟁이 좋은 예이다. 그래서 문선명은 종교 없는 세계가 영구평화의 길이라고 했던 것이다. 종교는 창조이상세계가 실현되면 없어지게 된다는 것이다. 그래서 통일교회라는 명칭과 간판을 내리고 〈세계평화통일가정연합〉이라고 하였다.

문선명은 이러한 자신의 혁신적인 종교관, 교회관을 자서전 〈평화를 사랑하는 세계인으로〉에서도 다음과 같이 명백히 밝히고 있다.

"…… 나는 교회란 말을 그다지 좋아하지 않습니다. 교회란 말 그대로 '가르치는教 모임會' 입니다. 종교란 '중심되는宗 가르침教'입니다. 다시 말해 교회란 근본적인 것을 가르치는 모임이란 뜻입니다. 교회란 말 때문에 남과 내가 나뉠 아무런 이유가 없습니다. 그런데도 세상 사람들은 교회를 특별한 뜻으로 씁니다. 나는 그런 특별한 부류에 속하고 싶지 않았습니다. 내가 바란 것은 교파 없는 교회였습니다. 참된 종교는 자기 교단을 희생해서라도 나라를 구하려들고, 나라를 희생해서라도 세계를 구하려들고, 또 세계를 희생해서라도 인류를 구하는 것입니다. 어떤 경우든 교파가 우선일 수는 없습니다.

할 수 없이 교회 간판을 붙인 것일 뿐 언제라도 그 간판을 떼어내고 싶은 마음입니다. 교회 간판을 다는 순간 교회는 교회 아닌 것과 구별됩니다. 하나인 것을 둘로 나누는 것은 옳은 일이 아닙니다. 그것은 내가 꿈꾸는 일도 아니고, 내가 갈 길도 아닙니다. 나라를 살리고 세계를 살리기 위해서 간판을 떼어야 한다면, 지금도 나는 그렇게 할 수 있습니다."

실제로 그동안 서구의 기독교사는 교파간의 분쟁으로 얼룩져 왔고 그것은 현대사에 있어서도 교파간, 종파간의 전쟁으로 수많

은 생명들이 죽어갔던 것이다. 창조주 하나님의 뜻은 그렇지 않은데 말이다.

이러한 두 사람간의 관계를 기독교적인 관점에서 비교한다면, 김일성은 인류사에서 최초의 살인자로 나오는 카인Cain이라면 문선명은 아벨Abel이며 김일성은 에스Esau이며 문선명은 야곱Jacob인 셈이다. 그리고 김일성은 1950년 동족상잔의 전쟁을 일으켜 200만 명에 달하는 살상자를 만든 사람이라면 문선명은 평생을 평화적인 남북통일을 성취하여 민족을 살리려고 했다.

문선명은 1991년 평양을 방문하였을 때 마치 야곱이 많은 재물을 들고 에스를 찾아가 서로의 원한을 풀고 화해와 상생을 한 것처럼 자신의 모든 재산을 주어도 좋으니 남북통일을 위해 다 같이 손잡고 평화세계를 만들자고 하였다. 불행하게도 두 사람은 뜻을 이루지 못하고 떠났지만 이것은 앞으로 남북통일을 성취하는데 기본철학이 될 것이다. 두 사람은 적과 동지의 만남이요 극과 극의 접점이었던 것이다.

김일성과 문선명의 주요 어록들

역사적인 인물 가운데는 후세인들이 자주 회자하는 명언名言이나 어록語錄이 많다. 그것은 그들이 생전에 남긴 말이나 글들 중에는 우리들이 살아가는 데 필요한 삶의 지혜와 함께 미래에 대한 예언적 경고를 하고 있어 그 가치가 크고 생명력이 있기 때문이다.

멀리는 기원전 4세기 "너 자신을 알라"라는 말로 우리들에게 심오한 삶의 철학을 전해주는 소크라테스의 명언으로부터 현대사에 이르기까지 수많은 명언들이 있다.

근현대사 인물들의 명언 가운데서 몇 가지를 살펴보면, 마르크스의 유명한 〈공산당 선언문〉의 말미에 "잃을 것은 쇠사슬이요 얻을 것은 자유다. 만국의 노동자들이여 단결하라!"라는 글이라든지, 미국의 제16대 대통령 에이브람 링컨의 유명한 게티즈버그 연설에서 "국민에 의한 국민을 위한 국민의 정부"라는 말로 민주주의 시민정신의 기본태도를 말했고, 모택동은 "모든 권력은 총구에서 나온다."라는 말로 후진국 정치권력의 본질을 적확하게 나타냈으며,

M. 베버는 "정치는 악마와의 협약없이는 불가능하다."고 단언하고 있다. 1960년대 미소간의 우주개발 경쟁이 치열할 때 미국의 케네디 대통령은 "우리는 달나라에 가는 인공위성을 만들어야 한다. 이것은 쉽기 때문이 아니라 어렵기 때문에 하는 도전이다."는 연설문으로 국민들에게 용기와 희망을 고취했으며 또한, "인류가 전쟁의 종지부를 찍지 못하면 전쟁이 인류의 종지부를 찍을 것이다."고 한 경고문도 있다. 우리나라의 성철스님은 "산은 산이요 물은 물이다."라는 유명한 말로 불교의 심오한 진리의 요체를 설파했으며, 교육학에서 교성教聖으로 일컫는 스위스의 페스탈로치의 비문에는 "생전에 그는 모든 것을 남을 위해서 했을 뿐 자신을 위해서 한 일은 아무 것도 없다."라는 명문이 새겨져 있으며, 그리고 영국의 유명한 극작가인 버나드 쇼가 생전에 자신의 비문으로 남겼다는 "어영부영하다가 결국 내 이렇게 될 줄 알았다."와 같은 것으로 우리들의 일생을 재미있게 나타내고 있다.

그러면 김일성과 문선명은 생전에 어떠한 명언이나 어록을 남겼는가?

김일성은 그의 수많은 저작물에서 주로 정치적인 언어를 많이 쓰고 있을 뿐 별다른 어록은 남기지 않았지만, 교시教示라는 이름으로 북한의 모든 분야의 출판물에 새로운 조어造語를 남기고 있다. '백두산 줄기', '항일유격대식 학습법', '인간개조 사업', '사회정치적 생명', '주체 ○○년', '주체사상', '주체농법', '주체음악', '국방체육' 등이며 그리고 혁명과업 수행과정에서 주민들에게 독려하는 의미로 "돈 있는 사람은 돈으로, 힘 있는 사람은 힘으로, 지식 있는 사람은 지식으로"라는 새로운 단어들을 만들었다.

그리고 1974년 4월 18일 중국을 방문한 김일성은, 마침 그 무렵에 캄보디아 수도 프놈펜이 공산군에 함락되고 베트남의 전세도 호치민의 승리로 기울어지고 있음을 보고 등소평 주석과 만난 자리에서, 만일 남조선에서도 민중혁명이 일어난다면 우리도 동족으로서 가만히 있지 않을 것이다. 남한이 무력으로 반항하면 우리도 단호하게 전쟁으로 보답하겠다는 취지의 발언을 하면서, 마르크스가 〈공산당선언문〉에서 사용한 문구를 연상시키는, "전쟁에서 우리가 잃을 것은 군사분계선이요, 얻을 것은 조국통일"이라는 말도 했다. 그리고 1970년대 들어 극심한 식량난으로 주민들이 절망하고 있을 때는, 김일성이 굶주려 가면서도 항일무장 투쟁을 전개했듯이 우리들도 고난의 행군정신으로 "가는 길 험난해도 웃으며 가자."라는 근사한 구호로 인민들의 배고픔을 말밥으로 배부르게 만들려고 했다.

한편 문선명은, 주로 종교적인 관점에서 새로운 개념과 어록을 많이 남겼다. 가령 '참사랑', '참부모', '참가정', '책임분담론'이라든지 '두익사상', '수수작용', '축복결혼', '축복가정', '탕감복귀' '복귀섭리' '심정문화' '사위기대' '성약시대' '참 만물의 날' '종족적 메시아' '천지부모', '승화(사망)' 등과 같은 새로운 특수용어를 많이 사용했다.

통일교에서 출간한 〈뜻 길〉에서는, '예수는 죽으면서 원수를 위해 기도했지만 우리는 살아서 원수를 위해 기도하자.' 그리고 '사랑이 변하면 독이 된다.'거나 '기독교도 박해를 통해 400년 만에 세계종교로 되었다. 박해의 길을 걷지 않고는 하나님께로 나아갈 수 없다.'라는 의미심장한 명언들이 있다.

그리고 그의 대중 강연이나 설교 가운데는 비단 신앙인들만이 아닌 일반인들에게도 깊은 의미를 던져주는 내용도 많다. 가령, 그는 항상 신도들에게 "너희들 마음과 몸이 하나 되었느냐?"고 물으면서 야단을 쳤다. 여기서 몸은 본능에 좌우되는 것으로 물질과 욕망-인본주의-무신론-공산주의로 연결되면서 사탄의 지배를 받는 악으로 보았고 마음은 정신-신본주의-유신론-민주주의로 발전되는 선의 실체로 보았던 것이다. 그래서 맘과 몸이 하나 되라는 뜻은 마음이 주인(주체)이고 몸은 종(대상)과 같아야 된다는 말이다. 선이 시키는 대로 몸도 움직이면 하나님이 바라는 죄 없는 인격체가 된다는 교훈이다. 이것은 '우주주관宇宙主管 바라기 전에 자아주관自我主管 완성하라.'는 문선명이 청소년들에게 항상 강조하는 모토에서 잘 드러나고 있다.

그리고 "악은 먼저 치고 빼앗아가지만 선은 맞고 찾아온다."(실제로 기독교는 로마로부터 박해를 받고 쫓겨났지만 훗날에는 로마를 굴복시킴)는 세상의 섭리나 "부모의 심정을 지니고, 종의 몸을 쓰고, 땀은 땅을 위하여 눈물은 인류를 위하여 피는 하늘을 위하여 뿌리자"라는 좌우명도 있고 "하나님 눈에는 피부색의 차이가 없습니다. 하나님의 눈에는 국경이 존재하지 않습니다. 하나님의 눈에는 종교와 문화의 벽이 보이지 않습니다." 등과 같은 말이다. 그러나 세계의 종교인들이 심각하게 새겨들어야 할 말이라면, "통일교도 물론이고 이 세상에 모든 종교가 사라지는 날에 진정한 세계평화가 온다."는 것으로 이것은 무서운 선언이요 예언적인 진리를 내포한 말이다.

그리고 어느 날 대중강연에서는 대략 다음과 같은 우주의 원리와 인간과의 상호관계에 관한 심오한 철학적 진리를 설파했다.

그것은, "원래 인간이 타락하지 않았다면, 우주Cosmos의 기운이 8개(코스모스 꽃잎이 8개로 뻗쳐 있어 우주의 질서와 같다는 의미로 Cosmos라고 칭함)의 선線과 방향으로 뻗쳐 있는 좌표의 원점(중심점)에 놓여 지면서 이른바 4통8달四通八達의 초능력을 갖추게 되고 동시에 우주의 주파수와 자신의 주파수가 일치되는 공명共鳴을 이루면서 천체의 운행질서와 같은 원환운동이 나타나고 세상의 모든 이치를 간파하는 혜안慧眼을 갖게 된다는 것이다.

그런데 대부분의 인간들은 타락으로 말미암아 8개의 선상線上으로부터 이탈하면 진정한 삶의 목적과 방향을 잃고 부평초와 같이 허공에 제멋대로 떠돌게 되면서 온갖 과오와 죄악을 저지르게 된다는 것이다. 더러는 그래도 한 가닥의 선 위에 놓여 있기는 하지만 그것이 세상의 전부인 줄 착각하므로 편견과 오해가 생기고 그것은 곧 세속적인 알력과 분쟁으로 나타난다."는 설명이었다. 우주의 질서와 인간과의 관계를 꿰뚫어보는 혜안이며 진리인 것이다.

어록에 관한 김일성과 문선명 간의 공통점이라면, 김일성은 '교시'로 문선명은 '말씀'으로 기록되고 있다. 이러한 두 사람의 어록을 중심한 글들을 인민들과 교인들에게, 김일성은 독보회讀報會라는 이름으로, 문선명은 훈독회訓讀會라는 이름으로 가르치고 있는 것은 동일한 현상이다. 그리고 만국공통의 연호인 서기 ○○년을 김일성은 자신의 출생년도인 1912년을 기점으로 주체主體 ○○년으로, 문선명은 2010년을 기점으로 천기天紀 ○○년으로 별도의 표기법을 쓰고 있는 것도 하나의 접점이라고 볼 수 있다.

김일성과 문선명의 극과 극
- 그 접점과 분기점 비교

김일성과 문선명, 두 사람이 살다간 환경이 다르고 이상理想이 달랐지만 형식에서는 상당한 접점을 보여주면서도 동시에 내용에서는 극과 극을 이루는 분기점을 나타내고 있다. 두 사람이 걸어간 삶의 궤적에서 극과 극, 접점과 분기점을 비교하여 간략하게 요약하면 다음과 같다.

(분기점)

김 일 성	문 선 명
• 인본주의(무신론)	• 신본주의(유신론)
• 변증법적 유물사관	• 기독교적 유심사관(탕감복귀섭리사관)
• 주체사상(주체사상연구소)	• 두익사상(통일사상연구원)
• 가족주의 배격으로 국가가정론	• 국가사회 이전에 가정제일주의론
• 폐쇄적인 민족제일주의	• 개방적인 세계주의
• 폭력적 혁명주의	• 평화적 하나님주의
• 분단시대의 정치인	• 분단시대의 종교인
• 철저한 공산주의자	• 철저한 반공주의자
• 김일성의 사회정치적 생명론	• 문선명의 개성진리체론

• 민족의 구세주 김일성	• 인류의 구세주 문선명
• 자유민주국가들로 부터의 비난과 소외	• 세계개신교 단체로부터의 박해와 핍박
• 사회주의적 계급투쟁에 의한 민족통일론	• 참사랑으로 화해와 평화에 의한 통일론
• 받는 기쁨	• 주는 기쁨
• 김일성-김정일-주체사상=삼위일체론	• 하나님-문선명-통일원리=삼위일체론
• 수많은 상징조작의 기념물 조성	• 흉상이나 동상 등 우상물의 배제
• 주체사상(자주성-창조성-의식성)	• 주체사상(개인완성-가정완성-만물주관)
• 3대 축복(인민복-수령복-장군복)	• 3대 축복(참사랑-참가정-참주인)
• 혁명문화적 국가관	• 심정문화적 세계관
• 혁명적 낙관주의	• 종교적 낙관주의
• 인간개조론	• 인격개선론(인간 재창조론)
• 허위와 위선의 현실주의	• 진실과 영성의 미래주의

(접점)

김 일 성	문 선 명
• 어버이 수령	• 참부모님
• 가계의 신격화(백두산 줄기 혁명가족)	• 가정의 신성화(하나님중심 참혈통 가정)
• 인민문화 궁전	• 천정궁
• 정치권력의 세습화	• 종교후계자의 세습화
• 태양절(생일)	• 참부모의 날(약혼 기념일)
• 민족의 태양	• 만왕의 왕, 평화의 왕
• 정치적 절대권좌	• 종교적 절대권좌
• 국가의 대가정관	• 종교의 대가정관
• 김일성의 절대적 권위주의	• 문선명의 절대적 지위
• 김일성의 영생관	• 문선명의 영계관
• 세기의 정치독재자	• 세기의 종교지도자
• 방대한 저작물	• 방대하고 다양한 출판물
• 마르크시즘의 변태	• 정통보수기독교의 변용
• 조선민족의 은혜로운 구원자	• 지상천국 건설의 메시아
• 김일성 왕국건설	• 문선명 통일왕국 건설
• 정치적 유기체 국가	• 종교적 유기체 조직
• 악의 근원=자본주의적 착취와 불평등	• 악의 근원=성적인 타락과 이기주의
• 영화와 향락의 화신	• 핍박과 고난의 화신
• Kimism	• Moonism

과연 인류의 영구적인 평화세계 구현은 가능한가?

인류사는 전쟁과 평화가 반복적으로 점철되어 왔다. 일정기간 평화세계가 지속되면 반드시 전쟁이 발생하였고, 전쟁이 멈추면 또 다시 평화의 역사가 이어지면서 전쟁과 평화가 연속적으로 반복된 것이 인류사이다. 제1차 세계대전이 끝나고 다시 제2차 세계대전이 일어났듯이 일정한 주기성週期性을 갖고 있다. 그렇다면 제3차 세계대전이 일어날 때가 이미 지났음에도 왜 그렇지 않을까? 그것은 1차와 2차 세계대전 때처럼 재래식 무기에 의한 전쟁이 아니고 제3차 현대전에서는 반드시 가공할 핵무기 전쟁으로 발전되면서 전 지구 인류의 공멸을 초래할 것이므로 이성理性의 힘으로 파괴본능을 최대한으로 억제하고 있기 때문이다. 전쟁이란 아군은 살고 적군은 죽일 수 있다고 판단될 때 시작되는 것인데 핵전쟁은 너도 죽고 나도 죽는 공멸전이기 때문이다. 다만 다르다면 누가 먼저 죽고 누가 나중에 죽느냐의 차이일 뿐이다.

그러면 왜 인간들은 목숨을 건 싸움에 몰두하는가? 이것을 〈역사의 종말〉의 저자로 우리나라에도 잘 아려져 있는 미국의 뛰어난 사회학자 후쿠야마F. Fukuyama는, '인지認知를 구하려는 투쟁'으로 요약하고 있다. 이것은 전쟁노예를 마음대로 다루는데서 얻는 쾌감과 승자가 패자를 굴복시키는데서 느끼는 명예욕구의 만족감과 같다.

앞서도 언급했듯이 인간의 유전자 속에 이미 싸움에 대한 본능이 무의식 속에 자리하고 있다고 본 프로이트의 정신분석학 이론으로도 설명이 가능하다. 그의 전쟁본능설이 맞는다고 보면 인간의 유전자 속에 잠재하고 있는 전쟁욕구를 제거하지 않는 한 인류사에서 영원한 평화세계 구축은 불가능하다는 결론인 것이다.

그런데 19세기 독일의 위대한 철학자 칸트I. Kant는 그의 '영구평화론'에서 하나의 영구적인 평화구현의 방안을 제시하고 있다. 그는 국가체제가 자유민주주의적인 공화제, 민족과 국가 간의 평화동맹 결성, 인권 앞에 정치가 무릎을 꿇어야 하는 인권선언 등의 조건을 갖추면 영구평화는 가능하다고 보았다. 그러나 이것은 정치체제나 사회구조와 같은 제도에 의한 억제력에 호소하는 것이어서 일련의 한계점을 나타내게 마련이다. 오늘날의 국제관계법이나 UN과 같은 국제기구들이 그가 주장한 조건들을 갖추고 있음에도 분쟁이 여전히 끊이지 않고 있는 것은 이론과 현실의 부적합성을 의미한다고 하겠다.

한편 마르크스는 자본주의 경제구조가 만드는 개개인 간의 물질적인 소유의 불평등이 알력과 갈등 그리고 전쟁의 근원이라고 보고 공동생산-공동분배-공동소비에 의한 평등으로 이루어진 공산사회만이 영구평화와 유토피아 세계로 가는 유일한 길이라고 역설했다. 그러나 영국의 경제학자 케인즈J.M.Keynes를 위시한 일련의 고전주의 경제학자들은 자유자본주의 시장경제론으로 개인적인 능력에 따른 분배법칙이 마르크스의 인위적인 국가적 계획경제론보다도 훨씬 앞서는 가치이며 인간주의적이라고 전제하면서 자본주의 경제원리의 우월성을 강조하고 있어 마르크스의 평등적 가치에 의한 평화론을 부정하고 있다.

이러한 상반된 정치경제적인 이데올로기의 싸움은 20세기말에 공산권 국가들의 몰락에 따른 공산주의 정치경제적인 이데올로기의 패배로 나타나기는 했지만 마르크스의 자본주의 경제사회의 구조적인 모순에 대한 비판은 여전히 유효하게 남아있다. 그러므로 공산권의 몰락은 소련을 위시한 공산권 국가들의 정치지도자들이 마르크스의 본래적인 정신으로부터 이탈하여 독재정치 권력유지의 수단으로 왜곡하였기 때문이라고 보는 견해가 있는 것이다. 정치경제학적으로도 마르크스의 기본정신으로부터 가장 심하게 일탈한 국가가 바로 오늘날의 북한이라고 하겠다.

실제로 국가의 흥망은 자본주의 국가이든 공산주의 국가이든 간에 어떤 정치이념이나 경제제도의 문제가 아니라 최고 통치자의 자질과 능력문제로 귀착된다고 하겠다. 여기에서 정치지도자들의 자질이나 리더십 그리고 자본가들의 도덕성, 이른바 기업윤리문제나 노블레스 오블리주nobless oblige의 개념이 등장한다.

자본주의 사회에서 올바른 기업가의 정신은 끊임없는 이익추구seek money가 아니라 창조적이고 공정한 이익창출make money인 것이다. 1976년 미국의 노벨 경제학 수상자인 프리드먼M. Friedman은, 자본주의 사회의 성패는 탐욕의 피해를 최소한으로 줄이는데 있다고 했고, 한국의 대학가에서 한때 명성을 높였던 마이클 샌델M.J. Sandel 교수는 그의 저서 〈정의란 무엇인가〉에서 죤 롤스J. Rolls의 '정의론'을 인용하면서, 진정한 사회적 정의란 재능있는 사람을 격려하여 그 재능으로 시장에서 거둬들인 대가는 공동체 전체에 돌아가게 하는 것이라고 보면서 칸트가 개념한 정언명령, 즉 인간을 어디까지나 수단이 아닌 목적으로 보아야 한다는 것이 사회정의의 핵심이라고 요약하였다.

자본주의제도가 공산주의제도보다 우월적인 가치로 평가받기 위해서는 자본가들의 공정한 경제활동과 함께 가진 자들이 자신의 이기적인 탐욕을 이성의 힘으로 자제하면서 못 가진 자들에게 감성력으로 배려하는 것을 사회적인 가치로 삼을 때만이 가능한 것이다. 이것이 바로 올바른 기업가정신이며 '노블레스-오블리주'라고 하겠다. 그러나 현실은 너무 다르다. 오죽했으면 예수도 "약대가 바늘귀로 나가는 것이 부자가 하나님의 나라에 들어가는 것보다 쉬우니라"고 했을까.

그런데 이러한 기업가들의 '경제적 정의'는 제도나 법으로 어느 정도 실현가능할지라도 지배자들의 '정치적 정의'로 바뀌면 그대로 적용되기가 매우 어렵다는 사실이다. 그것은 재화財貨는 둘로 나누어 가지기 쉽지만 권력은 그 속성상 부모형제간에도 둘로 나누어 가지기란 거의 불가능에 가깝기 때문이다. 그래서 독재국가들의 통치자들은 대부분 그들의 최후를 비참한 죽음으로 권력의 끈을 놓게 되는 것이다.

마르크스는 부의 평등배분이 평화와 유토피아 세계건설의 근본이라고 역설하였지만 권력의 평등에 관한 매뉴얼은 명료하게 제시하지 못했다. 그가 프롤레타리아트 일당독재가 권력의 배분이라고 본 것은 잘못이었다. 이것은 오히려 공산권 국가들에서 절대권력의 일인독재자가 많이 나타난 것을 보아도 쉽게 알 수 있다. 인간의 진정한 행복은 다 함께 공유하는 것에 있음에도 나만 소유하려는 것에서 찾고 있기에 분쟁이 발생하고 비극의 역사가 끊이지 않는 것이다.

이러한 관점에서 미국의 유명한 인지언어학자이며 정치학자인 레이코프G. Lakoff는 그의 〈도덕정치론〉 Moral Politics에서 정치와 도덕의 결합론을 역설하고 있다. 그는 정치를 진보와 보수로 분류하면서 보수를 '엄한 아버지의 도덕'과 진보를 '자애로운 어머니의 도덕'이라는 상징적인 비유로 설명하고 있다. 즉 자본주의제도의 자유 시장경제 사회에서는 아버지와 같은 엄한 규제로, 사회주의적인 평등사회제도에는 어머니와 같은 도덕적 지배가 기본이라는 모델을 제시하고 있지만 아버지와 어머니의 관계가 화목해야 한다는 전제가 따라야 함을 간과하고 있다.

확실히 마르크스는 공산주의 근본이념을 인간적Humanism인 가치관에서 찾고 있다. 그래서 미국의 유명한 사회심리학자 프롬E. Fromm도 마르크스를 뛰어난 휴머니스트로 평가하고 있다. 그러나 그의 이론과는 달리 현실적인 공산정권의 지배자들은 주민들에게 자애로운 어머니가 아니었고 군림하는 폭군이 아니면 폭력적인 아버지의 상이었던 것이다.

김일성은 조선로동당을 '자애로운 어머니 당'이나 '어버이 수령'이라는 말로 인민들을 세뇌시키면서 레이코프가 역설하는 도덕정치론을 가장했을 뿐이었다. 이러한 관점에서 과연 인류사에서 영구적인 평화세계 구축은 가능한가이다. 결론은 불가능이다.

이에 대하여 문선명은 통일교라는 종교적인 세계관과 역사관으로 인류평화의 길을 애타게 찾았던 것이다. 하나님주의Godism와 참사랑True love이라는 키워드로 세계평화의 길을 역설했다. 그는 이 세상의 악의 근원을 "욕심이 잉태한즉 죄를 낳고 죄가 장성한즉 사망을 낳느니라"는 성구처럼 자본주의 사회의 구조에서 생기기 쉬운 이기적인 개인주의Egoistic individualism로 보았다. 그래서 주고 또 주어도 준 것까지 잊어버리는 어머니와 같은 참사랑과 '~위하여 사는 삶'과 같은 희생과 봉사의 이타주의Altruism가 평화실현의 핵심적인 기본이라고 강조했다.

그런데 문선명은 인류세계의 평화실현을 하나님주의에서 구하고 있으면서도 종교적인 신앙만으로서 그 한계성이 있다고 보았다. 서구역사에서만 보더라도 수많은 전쟁이 종교전쟁으로 얼룩져 왔고 지금도 계속되고 있기 때문이다. 그래서 앞서 설명했듯이 "종교가 없어져야 세계평화가 온다."고 설파하면서 통일교의 최종 목표는 종교가 필요 없는 세상을 만드는 것이라는 놀라운 선언을 하기도 했다.

통일교는 공식적인 명칭을 〈세계평화통일가정연합〉이라고 했듯이 '참가정' 건설로 세계평화를 구현하려는 목표를 세우고 있다.

여기서 김일성과 문선명의 명과 암, 빛과 그림자는 선명하게 대치된다. 김일성이 인간의 기본욕구 가운데서 증오와 파괴, 폭력과 전쟁이라는 죽음Thanatos의 본능을 만족시키고 떠났다면 문선명은 사랑과 창조와 평화라는 삶Eros의 욕구를 최대한 추구하다가 떠났기 때문이다.

그런데 과연 이러한 삶을 살 수 있는 사람이 얼마나 되는가이다. 그런 사람보다는 그렇지 않은 사람이 많은 것이 엄연한 현실이다. 그래서 종교와 윤리도덕, 법과 제도 등과 같은 온갖 제어장치가 생겨났지만, 인간의 태생적인 유전인자 속에 사랑과 증오, 파괴욕구와 창조욕구, 전쟁욕구와 동시에 평화추구의 본능이 엄연히 공존하고 있기에 영구평화세계의 실현은 영원히 불가능할지도 모른다. 이것은 칸트I. Kant도 마르크스도 해결하기 어려운 과제였다. 그러나 한 가지 유일한 방법은 있다면, 오늘날 고도로 발달된 유전자공학과 의료기술로 우리들의 유전인자 가운데서 증오와 폭력 그리고 전쟁욕구에 작용하는 DNA를 제거하는 것뿐일지도 모른다.

과연 종교도 진화하는가?

이 지구상에는 수많은 종교와 교파가 존재하고 있다. 고대의 샤머니즘으로부터 서구중심의 유대교와 기독교, 가톨릭과 중동의 이슬람교, 인도의 힌두교, 동양사회의 불교와 유교, 도교들이 중심을 이루면서 동시에 각각은 여러 가지 이름의 교파로 분리되고 발전하면서 각자의 독립된 길을 가고 있다.

통일교統一教도 이러한 교파의 하나로 출발했다. 한 가지 특이한 점이라면 통일교는 전통 기독교에 뿌리를 두면서도 새로운 신관神觀으로 보수신학의 비합리성을 수정하면서 동시에 유교적인 교리나 도교와 불교의 교리까지도 수용하는 새로운 면모의 통합적인 성격을 지니고 있다는 것이다. 그래서 전통보수적인 근본주의 신학자들과 기독교에서는 통일교와 문선명을 사교邪教와 이단자異端者라고 비판하고 배척했던 것이다. 그러나 그가 일개 사이비종교의 교주인지 제2의 마틴 루터M. Luther나 예수 재림자인지는 후세 역사가들이 평가할 것이기에 지금의 기준으로 단정할 것은 아니다. 지구상의 만물이 변하고 세계문명이 진화하듯 전통종교의 종교관도 변하게 마련이기 때문이다.

실제로 지금까지의 성서신학이나 역사신학에 대한 반성으로 나타난 것이 1960년대 미국의 시카고대학 교수였던 화이트헤드A. N.Whitehead를 위시한 일련의 과정신학과 조직신학자들의 신관이며 이들은 종교 진화론적 입장에 서 있다.

근년 들어 우리들에게 〈이기적 유전자〉의 저서로 유명한 도킨스R. Dawkins를 위시한 일련의 생태계 진화론자들, 시카고 대학 진화생물학자 코인J. A. Coyne, 스탠포드 대학 이론물리학자 서스킨드L. Susskind, 캘리포니아 대학 행동과학자 설로웨이F. J. Sulloway, 미시건 대학 심리학자 애터런S. Atran, MIT대 양자역학자 로이드S. Lloyd 등이 공동집필한 〈왜 종교는 과학이 되려 하는가〉라는 저서에서는, 창조론이 과학이 될 수 없는 16가지 이유들을 들면서 전통적인 창조론자들이 주장하는 '지적 설계론'을 논리적으로 분석비판하고 있다. 특히 도킨스는 그의 저서 〈만들어진 신〉이나 〈눈먼 시계공〉 등을 통하여 현대종교의 비논리성과 비합리성을 다윈의 진화설의 입장에서 하나하나 논증하면서 비판하고 있다.

통일원리(신학)에서는 하나님의 본질을 본성상本性相과 본형상本形相의 이성성상二性性相의 중화적 주체中和的 主體로써 결과세계의 제일원인자第一原因者로 규정하고 있다. 여기서 성상은 마음(정신)이라면 형상은 몸(육체)이며 이성이란 만물이 갖는 대칭적인 모습과 성질들, 즉 양성과 음성 남성과 여성 암수 그리고 +전기와 -전기와 같은 만물의 상대적인 구조와 성질을 의미한다는 것이다. 따라서 통일원리에서 신의 본질을 우주론적, 존재론적, 목적론적으로 포괄적으로 설명하고 있어 통합성과 합리성, 논리성으로 종교의 맹목성에 과학의 새로운 지평을 열어주고 있다.

그리고 통일신학은 전통적인 창조론자들이 주장하는 신의 개념과 피조물의 존재근거를 전적인 신의 의지로만 보지 않고 인간의 책임분담(자유의지)이라는 개념을 도입함으로써 이른바 '창조적 진화론'Creative Evolution이라는 것으로 새롭게 인식의 지평을 넓히고 있다. 이러한 성서해석과 하나님의 존재증명은 전통적인 신학과는 다르게 통일원리가 밝히고 있는 신관이 과학성과 논리성을 갖추어서 인지, 동양인에 비하여 과학적이고 분석적이며 논리적 사고력이 발달된 서구인들에게 매우 어필하고 있음을 보게 된다.

그리고 통일원리에서는 하나님에 대한 '존재증명론'에서도 전통신학의 연역적인 접근법과는 달리 귀납적인 접근법으로 설명하고 있다. 다시 말해 보수근본주의 신관에서는 하나님에 대한 존재증명을 선험적인 궁극원인자로 전제하고 있어 '믿으면 알 수 있다.'라는 무조건성을 강조하고 있다면 통일원리에서는 '알고 믿는 것과 믿어야 안다.'는 것은 다르다고 보고 있다. 즉 하나님에 대한 존재증명을 무조건적인 신앙심의 강도에만 의존하는 전통적 신앙태도보다는 통일신학은 하나님의 본질을 논리적으로 해명하면서 예증하고 있다는 점이다.

여기서 대두되는 것으로, 하나님이 피조물인 인간에게만 유일하게 준 '자유의지'의 책임문제를 두고, 작가 이문열은 〈호모 엑세쿠탄스〉라는 작품에서, 주인공의 입을 빌려 작가의 신관을 간접적

으로 다음과 같이 묘사하고 있다.

"…… 만약 우리의 신이 그토록 자비롭고 사랑에 넘친 분이었다면 애초에 그런 애매한 자유를 우리에게 주지 않아야 했습니다. 그랬으면 아담은 감히 선악과를 따지 않았을 것이고, 우리는 원죄의 굴레를 쓰지 않을 수 있었습니다. 또 그 자유가 꼭 주어져야 했다면, 금지규범을 만들지 않아야 했지요. 그랬다면 아담이 선악과를 땄더라도 죄가 되지 않았을 것입니다. 그런데도 야훼께서는 그 두개의 무거운 짐을 우리의 나약한 의지 위에 얹어놓고, 선택의 책임을 우리에게 물으려 합니다."

이것을 통일원리에서는 인간의 자유의지와 함께 그에 따르는 필수조건으로 인간의 '책임분담론'을 설명하면서 신의 의지가 95%라면 인간의 책임은 5% 정도라고 보고 대략 다음과 같이 풀이하고 있다.

그것은 전지전능한 하나님이기에 이미 그들이 지키지 못할 것을 알면서도 왜 어려운 조건(규율)을 주었을까 라는 것으로 결국 그 책임을 야훼에게로 돌리게 된다. 그러나 이것은 창조주가 피조물 가운데서 유일하게 인간에게만 부여한, 이른바 창세기 1장 28절의 3대축복(생육하고 번성하고 만물을 주관하라.)의 특혜를 주는 조건으로 쉽게 지키기 어려운 계율(소위 에덴동산의 금단의 열매에 대한 경고)을 동시에 주었던 것이다. 그런데 계율을 지키느냐 못 지키느냐는 어디까지나 인간자신의 것으로서 하나님의 간섭권 밖에 있었다. 이것이 바로 무서운 '자유의지'인 것이다. 엄청난 특혜를 받을만한 능력(자격)을 갖게 하기 위한 전제조건적인 시련을 스스로 극복하게 한 능력시험인 것이다. 만일 시련과정에서 하나님이 간섭하거나 인도하면 그것은 완전한 자유의지가 아니며 결국 인간도 여타의 피조물처럼 오로지 정해진 본능에 의존하는 생명체가 되고 말 것이다. 여기서 바로 자유=책임이며 권리=의무라는 등가원리가 부동의 진리로 성립되는 것이다.

이러한 인간의 자유의지의 본질을 사르트르J. P. Sartre는 권리이면서 동시에 책임과 의무로 본 것과 같다. 그는 1964년도 노벨문학상을 받게 한 〈말〉이라는 그의 자서전에서, 권리만 찾고 의무를 회피하는 사람들을 '개새끼'라고까지 표현하고 있으며, 또한 프롬E. Fromm은 그의 유명한 저서 〈자유로부터의 도피〉에서, 진실된 인간은 무한한 자유에 뒤따르는 무한한 책임이 무서워서 자유로부터 도피를 하게 된다고 설명하고 있다. 오늘날 우리 현실에서 특히 정치계에서는 사르트르가 개념한 개새끼들이 너무 많아서 문제라고 본다.

원래 어느 종교이든지 고유의 절대적인 신앙체계가 수립되어 있으므로 기존의 종교교단은 새로운 시각의 신흥종교 단체를 배척해 온 것이 세계 종교사이다. 이것은 곧 종교 간의 분쟁이나 전쟁으로까지 발전되었던 것이 사실이다. 종교가 태생적으로 갖는 교리의 절대성에서 생기는 문제이다. 절대가치는 절대적으로 충돌하게 마련이기 때문이다. 여기서 교회일치 운동이니 세계교회주의Ecumenicalism와 같은 단체결성과 노력이 꾸준히 이어오고 있지만 별다른 성과를 이루어내지 못하고 있는 것이 현실이다.

여기에 통일교는 이름 그대로 세계의 모든 종교 간의 갈등을 해소하고 통합하면서 하나의 신앙세계를 구현하여 영구평화를 실현하려고 출발했던 것이다. 그래서 문선명은 종교통일의 선행과제는 세계의 다양한 종교교리에서 공통분모를 찾아야 한다고 보았다. 즉 각종 종교교리의 특수성에서 보편성을 찾는 문제이다. 실제로 세계의 다양한 종교교리에서 그 동질성이 75%라면 이질성은 25%에 불과하다고 보았다.

이러한 관점에서 통일교의 조직인 '국제종교재단'의 주관아래, 유대교에서는 뉴욕시립대 유대교학과 E. S. 골드스미스 교수(랍비), 불교의 도쿄대 나카무라 하지메, 기독교의 링컨 대성당 B. R. 데이비스, 힌두교의 미소레 대학교 K. B. 라마크리시나 라오 교수, 조로아스트교 인도 봄베이대 H. K. 미르자 교수, 티벳 불교는 중앙 티벳학 연구소의 로상 노르부 샤스트리, 자이나교는 나그푸르 대학교 바그찬드라 자인 박스카, 천주교 바티칸 교리성성의 A. 실베스트렐리, 시크교의 펀자비대학교 A. 싱, 희랍 정교회의의 아테네대학 S. C. 아구리데스, 이슬람교의 마마라 대학교 야수르 누리 오처크, 아프리카 전통종교에서는 가나대학교 K. A. 오포구, 미국 원주민 종교는 요크대학교 J. 페이프 교수, 중국 민속종교는 첸 주시옌, 유교는 대만의 국립중앙대학 횡후샹 등의 편집위원들과 국내에서는 대종교 안호상 총전교, 대한예장의 김광명 총회장, 성균관 이병주 전이사장, 증산교 본부 홍범초 전종령, 천도교 교령 오익재, 태고종 총무원장 박승룡, 이슬람교 이맘 이행래, 한국민족종교협의회 이재석 회장 등이 추천자로, 그리고 영산대 김성곤(종교학), 한양대 이희수(이슬람학) 교수들이 편찬위원으로 참여하여 4년에 걸친 연구결과로 1994년 5월 1일에 〈세계경전〉世界經典, World Scripture 이라는 1,078여 쪽에 달하는 방대한 초유의 대 역작을 출판하였다.

또한 문선명은 1990년 세계종교의회에서 〈세계평화종교연합〉을 결성하였고 2003년 12월 22일에는 초종교초국가연합(IIFWP)의 주관하에 이스라엘 예루살렘에서 기독교, 이슬람교, 유대교 등 세계 각 종파대표 2만여 명이 모여 '세계평화 대행진'의 이름으로 국제적인 촛불집회 행사를 성대하게 진행하여 중동분쟁의 종식과 종교통일을 위한 화합의 계기를 갖도록 독려 했다. 이러한 종교화합과 종교통일의 운동은 1910년 영국의 에딘버러에서도 제1회 '세계선교협의회'라는 조직을 결성하여 '에큐메니컬 운동'Ecumenical movement으로 출발하였고 또한 1948년에는 개신교 중심으로 '세계교회협의회(WCC)'의 이름으로도 교회일치 운동에 많은 노력과 자금을 투입해 오고 있으나 좀처럼 그 결실이 맺지 못하고 있는 실정이다.

인류사에서 국가 간, 민족 간의 전쟁이나 분쟁의 원인은 제2차 세계대전과 같은 제국주의 전쟁 이외에는 거의가 종교전쟁의 성격을 가지고 있다. 대표적인 것이라면 1095년부터 1456년까지 무려 361년에 걸쳐 일어난 이른바 십자군전쟁(CRUSADE)으로 기독교와 이슬람교간의 종교전쟁이었다. 오늘날 중동국가들 간의 끊임없는 분쟁이나 2001년 미국에서 발생한 엄청난 '9.11 테러사건'도 그 뿌리는 종교 간의 대립문제였던 것이다.

일찍이 "신은 죽었다."라고 선언한 니체F. Nietzsche에 못지않게 현대의 대표적인 종교비판론자 도킨스R. Dawkins도 과거의 인류사에서 신의 이름으로 저질렀던 온갖 악행을 예거할 필요도 없이 오늘날 세계 각처에서 행해지고 있는 테러와 분쟁 그리고 집단살해도 모두 자신의 신성한 신의 이름으로 정당화시키고 있다고 규정하면서 종교 신앙의 어두운 면을 질타하고 있다.

문선명은 이와 같은 종교의 본성과 역사성을 파악하고 종교화합운동을 세계평화구현의 중심과제로 삼았던 것이다. 1968년에 국내에서 〈세계종교협의회〉를 조직하고 특히 초종파적 이상세계를 구현하기 위하여 1966년부터는 〈종교청년봉사단(RYS)〉을 40여개국에 파견하는 한편 1999년에는 국제적인 기구로서 〈세계평화초종교초국가연합(IIFWP)〉을 창설함과 동시에 2003년에는 〈초종교초국가평화회의(IIPC)〉를 결성하였다.

한편 국내외에는 〈평화대사협의회〉라는 민간중심 단체를 만들고 사회각계 분야의 인사들로 구성된 회원들을 '평화대사'Ambassadors for Peace라는 이름으로 사회봉사와 세계평화운동을 활발하게 전개하고 있다. 평화대사의 조직과 활동은 러시아를 포함하여 세계185개국에 걸쳐 결성되어 있으며 국내에는 현재 도-시-군-구별로 이루어져 있으며 각종의 봉사활동과 남북한 간의 안보에 관련된 교육과 실천 활동을 펼치고 있다.

그리고 오늘날 국제간의 분쟁조정 기구로서의 유일한 국제연합(UN)은 본래의 기능을 충분히 발휘하지 못하고 있다고 보아 문선명은 2000년 유엔본부에서 개최된 '세계평화초종교초국가연합 국제회의'에서 UN갱신을 위한 기본원칙을 천명하였다. 이러한 바탕에서 2007년에 〈아벨 UN〉이라는 새로운 이름과 뜻을 가진 국제기구의 창설을 선포하고 2012년에는 〈아벨여성 UN〉도 같은 취지로 출범시켰다.

종교도 인지人智와 인류문명의 발달과 함께 변화되고 진화되어야만 한다. 종교교리가 본질적으로 절대가치에 기초하고 있기 때문에 시간과 공간의 변화에 관계없이 전통적인 교리에 교착되거나 인지人智의 발달에 따른 새로운 문화가치 수용과정에서 부조화를 나타내면서도 새롭게 발생하는 신생종교를 이단이니 심지어 사탄이나 악마로까지 규정하려는 것은 크게 잘못된 것이다. 유일적 신관에서 다양한 신관으로, 절대가치관에서 상대가치관으로 나아가고 있는 것이 현재와 미래의 역사적인 버즌Version이기 때문이다.

통일신학에서는 종교사적으로 보아 유대교 중심의 구약舊約에서 개신교 중심의 신약新約을 거쳐 현재와 미래는 새로운 성약成約의 시대로 접어들었다는 관점이다. 그리고 초월적인 신의 세계를 과학적인 인식의 세계로 접근하면서 하나님의 실체도 관념적 존재를 넘어 인간의 체험적인 심정세계로 접근하고 있다. 즉 만물의 원인자인 하나님의 본성과 실체도 피조세계의 만물의 성상性相과 형상形狀을 통하여 인식가능하다는 것이다. 이것은 "창세로부터 그의 보이지 아니하는 것들 곧 그의 영원하신 능력과 신성이 그 만드신 만물에 분명히 보여 알게 되나니 그러므로 저희가 핑계치 못할 지니라."(로마서: 1-20)에서도 잘 나타나고 있다.

가령 기성교단의 목사들 중에는 하나님의 존재증명문제에 관련된 신도들의 끈질긴 질문을 당하면 '그것은 당신의 신앙심의 정도문제에서 비롯되는 것으로 누구보다 열심히 기도하고 정성을 쏟으면 하나님이 당신 앞에 현현하신다.'는 애매한 답변으로 모면한다. 이것은 하나님이 무조건 계신다고 믿으면(信) 알게(知) 된다는 것으로 알기(知) 때문에 믿는다(信)의 논리와는 전혀 다르다. 즉 신앙적 믿음으로 과학적 믿음을 유도하는 오류이기도 한 것이다.

따라서 미래세계에 있어서의 종교는 과거나 현재처럼 다분히 신화적이고 감성적이며 비논리적으로 정언적 판단定言的判斷에 의존하는 교리로는 신도들에게 더 이상 어필하기가 어렵게 될 것이다. 이것은 현대인들의 사고의 구조나 인식체계가 점점 논리적이고 과학적인 사실에서 진리를 인정하기 때문이다. 이러한 인식의 변화에 적응하는 것이 바로 종교의 진화인 것이다.

앞서 언급한 〈만들어진 신(Delusion)〉의 저서로 널리 알려져 있는 철저한 무신론자이며 진화론자인 도킨스R. Dawkins는 과학과 종교의 결합만이 지구생명체의 보전과 함께 인류평화가 가능하다고 보았다. 이른바 종교와 과학의 통섭이며 종교진리의 절대성의 상대성화라고도 하겠다. 종교의 진화인 것이다. 이와 같은 관점에서 통일신학과 통일원리는 상당한 과학성을 지니고 성경내용에 접근하고 있어 기존의 신관神觀과는 다른 차원의 종교의 진화를 추구하고 있다.

우선, 하나님의 존재증명에 있어서도 통일신학과 통일원리에서는 기존 기독교의 교리와는 다르게 상당히 분석적이고 과학적으로 접근하고 있다. 하나님의 본성을 유일성, 불변성, 전능성, 영원성만으로 획일화하기 보다는 성상性相과 형상形狀으로 나누고 다시 음

陰과 양陽과 같은 개념으로 해석한다. 이러한 신의 이성성상二性性相적인 양성론兩性論은 이미 화이트헤드A. N. Whitehead를 위시한 일련의 과정신학자들이나 유교의 〈역경易經〉과 도교道教에서도 엿볼 수 있다.

미국의 저명한 천체물리학자이며 〈신은 수학자인가?〉의 저자인 리비오Mario Livio는 그의 글에서 영국의 물리학자 진스J. Jeans의 “이 우주는 다름 아닌 수학자의 설계에 따라 창조되었을 것이다.”를 지지하면서 종교와 과학의 통합성을 시사하고 있다.

실제로 서양의 철학자들과 과학자 중에는 수학적인 개념으로 우주의 구조와 신의 본질을 정의한 사람이 많다. 유명한 피타고라스Pythagoras는 ‘만물의 근원은 수數’라고 하면서 수학자체가 바로 신이라고 보았으며, 플라톤도 그의 대화편 〈티마이오스〉Timaeus에서 ‘창조주인 신이 세상을 만들 때 수학을 이용했다’고 했고 또한 〈공화국〉The Republic 에서도 그는 ‘수학을 아는 것이 신의 형상을 알기 위한 결정적인 단계’라고 단정하기도 했다. 그리고 이태리의 천문학자 갈리레이G. Galilei는 ‘신은 수학이라는 도구로 자연을 설계하였다’고 규정하였던 것이다.

또한 근대 물리학의 거성 뉴턴I. Newton도 ‘신은 곧 수학자’라고 했고, 우리들에게 회의론懷疑論의 대표자로 알려져 있고 근대철학의 아버지라고 불리는 데카르트R. Descartes는 ‘신은 모든 진리의 궁극적인 원천이며 인간의 추론이 옳다는 것을 보증할 수 있는 유일한 존재이다.’라는 말로 신과 인간과의 교통을 설파했던 것이다.

문선명도 대중강연에서 ‘하나님만큼 뛰어난 수학자는 없다.’는 이야기를 자주 했다. 종교와 과학과의 상보성과 결합성을 가장 단적으로 표현한 것으로는 "종교 없는 과학은 불구이고 과학 없는 종교는 맹목이다."라고 한 아인슈타인의 말과 상통되는 것이다. 여기서 신의 개념과 창조설을 두고 20세기 프랑스의 대표적인 철학자 베르그송H. Bergson이 처음으로 제기한 '창조적 진화론'을 다시한 번 되새기게 한다.

오늘날 기독교는 종래의 중세 교부철학적인 신관이나 가톨릭의 바티칸 공회의의 새로운 해석정도가 아니라 현대인들의 사고능력으로 이해되는 혁신적인 새로운 신관을 제시해야 할 단계에 이르고 있다. 신을 어떤 초월적인 존재나 신과 인간을 2원적으로 인식하기보다는 우리들 개개인이 바로 하나님이 되고 부처가 되는 것을 요구하고 있다. 이처럼 누구나 구세주가 될 수 있다는 교리는 하나님에게 현세의 악과 사탄을 척결해 주기를 바라는 기도만으로 해결하는 것이 아니라 인간이 스스로 노력하는 책임감과 의무감을 가져야만 된다는 뜻이기도 하다.

그러나 현실적으로 대다수의 일반인들에게 있어서는 신의 존재를 확신하고 믿게 하기는 대단히 어려운 문제이다. 믿으면 안다는 설교로서는 안 된다. 알고서 믿으려는 것이 현대인들의 사고구조이기 때문이다. 심지어 평생을 수녀로 지내면서 자신의 삶을 병든 사람들에게 모두 내어 준 '빈자의 성녀'였던 마더 테레사M. Teresa 여사마저도 어느 날 피터Peet 신부에게 보낸 편지에서 "예수님은 당신을 사랑하신다. 그러나 나에게는 침묵과 공허함이 너무나 커서 예수님을 보려고 해도 보이지 않고 들으려 해도 들리지 않는다."고 고백하였다. 전통적인 신의 인식방법의 한계를 나타내는 고뇌였던 것이다.

이러한 진보적인 신관의 통일교가 보수근본주의적인 기독교로부터 진화된 신관과 세계관을 제시하여 왔으나 새로운 변화에 대한 본능적인 거부감으로 반응했던 것이다. 그렇다고 통일교도 새로운 진화의 발걸음을 멈추어서는 안 된다. 안주安住는 곧 퇴행退行이며 도전만이 진보이기 때문이다.

종교도 생물과 같다. 부단하게 변신하지 않고는 새로운 환경에 적응할 수 없고 끝내는 멸종할 수도 있기 때문이다. 그동안 우리사회에서는 수많은 종교가 생겨났다가 교주가 사망하면 서서히 사라지는 것을 보아왔다.

그러나 문선명은 유대교 교리가 구약舊約이라면 개신교 교리는 신약新約이며 통일교의 교리는 성약成約이라고 규정한 진보사관을 중심으로 새로운 종교관과 역사관, 세계관을 가진 철학이 있기에 쇠퇴의 길로는 쉽게 들어가지 않겠지만 부단한 외부자극을 수용하면서 스스로의 적극적인 각성으로 자기변신을 거듭하지 않으면 생명력을 점점 잃어가게 될 수도 있는 것이다.

서구사회에서 왜 기독교가 쇠퇴하고 있는가? 루터의 종교개혁으로부터 500여년이 흐르고 있지만 대부분의 신앙인들이 초대교회의 초심을 잃고 기도가 인류의 문제나 세계평화와 같은 보편적 가치지향이 아니라 개인의 현세행복이나 사후천국행을 기원하는 이른바 기복신앙祈福信仰으로 점점 변질되고 있기 때문이다. 오랜 세월동안 굳어져 있는 제도와 조직이 버티고 있을 뿐이다.

이러한 종교세계의 진화문제와 관련시켜 김일성의 소위 주체사상교主體思想教는 어떠한가?

김일성은 북한을 주체사상이라는 절대가치로 교리화하고 국가 전체를 하나의 종교집단처럼 만들었고, 2500만 명의 국민들 전체를 광신자로 만들어 유일신인 자신을 '하느님의 하느님'으로 신격화하여 세계 신흥종교사에서는 찾기 힘든 주체교主體教라는 이름의 종교왕국을 건설하였다. 그런데 주체사상이라는 것이 신본주의가 아닌 인본주의이기는 하지만, 김일성의 신격화나 주체사상의 절대화, 신조화는 교조주의적 종교의 형식이나 내용과 매우 유사하기 때문에 점차 그 한계를 드러내고 있는 것이다.

통일교와의 인연과 왜 통일교인가?

통일교에서는 교회신자들을 식구食口라고 부른다. 아마 신앙적으로 한 솥에서 밥을 먹는 가족과 같이 느끼도록 하기 위해 그런 듯하다. 사실 인간관계에서 한자리에 앉아 같이 밥을 먹는 것만큼 상호간의 감정유대가 쉽게 이루어지는 것은 없다. 그래서 남녀간에도 식사약속을 원한다. 먹는다는 것은 인간의 본능 중에 가장 강한 원초적인 욕구로 이것을 같이 한다는 것 자체가 상호간에 연대감을 친밀하게 이입移入시키기 때문이다.

이러한 식구가 된 계기와 이유, 그리고 그 과정을 개관하면 다음과 같다.

첫 번째로 내가 통일교統一教라는 단체의 이름을 알게 된 것은 교회가 아니라 1960년대부터 전국의 각 대학에 학생들로 구성된 '대학생원리연구회'라는 조직과의 교류에서부터였다. 당시 고려대학교에도 원리연구회가 학생들 사이에 동아리 형태로 활동하고 있었는데, 회장이었던 손대오孫大旿(현재 선문대 부총장)와의 우연한 만남

(같은 하숙집 학생)으로 '통일원리'에 대한 설명을 듣고 배우는 학생으로서의 새로운 신선한 지적인 관심을 가졌으나 곧바로 일본으로 유학을 떠나면서 잊고 있었다.

1969년 일본 와세다早稲田 대학의 박사과정에 입학은 했으나 공부에 앞서 생활비까지도 벌어야 하는 바쁘고 고된 고학생활을 하였던 것이다. 하루는 학교 근처의 지하철역인 다카다노바바高田馬場역 입구의 광장을 지나는데 일본 대학생이 간이 칠판에다 '공산주의는 틀렸다.'(共産主義はまちがいである.)라는 제목을 써 놓고는 지나가는 주민들을 상대로 열심히 반공강연을 하고 있었다. 더러는 시민들과 조총련소속 대학생들과의 격렬한 토론도 벌이고 있었다. 당시 남한에는 김신조를 위시한 일단의 북한 특공대가 청와대를 습격한 사건으로 국내에서는 반공사상이 고조되고 있었다.

그런데 조총련 학생과 공산주의이념 문제로 격론을 벌이고 있는 학생은 통일교에서 일본의 각 대학에 조직 결성한 '대학원리연구회' 소속의 일본 대학생들이라는 것을 뒤에야 알게 되었다. 바로 이러한 학생들이 한국정부로부터 표창을 받아야 한다고 여기면서 통일교가 일본의 청년학생들에게까지 승공활동을 하도록 만들고 있음을 알고 내심 통일교에 대한 새로운 시각을 갖게 되었다.

통일교야말로 한국정부에서 할 일을 대신하여 세계적으로 활동하고 있으며 문선명은 누구보다도 애국자임을 깨닫고 매우 감동을 받았던 것이다. 외국에 가면 누구나 애국자가 된다고 하지 않는가! 그래서 애국심+통일교라는 연쇄효과는 문선명의 위대함을 각인시켰던 것이다. 그러나 나는 아르바이트로 생활비와 학비까지 벌어야 하고 학교수업도 들어야 했기에 도저히 정신적으로나 육체적으로 여유가 없었으므로 그들과의 교류나 활동은 불가능한 가운데서 점차 잊고 있었다.

두 번째로는, 일본서 경제적인 어려움을 이겨내면서 박사과정을 겨우 마치고 다시 미국 뉴욕의 컬럼비아대학으로 유학을 떠나는 재도전을 할 때였다. 미국의 유학생활은 정말 힘들었다. 매년 여름방학이면 당시 재미교포들 사이에서 유행했던 가발 장사의 일환인 가발 행상으로 미국 전역을 돌아다녔다.

가발 고객은 주로 흑인의 중년부인들이어서 그들이 많이 모여 사는 버펄로Buffalo나 클리블랜드Cleveland, 디트로이트Detroit, 마이애미Miami, 워싱턴Washington D. C.로부터 서부지역 외에는 전국의 흑인촌 밀집지역에 이르기까지 흑인촌만을 찾아 전국을 돌아다녔다. 미국범죄의 온상인 흑인촌을 그것도 혼자서 다녀야 하는 위험도에 비례하여 수입은 좋았던 것이다. 그러나 동료유학생 가운데는 행상 중에 골목에서 흑인강도의 총에 맞아 사망 직전에까지 이른 사건도 있었다. 당시 미국의 대도시 흑인 강도들은 상대방이 틀림없이 100달러 현금을 갖고 있다고 판단하면 귀찮게 '손들고 돈 내라.'고 말도 할 필요 없이 권총으로 쏘아 죽이고 빼앗아 갈 정도로 치안이 위험했다. 그러나 가난한 고학생들은 학비와 생활비를 벌기 위해 매년 여름방학이면 흑인촌을 찾아가 가가호호 방문하면서 행상을 하였던 것이다.

그런데 1976년 여름방학 때였다. 미 동북부에 위치한 위스콘신주의 밀워키Milwaukee라는 도시의 변두리에 위치한 조그마한 흑인촌까지 가발가방을 메고 행상을 갔을 때였다. 마을 앞의 나무그늘 아래에서 동네 아주머니들이 모여 놀고 있기에 다가가 가발을 권유하면서, 나는 한국서 온 유학생이라고 말하자 한 아주머니가 깜짝 놀라면서, 그러면 너 레버런 문(Reverend Moon)을 아느냐고 대뜸 물었다. 잘은 모르나 알고는 있다고 하자, 내 소원이 한국에 한번 가보고 싶은 것인데 내가 한국에 갈 때 자기를 데리고 갈 수 없느냐고 했다. 돈이 없어 나도 아르바이트를 하는 주제에 무슨 수로 아주머니까지 어떻게 같이 가느냐고 했더니 자기의 평생소원이 신앙의 조국에 가 보는 것이라고 하면서 매우 아쉬워했다.

나는 이 말을 듣고 문선명의 사상과 영향력이 대단하다고 느끼면서 상당한 충격과 함께 내가 한국인인 것을 자랑스럽게 여겼다. 당시 미국에는 오지의 산간벽촌에 있는 구멍가게에까지도 일본상품들(주로 라디오 같은 전자제품)이 빠짐없이 진열되어 있었는데, 한국은 그러한 상품대신에 문선명의 통일교라는 상품이 들어가 있음을 보고 다시한번 문선명의 사상과 그 위력에 감탄하고 감복했던 것이다. 형체가 없는 한국사상의 수출품인 셈이다.

세 번째로는, 1977년 귀국과 함께 대학교수로 임용되어 강의를 하고 있을 때이다. 당시 대학의 교수사회에는 통일교 산하조직으로 1973년에 당시 전국의 각 대학교수 56명으로 발족한 '세계평화교수협의회'(PWPA)와 1981년 58명의 교수들로 출발한 '국제크리스찬교수협의회'(ICPA), 그리고 통일원리와 사상을 연구하는 '통일사상연구회'가 있었다.

1973년 5월 3일에 결성된 세계평화교수협의회 창립발기인들

중에는, 국내의 대학교수들로서는 초대회장을 맡은 당시 홍익대 총장 이항녕, 서울대의 강수원, 고석구, 박덕배, 장기근, 장병길, 정한택, 진원중, 정경균 그리고 연세대의 유 영, 이근식, 고려대의 김영두, 최동희와 경희대의 조경철, 권혁소, 서중석, 성환태, 구원희, 김광선, 윤세원, 중앙대의 박광서, 이응우, 최남규, 동국대의 김창호, 이정식, 원병휘, 건국대의 주현규, 신동욱, 한상무, 백대현, 홍성화, 숙대의 주정일, 임인영, 명지대의 유상근, 인하대의 김수식, 서울시립대의 이필규, 노순희 등, 단국대의 김유혁, 최광필 등 한양대의 한태수, 부산대 김학노, 전북대 오진곤, 충북대 배대식, 경북대 이윤수 등, 전국의 대학교수들 56명의 이름이 있다.

그 뒤에는 윤태림(숙대 이사장), 정재각(동국대 총장), 김동리(학술원회원), 안호상(학술원회원) 등이 고문으로, 서울대 황성모, 이현복, 정경균, 고려대 한승조, 허 발, 동국대 유현목, 황필호, 숙대 강응모, 명지대 박강수, 명지대 허철부, 성대 강국희 등으로 이사진이 구성되어 국내외의 학술세미나를 수차례 개최하면서 학술활동이 활발하게 이루어졌다.

1982년에는, 이병도(사학자), 백철(예술원 회원), 이항녕(홍익대 총장), 신도성(통일부 장관), 윤세원(경희대 부총장)이 〈文鮮明 그 人間과 理想〉이라는 저서를 발간했는데, 한국 근대사에서 차지하는 문선명의 업적과 의미를 높이 평가하는 내용들이었다.

그리고 1990년에 문선명의 고희古稀 기념으로 출판한 〈學者들과 文鮮明 先生〉이라는 책에는 당시 숙명여대 이사장 윤태림과 이숙연 교수, 이화여대 김은우, 성화대 학장(선문대 전신) 윤세원, 최광

필, 김관해, 황송문, 윤을순 교수, 한국정문연의 황성모, 이서행, 단국대의 예종덕, 공덕룡, 박무성, 이응규, 박치성, 부산수대 고관서, 강원대 김만송, 곽판주, 충북대 배대식, 국민대 이동우, 서울대 장병길, 정경균, 원광대 김용석, 경희대 조경철, 조선대 김영휘, 전정태, 성균관대 강국희, 고려대 허 발, 김동규, 전주교대 김상태, 예산농전 윤상현, 삼척공전 이재균, 부산외대 전창조, 경남대 홍천룡, 송원전문대 박흥서, 충남대 강상철, 순천향대 김병영, 안성농전 조규성, 대전대 최병환, 목포전문대 고광태, 전북대 오재환, 상명여대 정명숙 등 전국 대학에 걸친 43명의 교수들이 집필자가 되어 통일사상의 이론과 실천활동에 관한 것들을 각자의 전공분야의 관점에서 논의한 것이었다.

한편 국제적으로는 미국, 일본, 중국, 태국을 비롯하여 동남아 국가들의 교수들도 많이 참가하였는데 적극적인 교수들 중에는 미국 시카고 대학의 국제정치학자 캐퍼런M. Kapalan 교수를 비롯하여 일본 쯔꾸바대筑波大 총장이었던 후쿠다福田와 타카하시 이와로高橋磐郎 교수, 와세다대早稲田大의 토바鳥羽 교수, 키무라木村 교수, 메이지대明治大의 아끼쯔기 노조미秋月望 교수들이 대표적인 인물이었다.

필자의 경우는 창립총회 멤버는 아니었지만 미국서 귀국한 다음 해인 1978년부터 PWPA와 ICPA의 각종 학술모임의 회원으로 참가하였다. 그리고 1986년부터는 전국의 각 대학에 결성된 '대학생원리연구회'라는 동아리 회원들을 중심으로 불우한 청소년들을 모아놓고 중고등학교 과정을 지도하는 야간학교인 '향토학교'를 운영할 때 지도교수를 맡아 사회봉사활동에도 도움을 주었다.

특히 통일교의 '대학원리연구회(CARP)'는 당시 각 대학의 총학이 주도하고 있던 NL계의 친북좌경적인 이른바 '주사파' 학생조직들과 격렬한 이념투쟁을 전개하고 있었다. 나는 이러한 친북좌경적인 운동권 학생과의 외로운 투쟁을 하고 있는 '대학원리연구회' 동아리의 지도교수도 맡아 운동권 학생들과 대립하기도 했다. 이것이 훗날 운동권 학생들과 통일교를 사탄으로 매도했던 대학생 선교회 소속 학생들로부터 심한 박해를 받은 원인이 되기도 했다.

그리고 세계평화교수협의회(PWPA)와 국제크리스찬교수협의회(ICPA), 그리고 통일사상연구회에서 오랫동안 관계하고 활동을 지속한 교수들 중에 기억이 되는 교수로는, 서울대의 장병림, 장기근, 정경균, 이현복, 구인환 등의 교수들을 비롯하여 대전대 최병환, 충남대 강상철, 국민대 이동우, 원광대 김용석, 이중희, 부산대 이상민, 박선목, 전주교대 김상태, 고려대 최동희, 안기성, 허발, 경남대 홍천룡, 조선대 전정태, 단국대 예종덕, 공덕룡, 박무성, 박치성, 이대 김은우, 숙대 이숙연, 경희대 조경철, 성균관대 이명영, 예종덕, 강국희, 부경대 고관서, 이경준, 강원대 김만송, 조규송, 충북대 배대식, 김태창, 이종각, 윤만근, 홍성후, 도흥렬, 경기대 박강수, 노형진, 홍익대 강신웅, 건국대 손태근, 주현규, 홍성화, 한양대 임한영, 이기옥, 유지성, 중앙대 박광서, 명지대 배찬복, 허철부, 경상대 황두환, 청주대 이동복, 문화정, 장준호, 손중동, 조선대 전정태, 전주교대 김상태, 원광대 이중희, 동국대 황필호, 경북대 오주환, 제주대 이순형 등등의 수많은 교수들이 직간접으로 참가하였다. 전국의 회원수가 한때는 1,500여 명에 이르기도 했다. 이상의 교수들 가운데는 이미 고인이 된 분들도 많으나 대부분 이제는 정년퇴직으로 교단에서 떠났으나 지금도 활동을 이어가고 있는 사람도 있다.

한편 PWPA에서는 월간 학술종합지 〈광장: 廣場〉을 발간하면서 회원들의 다양한 학술논문을 게재하였고 1980년대는 전국 대학가의 '김일성사상'이라는 이름의 주사를 맞아 정신이 없는 주사파主思派 학생들과 일부 전교조 교사들과의 이념투쟁의 일환으로 반공이론으로 무장한 〈전교학신문: 全教學新聞〉을 매주 발행하여 전국의 대학가에 배포하였다.

그리고 〈세계평화교수협의회〉가 주관하여 1987년 여름방학부터 3년간에 전국의 대학교수 4,000여 명을 목표로 23회에 걸쳐 8일간의 일정으로 미국 알라스카로부터 뉴욕에 이르는 미국연수 프로그램을 실시하여 3,505명이 참가하였던 것이다. 이처럼 막대한 재정을 지원하면서도 문선명은 교수들에게 통일교에 대한 선전이나 입교의 권유를 전혀 언급하지 않았다. 다만 한국의 교수들도 세계적인 견문으로 시야를 넓혀 후진양성에 도움을 갖도록 하는 것이 목적이라고 했다. 이처럼 학자들 한사람에도 수백만 원이 소요되는 막대한 자금을 지원하면서도 어떠한 전제조건이 없는 문선명의 스케일과 포용성 그리고 학자들에 대한 남다른 존중태도에 참가교수들은 물질을 떠나 정신적인 감동을 많이 받았던 것이다.

1970~80년대의 한국사회는 남북한 간에 잦은 무력충돌과 함께 이데올로기 대립이 극심했던 불안의 시기였다. 1968년 1.21 북한 특수부대의 청와대 기습사건, 이틀 후의 동해안에서의 푸에블로호 납치사건, 같은 해 10월 30일에는 120명의 무장공비가 울진

과 삼척에 침투한 사건, 12월 9일에는 강원도 평창군 진부면에서 발생한 이승복군을 위시한 일가족을 무자비하게 살해한 무장간첩 침투사건을 비롯하여 1969년에는 강원도 주문진, 전북 무안지역에 무장간첩을 침투시켰고 12월 11일에는 KAL기 납치사건 등으로 남북한 간에는 전쟁으로 확산될지도 모를 만큼의 극도의 불안과 긴장이 지속되었다.

이러한 가운데 1972년 5월에는 이후락 정보부장이 박정희 대통령의 밀사로 평양을 방문하여 김일성을 만나고 당국 간의 교차 방문 후에, 상호비방과 모략을 중단하고 자주-평화-민족적 대단결로 남북통일을 한다는 이른바 '7.4공동성명'이 발표되면서 당장 통일이 될 듯이 평화정국이 조성되기도 했다. 그러나 1983년에는 무자비한 수법으로 행해진 이른바 버마의 아웅산 테러사건, 1987년에도 세계적으로 널리 알려진 국제선 KAL기 폭파사건 등으로 평화통일의 기대는 점점 사라지고 남북한 간에는 또다시 팽팽한 긴장감의 연속이었다.

이와 같이 김일성에 의한 준 전쟁과 같은 일련의 야만적인 동족살해 사건이 발생하였는데도 종교계의 일부 목회자들과 친북좌경적인 운동권 학생조직은 북한의 만행에 대하여 외면하면서 남남갈등의 원인을 야기하고 있었다. 심지어 대학교수 사회에서도 상당한 사회적 지위와 학식을 갖춘 지식인들이 친북좌경적인 이론과 주장을 펼치는 경우가 많았다. 그것은 지금도 여전하지만, 나는 이러한 현상을 일종의 '빙의憑依현상'으로 해석할 수밖에 없다고 생각한다. 6·25전쟁으로 얼마나 많은 동족들이 억울하게 죽었는가. 지금도 그들의 원혼이 구천에서 헤매고 있을 것이다.

통일교는 1968년에 '국제승공연합'과 1987년의 '남북통일운동국민연합'의 반공단체를 전국적인 규모로 결성하고 전국민들에게 반공교육과 안보교육운동을 전개하면서 북한의 폭력적 혁명론을 비판하고 그들의 허위와 위선을 폭로하는 국민계몽운동을 줄기차게 주도하고 있었고 대학가에서는 원리연구회 학생조직을 통하여 친북적인 운동권 학생단체들과 반공이론으로 외로운 투쟁을 전개하고 있을 때 나는 모두가 꺼려하는 지도교수를 맡아 그들의 뒤에서서 힘을 보태주었던 것이다. 북한연구 전공교수로서의 의무이며 지적인 신념이 있었기 때문이다.

네 번째로, 내가 결정적으로 통일교의 일원이 된 것은 '통일사상 교수세미나'에서 받은 지적인 감동과 충격에서이다.

1978년 여름방학 때, 전국의 각 대학 교수(주로 철학, 교육, 윤리교육학과 교수 중심)들을 상대로 '통일사상연구원'이 주관한 이상헌 원장의 강의가 부산 극동호텔에서 일주일 동안 '통일사상 세미나'라는 이름으로 개최되었다. 당시 이상헌 원장에 의한 '마르크스 사상의 이론적 극복'이라는 일련의 주제 강의를 듣고는 나로서는 커다란 지식 충격과 감동을 받았다.

나름대로 석사학위부터 박사학위까지 한국과 일본 그리고 미국에서 저명한 세계석학들로부터 서양철학과 교육철학 그리고 북한학을 박사학위 주제로 공부하였기에 상당한 실력을 남 못지않게 쌓았다고 자부하고 있었던 나에게 '통일원리론'에서의 원상론原相論, 존재론, 인식론, 가치론, 역사론, 윤리론, 예술론, 논리학, 교육론, 방법론 등은 전혀 새로운 이론적 접근법과 세계관이었다. 특히 원상론에서 제기된 마르크스의 비판적 극복이론 부분에서 나는 한 사람의 학자로서 커다란 지적감명을 받았던 것이다. 기존의 지식체계를 흔드는 하나의 지적충격이었다. 그것은 나에게 일종의 지적인 페러다임 쉬프트Paradigm Shift였다.

사실 마르크스의 〈자본론〉이 1867년에 출간된 이래 서구 자본주의 국가들의 수많은 학자들과 사상가들이 그의 이론을 다양하게 분석하고 비판해 왔지만 극복이론을 제시한 학자는 아무도 없었다. 그런데 '통일사상론'에서는 변증법을 비롯하여 유물사관에 대한 대안이론을 명료하게 수립하고 있었던 것이다. 마르크스 이론의 핵심개념인 정正-반反-합合의 '변증법'辨證法에 대한 대안으로 정正-분分-합合이라는 '수수법'授受法이 대표적인 예이다. 사물간의 상호대립과 모순에 의한 투쟁으로서의 변화발전이 아니라 상호보완과 화합으로서의 변화발전 법칙을 대안이론으로 명료하게 정리하고 있었던 것이다. 이러한 지적인 자극은 학자로서의 학문적인 일대 충격으로 다가오면서 그동안의 지적 미숙성과 오만에 대한 자괴감까지 느꼈던 것이다.

1980년대 당시 대학가에는 군사독재 정권에 대한 민주화운동의 열기로 학생데모가 맹렬했다. 마르크스의 계급혁명론에 근거한 PD파와 북한의 주체사상을 신봉하는 NL파로 조직된 주사파 학생운동권 세력들은 군사독재에 대한 민주화투쟁의 대안으로 북한의 김일성이 역설하는 미군철수, 보안법 폐지와 같은 구호와 함께 매우 위험한 용공사상으로 경도되고 있었다.

여기에 대항하여 자유민주주의적 반공통일사상으로 무장한 '대학원리연구회' 학생들은 외롭게 그들과 맞서서 대결하고 있었다. 나는 원리연구회 지도교수로서 좌경친북적인 전대협의 학생들과 항상 긴장관계를 유지하고 있었다. 1987년 어느 날, 운동권 학생들과 통일교를 반대하는 '대학생선교회' 소속의 학생들이 결탁하여 나의 연구실을 두 번이나 난입하여 책과 책상을 운동장으로 끄집어내고 '김교수는 퇴진하라!'는 구호와 함께 대자보를 붙이고 심지어 화형식까지 당했던 것이다. 당시 총학, 특히 이른바 친북적인 NL계열의 주사파 학생들은, 대학가에서 반공주의 활동을 하는 '대학원리연구회'가 못마땅했고 개신교 소속 동아리인 '대학생선교회' 학생들은 통일교의 학생조직이 싫었던 차에 이들은 연합작전의 이해관계가 맞아 떨어지는 근거를 찾게 되면서 나를 타도의 공동목표로 삼았던 것이다. 그러나 나는 반공사상적인 신념과 용기로 학생들에게 의연하게 맞섰다. 당시 총장도 동료교수들도 관망만 할 뿐 누구도 앞서서 막아주지 않았던 외롭고 긴 싸움이었다.

그런가 하면 운동권 학생들과 특히 통일교라면 신경질적으로 반응하는 기독교의 개신교 계통의 동아리 학생들과 충돌하기 한 달 전에는, 내가 일본서 유학하는 동안 조총련과 무슨 접촉이 있을 것으로 짐작한 정보기관에 연행되어 지하실에 감금되어 혹심한 고문으로 열흘 가량 죽을 곤욕을 치르기도 했다. 이른바 간첩활동의 혐의자로 여겼던 것이다. 학생들로부터는 극우보수의 반공주의자로, 정보기관으로부터는 친북 스파이 교수 혐의자로 몰렸던 실로 어려운 고난의 한해였다. (이와 관련된 것은 '부록'에서 자전적 일기형식으로 상세하게 기록). 그때의 나이 49살, 흔히들 9수 고비라고 해서인지 일생에서 가장 힘들었고 자살하고 싶을 정도의 괴로웠던 수난의 한해였다.

따라서 나는 통일교의 '통일사상론'으로부터 학문적인 지적知的 만족을 얻은 대가로 현실적으로는 학생들과 동료교수들로부터도 온갖 모함과 수모를 당하게 되었던 것이다. 심지어 개신교 열성신자인 동료교수들 중에는 나의 보직임명 추천과정에 개입하여 통일교도라는 이유로 음해를 함으로써 번번히 제외되다가 정년을 앞두고서야 겨우 학장직에 임명되기도 했던 것이다.

다섯 번째는, 내가 통일원리와 통일사상에 심취된 것은 통일교리의 열려진 이론과 논리성 그리고 성경해석에서의 참신성과 과학성이다.

보수근본주의 신학이론과는 달리 통일신학에서는 하나님에 대한 존재증명론에서도 극히 논리적이고 과학적인 분석틀로 설명하고 있을 뿐만 아니라 은유와 비유로 기록된 성경구의 다양한 해석에 있어서도 극히 합리적인 해설을 하고 있었다. 가령, 원죄의 원인인 에덴동산에서의 하나님과 아담과 해와와의 약속불이행의 본뜻은, 문자 그대로 무화과나 사과와 같은 금단의 열매가 아니라 사실상 천사장과 어린 해와(이브)와의 불륜관계로 보면서 따라서 죄 중에 가장 큰 원죄는 남녀 간의 불륜으로 통일신학에서는 해석하고 있었다. 실제로 성 질서의 문란은 개인이나 국가도 파멸에 이르는 근원이다. 소돔과 고모라성의 멸망도 그랬고 모든 종교계율에서도 공통척으로 반드시 남녀 간의 불륜문제가 금기조건의 앞부분에 들어가 있는 것에서도 알 수 있다.

그리고 통일교의 열려진 교리는 우리나라의 전통적인 종교인 유교(선조에 대한 제사의 중시)나 불교(모든 통일교의 행사에 스님들의 초청, 참가), 가톨릭교의 수용(선문대의 수녀교수 임용), 증산교(강증산 사상의 평가), 천도교(인내천人乃天-사인여천事人如天, 그리고 모심侍과 같은 이념의 수용), 이슬람교(국제 세미나에서 대표자 초청, 참가), 개신교(미국의 각종 집회에 개신교 목사들의 초청, 참가) 등으로 종교와 교회의 화합과 세계화를 구체적으로 실천하고 있었기 때문이다.

그러나 나는 솔직히 지금도 종교를 가슴으로 받아들이지 못하고 머리로만 믿고 있다. 지금도 성경의 주기도문도 잘 외우지 못하는 수준인 것이다. 그래서 신앙인이라기보다 신학이론에 더 관심이 많은 사람이다. 종교는 가슴으로 믿어야지 머리로 믿어서는 안 되는 것임에도 학자들이란 가슴보다 머리가 앞서게 마련이다. 이것은 학자들이 공통적으로 갖기 쉬운 신앙태도이지만 진정한 종교인의 태도는 아니라고 본다.

흔히 신자들은 무조건 믿으면 하나님이 알게 해 준다는 논리로 접근하는데 반하여 모든 사물을 논리적이고 분석적으로만 바라보는 학자들의 사고구조는 이러한 신앙적인 사고방법과는 다르기 때문일 것이다. 믿으면 알게 된다는 것이 아닌 알아야 믿게 된다는 근원적인 차이일 것이다. 이러한 면에서 통일신학은 종교의 과학화에 많은 시간과 공간을 지니고 있기 때문에 지식인들이 쉽게 다가갈 수 있는지도 모르겠다.

그런데 이러한 이성적 신앙관을 루터M. Luther는 "이성이 종교의 가장 큰 적이다. 그것은 영적인 것에 결코 도움이 되지 않으며, 신으로부터 흘러나오는 모든 것을 경멸함으로써 신의 말씀에 맞설 때가 한두 번이 아니다."면서 그 위험을 경고했던 것이다. 그러나 당시의 지식사회와는 달리 현대는 발달된 정보기술과 지식의 다양화로 사고구조가 과학적이고 논리적으로 매우 발달됨에 따라 일반인들의 종교관에도 커다란 변화가 이루어지고 있어 과연 루터의 주장이 그대로 현대사회에서도 유효할지는 의문이다. 세계종교는 일신교一神教에서 다신교多神教로 다시 다신교에서 일신교로 수렴과 확장을 반복하게 될 것이다.

나는 오래전부터 다양한 종교교리에 관심이 많았다. 그래서 젊어서는 상당기간 인내천人乃天 사상의 천도교에 나가면서 배우기도 했고, 그 다음에는 가톨릭 성당에도 밤마다 나가 교리를 배우면서 신부로부터 세례를 받을 무렵에 그만 둔 경험도 있고, 고향의 사찰에서 대학진학공부를 하면서 절의 스님에게서 불경도 열심히 들었는가 하면, 일본 유학시절에는 재일교포의 권유로 불교계통의 창가학회創價學會에 관계하면서 수련회에도 자주 참가했다. 이러한 섭렵의 이유는 어느 종교나 교파일지라도 그곳에는 반드시 배워야 할 가치있는 하나의 고유한 핵심진리를 가지고 있다고 보았기 때문이다. 그러나 이러한 태도는 많이는 알지만 아무것도 제대로는 모르는 박학다식博學多識의 무식자無識者이며 만병통치약萬病通治藥이 만병무치약萬病無治藥일지 모른다.

불교의 자비慈悲나 기독교의 사랑이나 유교의 인仁, 천도교의 인내천人乃天, 이슬람의 평화사상平和思想, 미국 여호와의 증인의 살생거부의 절대평화사상 등등은 그 가지와 꽃은 다양하더라도 뿌리와 열매는 같다고 본다. 그럼에도 눈에 보이는 줄기와 꽃만 보고는 그것만이 전부라고 단정할 때 종교 간이나 교파간의 알력과 분쟁이 생겨난다고 본다. 한편 종교의 선택도 스스로의 자유의지에서라기보다도 자신의 부모와 생활환경에서 결정되는 경우는 진정한 신앙생활의 출발이 아닐 것이다.

다종교의 존재이유와 가치는, 이러한 비유가 적합할지는 모르겠으나, 등산을 하는 경우 정상에 오르는 길은 여러 개가 있지만 결국 정상에서는 한곳에서 만나게 마련이다. 그런데도 자기가 오른 등산로만이 유일하고 제일 좋은 진리의 길이라고 우겨서는 안되는 것과 같다고 본다. 오히려 여러 등산로를 올라 본 사람이 그 산의 전체를 더 잘 알 수 있듯이, 많은 종교의 경험은 보다 보편진리에 가까운 올바른 길을 선택할 수 있을 것이다.

그래서 자신의 종교, 신앙만이 최고최선이라고 믿으면서 정성과 사랑을 쏟을수록 여타종교에 대한 증오심과 배타심은 강렬해지는 것이다. 한쪽을 사랑하는 것만큼 다른 쪽을 미워하는 인간의 잠재의식적 본능. 여기서도 앞서의 프로이트가 개념한 사랑과 미움이라는 상반적 욕구가 서로 반비례의 관계가 아닌 정비례 관계임을 알게 된다. '죽도록 사랑한다', '좋아 죽겠다.'와 같은 일상 언어에서도 그대로 나타나고 있듯이 삶과 죽음, 사랑과 미움은 동시성적 공존관계이다.

이러한 배척과 증오심은 다신교多神教 신자들보다 일신교一神教의 신자들이 나타내기 쉬운 특성이다. 타종교에 대한 거부감과 비판을 곧 자신의 신앙에 대한 충실도로 여기는 잘못된 착각과 집착은 무서운 것이다. 그런데 통일교는 절대가치의 유일신인 하나님을 중심한 기독교에 뿌리를 두면서도 다양성과 수용성, 그리고 상대 종교를 배척하거나 비난하는 행위를 일체 보여주지 않으면서 용서와 포용으로 모든 것을 대하려는 열려진 신앙자세가 나에게는 무엇보다 어필하는 요인이었다.

끝으로는 문선명이 자신의 자서전에서도 쓰고 있듯이 우리나라는 물론이고 세계 어느 나라에 가도 "…… 와글와글 …… "이라는 표현처럼, 그를 환대하기 보다는 문제의 주인공으로 인식하고 있었다. 이것은 그와 그의 사상을 깊이 이해하지 않고 근거없이 비방하고 모함하려는 사람이나 단체들의 말을 손쉽게 믿어 버리는 데서 오는 오해와 편견이다. 그러나 그는 이들을 미워하거나 비판하지 말고 그들을 위해 기도하라고 늘 이야기 했다. 1983년 미국이 자신을 국외로 추방하기 위하여 덴버리 교도소에 투옥시켰을 때도 그는 신도들에게 미국을 위해 기도하라고 당부했던 것이다. 이처럼 그는 소외와 박해로 일생을 점철해 왔다. 그러나 그는 인류를 위해 조국통일을 위해 땀과 눈물을 흘렸을 뿐이다.

그는 누구 못지않은 애국자였다. 허위와 위선으로 가득 찬 북한의 공산주의 사상과 정권에 맞서 싸우면서도 그들을 참사랑의 심정으로 껴안으려고 했고 지난 날 우리들 선조들에게 몹쓸 짓을 한 일본을 용서하면서 참회의 길을 걷게 했다. 수많은 일본식구들로 하여금 한국을 신앙의 조국으로 삼게 만들었고, 지금 그들은 전국 각지에서 열악한 농촌의 생활조건에서도 묵묵히 문선명의 뜻

길을 걸으면서 선조의 죄업에 대한 탕감의 역사를 외롭게 쌓아가고 있다. 위안부 할머니들을 제일먼저 찾아가 속죄의 눈물을 흘린 것도 국제축복결혼으로 한국에 시집 온 일본여성들이었다.

문선명의 이러한 숨은 힘과 선도적인 사상, 일념의 조국애, 그리고 세계적인 평화활동은 후세의 역사가들에 의하여 반드시 올바른 평가로 기록되어질 것이다.

실제로 1970년대부터 1990년대에 사이에 전국의 각 대학에서 수많은 현직교수들이 통일교 관련 학술단체에 관계하고 활동한 사람들이 많았으나 인연을 끊지 않고 오랫동안 지속한 교수들은 별로 많지 않다. 통일재단에서 교수들에게 막대한 재원을 투입하면서 국내외 행사나 학술여행과 같은 원조를 받을 때만 관여하다가 그러한 혜택이 없으면 거의가 사라져 버렸다.

당시만 해도 교수사회에서 통일교 단체와 교류한다고 하면 좋게 보지 않았으며 심지어 소외시키는 분위기였고 일반 사회인들도 통일교 사람이라면 이상하게 여겼기 때문이다. 이러한 가운데서도 끝까지 남아서 활동한 교수들은 남다른 신의와 용기, 그리고 지조로 주위의 눈치와 관계없이 자신이 옳다고 믿는 길을 묵묵히 걸어가는 인격을 가진 학자들인 것이다. 사실 교수들만큼 권력에 유약하고 기회주의적인 사람도 없을 것이다. 누구보다 양시양비론자兩是兩非論者가 많은 것도 교수사회이다. 그만큼 소신과 지적용기가 부족하다는 뜻이다.

이러한 교수들은, 미국의 사회학자이며 갈등이론의 대가인 코저Lewis A. Coser가 1965년 〈이데아의 인간들〉Men of Ideas이라는 그의 저서에서 현대 지식인의 유형을 5가지로 분류하고 있는 가운데서 '부당한 권력을 합리화시켜 주는 지식인'의 범주에 드는 사람인 것이다. 중세의 이른바 스콜라 철학자들과 같은 부류의 학자의 모습이다.

우리들에게 잘 알려져 있는 세계적인 어린이 합창단 〈리틀엔젤스Little Angels〉의 단장이며 〈세계일보〉 신문사 사장이었던 박보희朴普熙는, 그의 자전적 저서인 〈나는 자랑스런 한국인〉이라는 글에서 '나는 왜 통일교인이 되었는가'를 다음과 7가지의 이유를 들고 설명하고 있다.

"첫 번째로, 나는 재림주를 만났다. 둘째, 나는 처음으로 뿌리 깊은 모순을 해결했다. 세 번째, 나는 전지전능하신 하나님이 타락을 막지 못한 이유를 알았다. 네 번째는 나는 인간혁명의 원동력을 보았다. 다섯 번째로는 나는 인류구원의 소망을 보았다. 여섯 번째, 통일교의 순결운동이 가정을 구한다. 일곱 번째, 나를 자랑스런 한국인으로 만들었다."로 요약하고 있다.

북한정권과 통일교의 생존조건들

북한정권의 정치지도자들이 살아남기 위하여 해야 할 일은, 우선 시대착오적이고 왜곡된 사회주의 이념과 핵무기로 위협하여 남한을 굴복시켜 김일성주의 국가로 통일하겠다는 망상을 버리고 중국, 베트남, 미얀마와 같이 개혁과 개방정책으로 국제사회의 시대적인 흐름에 동참해야 한다.

북한의 당정 고위간부 중에는 이러한 길이 옳다는 것을 모르지는 않을 것인데 왜 그렇게 하지 못하고 머뭇거리고 있을까? 그것은 그동안의 통치역사가 이러한 국가들과는 너무나 다르게 인민들에게 모든 것을 속이면서 위선적인 통치체제로 일관되어 왔기 때문이다. 만일 개혁개방으로 주민들이 눈을 뜨게 되면 통치자들에게 엄청난 분노가 폭발되면서 마치 루마니아의 차우셰스쿠N. Ceausescu와 같은 최후의 운명을 당하게 되어, 개혁개방의 날이 곧 자신들의 제삿날이라는 것을 스스로 잘알고 있기 때문이다.

이러한 그들의 두려움을 없애기 위하여 고위층 간부들에게 통일이 되더라도 적어도 극형은 하지 않겠다는 '신변안전에 관한 보장각서'를 미국, 중국, 소련, 일본, 한국이 공동으로 제시하는 방법도 있을 것이다. 필자는 이와 관련된 논문을 〈시대정신〉 2009년 여름호에서, '평화통일을 위한 북한핵심간부들의 신변안전 보장각서 제의에 관한 연구'라는 글을 통하여 구체적으로 제시한 바가 있다. 박근혜정부가 통일정책의 하나로 추진할 수 있는 방안이라고 본다.

다음은, 핵폭탄이라는 극단적인 무기로 정권을 영원히 유지할 수 있다는 착각에서 벗어나야 한다. 설사 핵무기가 자국의 방어에는 최선일지 몰라도 그것은 세계정세를 잘못 판단하고 있는 것이다. 1990년대 초 구소련을 위시한 동구권 공산권국가들이 줄줄이 붕괴될 때 북한도 체제붕괴에 대한 극도의 불안감에 휩싸이자 이상한 '모기장 이론'이라는 말로 외부의 모기(미국과 남한의 자유자본주의 사상과 문화가치)가 침입하는 것을 막아야 한다고 하더니 이제는 핵무기를 들고 남한과 세계열강들을 위협하는 벼랑 끝 전술을 버리지 않고 있다.

이러한 폭력배와 같은 수법의 자세와 태도에는 한계가 있음을 깨닫고 허위와 위선의 껍질에서 벗어나야 할 시점인 것이다. 이것만이 국제거지 신세와 국제깡패의 오명에서 벗어나고 유일한 생존의 길임을 알아야 할 것이다.

미래의 세계사는 근대사의 제국주의적인 힘의 논리로 타국을 침략하고 지배하는 식민지적인 역사의 시대가 아니다. 생전에 김정일은 핵을 포기하면 세계의 자본주의국가들이 도와주겠다고 하는데도 불신했던 것은, 리비아의 카다피M. a. Gaddafi 정권이 붕괴한 것은 서방세계의 속임수에 핵을 포기했기 때문이라고 보았으나 그것보다는 장기독재 정권에 대한 주민들의 저항과 민주화 열망이었던 것이다.

한편, 통일교의 지속가능한 생존과제는 시대변화에 부응하는 새로운 교리의 연구와 재해석으로 미래의 선도가치를 부단히 창출하는 노력이다.

일반적으로 신흥종교는 대부분이 창시자가 사라지면 교세도 기울어지면서 쇠퇴의 길로 접어들었던 것이 세계종교사의 모습이었다. 그러나 통일교의 경우는 그런 것들과는 달리 기독교의 전통적인 보수성으로부터 진화한 종교철학과 사상을 가지고 있어 그 생명력은 쉽게 약화되거나 소멸되지 않을 것으로 본다. 철학과 사상은 곧 생명이기 때문이다.

중국의 대표적인 철학자 펑유란馮友蘭은 그의 저서 〈중국 철학사〉에서 '위대한 종교의 핵심에는 반드시 철학이 들어 있다.'고 했던 것이다. 시대의 흐름과 인지人智의 발달에 따라 학문적인 이론이든 기업의 경영에서도 끊임없이 변모해야만 생존가능하고 인류의 보편적인 가치관에 합당한 철학이 있어야만 생명력이 있듯이 통일교도 계속되는 시대의 변화와 진보에 한발 앞서 대응하는 창조적인 종교교리로 지속가능한 교회가 되어야만 할 것이다. 이 세상에 고정불변의 진리라는 것은 존재할 수 없기 때문이다. 자기혁신과 탈피를 거듭해야 할 것이다.

그동안 통일교가 세계평화와 인류구원이라는 원대한 목표 아래 주로 아프리카의 난민촌에 구호단체와 봉사활동을 통한 해외에서의 빈민구제 사업에 치중해 왔다면 앞으로는 국내의 복지단체 결성으로 사회사업에 역점을 두어야 하는 시점에 이르렀다고 본다. 외연확장으로부터 안(국내)으로의 수렴이라는 방향전환이다.

예를 들면 통일교 재단에서 운영하는 거창한 사회사업이다. 국내에 점점 많아지는 다문화가정을 위한 외국인 전용의 무료병원의 설립이라든지 탈북자들만을 위한 무료 복지시설의 운영, 탈북자들의 자활을 목적으로 하는 대규모 상품생산 공장의 설치운영, 탈북자 자녀들 중심의 무료 개방대학 설립 등등은 문선명이 생전에 염원했던 남북한 평화통일 달성에도 도움이 될 뿐만 아니라 또한 참사랑의 구체적인 실천이라고 본다. 세계적으로 분산된 재원과 재력을 국내로 수렴하되 이익창출이 목적인 일반 기업경영 단체와는 다른 성격을 보여주어야 한다.

실제로, 이미 문선명의 유지에 따라 2013년 2월에 천억원의 기금에 터하여 설립된 '나눔과 봉사'라는 목적으로 결성된 '원모평애재단'圓母平愛財團에서 대규모의 장학금지급과 같은 사회봉사를 시행하고 있지만 그 자금을 탈북자 자녀들을 중심으로 하는 교육시설에 투자하는 것이 더욱 의미있는 사업이라고 본다.

한편 점점 다문화사회로 변모해 가는 한국 실정에서 외국인 노동자들을 수용하고 의료시설도 제공하는 대형숙박 시설과 무료병원의 운영을 생각해 볼 일이다. 이제 한국의 시민들은 기초적인 생활조건과 의식주 문제는 없는 단계이므로 사회봉사의 방향을 탈북민들과 외국 근로자들로 이동해야 할 것이다. 이것이 세계평화의 길이요 남북통일의 구체적인 활동인 것이다.

그리고 대부분의 교회들처럼 종교시설을 확장하거나 대형 교회 건물로 외형적으로 과시하면서 교세를 유지하는 것은 기독교의 예수정신에도 합당하지 않을 뿐만 아니라 반드시 한계점에 도달하게 마련이다. 서구의 교회가 몇천 년의 역사와 엄청난 건물을 자랑하면서도 오늘날 침체와 쇠퇴의 모습을 보여주고 있음은 형식(몸)은 살아 있으나 내용(맘)은 죽어 있기 때문이다. 따라서 시대를 앞서가는 종교철학과 신학을 부단히 연구하고 개발하여 내면적인 충실과 함께 여타 종교단체들과는 다른 사회봉사적인 실천을 도모할 때 통일교의 생명력은 영원할 것이다. 그런데 통일교가 화려한 교회건립에 관심이 없는 것은 매우 다행스런 일이다.

'중단 없는 전진!'이라는 캐치프레이즈로 문선명의 사상과 유업遺業을 이어가고 있는 한학자총재는, 남북통일문제 해결을 위한 기본지침으로, 김일성의 주체세상 극복을 위한 새로운 이념의 창출, 그동안 정치적인 이해관계에 의한 통일정책의 한계성을 극복하기 위하여 민간주도형 통일운동의 전개 그리고 미·중·소·일을 중심한 국제적인 지지기반의 구축을 설정하면 2020년에는 반드시 남북평화통일이 성취된다는 새로운 비전과 목표를 제시하고 있다.

끝으로 통일교가 앞으로 새롭게 지향해야 할 것으로는, 그 동안에는 주로 기성세대 중심으로 교세를 확장해 왔다면 이제부터는 청소년 중심의 식구들을 많이 확보하는 방향으로 나아가야 할 것이다. 각계의 사회 지도층 인사들의 지혜와 능력도 중요하지만 원로 인사들의 노쇠화는 곧 통일교의 노쇠화로 이어지게 마련이므로 젊은이들의 수혈이 없이는 활력을 유지할 수 없을 것이다. 이것은 자연의 섭리이며 사회역사의 법칙이기 때문이다.

문선명은 통일교가 지향하는 최종목적을 사탄세계로부터의 하나님의 해방이며, 참사랑 실천으로 하나님의 창조목적인 인류평화세계의 건설이었다. 그것은 중동에서의 종교 간의 분쟁문제와 한반도에서의 남북한 간의 무신론과 유신론에 기초한 사상대결의 극복으로 해결된다고 보았다. 결국 종교문제와 이념문제로 압축되는 것이다. 바로 그 하나는 중동에서 다른 하나는 한반도로 대표되고 있다고 본 것이다. 여기에 통일교가 그동안 문선명이 쌓아 놓은 기초위에 이 두 가지를 해결하는데 주도적인 역할을 얼마나 잘 할 수 있는가가 통일교에 대한 역사적 평가의 기준이 될 것이므로 모든 사업과 활동을 이 기준에 맞추어가야만 할 것이다.

맺는 말

이 지구상에 살다 간 사람이나 살고 있는 수십억 인구는 각자가 서로 다른 삶을 살다가 죽었고 다르게 살아가고 있다. 서로의 얼굴이 다르고 유전인자가 다르며 지문指紋이 인류의 숫자만큼 다르듯이 생각과 가치관이 다르다. 이러한 서로의 다름 때문에 개인간, 집단간, 국가간의 다툼이 일어나고 끝내는 국가간의 전쟁으로까지 발전한 것이 인류문명사요 역사인 것이다.

그런데 인류사에서 이러한 다름을 너무 무시하고 같음만을 강요할 때 독재자가 나타났고 전쟁이 발생하였다면 다름을 인정하고 수용할 때 평화와 번영의 역사가 이루어졌던 것이다. 그러면 과연 인간의 본성이기도 한 서로 다름이 좋은가 서로 같음이 좋은가? 다름이 상대가치관을 인정한다면 같음은 절대가치관을 추구한다. 종교는 본질적으로 다름보다는 같음을 추구하고 강요한다.

인류사에서 근대의 식민지 제국주의시대나 현대사의 정치적인 이데올로기 추구시대 아니고는 국가간의 분쟁과 전쟁의 대부분은 종교적 다름에서 연유하고 있는 데서 종교의 그늘을 보게 된다. 여기서 문선명이 "통일교의 가장 최종목표는 통일교는 물론 지구상의 모든 종교가 없어지게 하는 것."이라고 말한 것은 놀라운 예언적 선언인 것이다.

문선명은 비록 통일교라는 새로운 종교교리를 창조하여 기존 종교와의 알력과 분쟁을 극복하고 인류의 영원한 평화세계를 구현하려는 이론과 실천을 평생소원으로 삼았으나 씨앗만 뿌려 놓고 수확은 후대들에게 맡기고 떠났던 것이다.

김일성과 문선명-두 사람의 행적에서 접점과 분기점은 분명하다. 한 사람은 일국의 정치 지도자로서 겨우 자기 일신의 영화와 영광을 향유하다가 사라진 인물이라면 문선명은 종교 지도자로서 세계평화와 인류와 조국의 미래를 걱정하면서 갖은 고초와 핍박을 받다가 운명한 세계적인 인물이라는 점이 다르다면, 두 사람이 추구한 선과 악의 본질은 다르지만 다 같이 절대적인 가치관을 추구하면서 현실세계와 끊임없는 분쟁과 마찰을 유발했다는 점에서는 동일한 삶의 궤적이라 하겠다.

실제로 인류사에는 훌륭한 업적을 남기고 떠난 위인들이 많다. 그러나 그들의 찬란한 빛 속에는 반드시 어두운 그늘도 있게 마련이다. 전지전능한 신이 아닌 인간이기 때문이다. 인간 김일성이 빛보다는 민족에게 어두운 그림자와 상처를 남기고 갔다면, 인간 문선명은 인류의 미래가 안고 있는 어두운 그림자에 한줄기 빛을 비추고 떠났다고 본다.

결론적으로 김일성과 문선명-어둠과 밝음, 그늘과 빛, 이러한 흑백론적인 단순한 대비가 과연 논리적이고 타당한 비교평가인가에 관해서는 관점에 따라 논란의 여지가 있을 수 있을 것이다. 다만 우리나라의 현대사에서 한사람은 희대의 장기독재자로서 한사람은 신흥종교의 교주로서 서로 다른 길을 걸었지만 커다란 족적을 남기고 떠난 인물들임은 틀림없다고 본다.

그리고 어둠과 밝음, 악과 선, 적과 동지라는 대칭관계는 논리적으로는 반비례 관계이지만 실제로는 정비례 관계이다. 이것은 빛이 강할수록 그늘이 짙은 것과 같은 하나의 자연현상에서도 볼 수 있다. 명과 암의 성질은 상반되나 그 농도濃度는 동일하게 상승하는 것이다. 그리고 어떤 경우에는 상극적인 관계가 어느 임계점臨界点에 이르면 상보적인 관계로 바뀌기도 하고 반대로 상보관계가 상극관계로도 급변하는 경우도 있다. 마치 마이너스(-)가 마이너스(-)와 곱해지면 플러스(+)로 돌변하는 것과 같다.

이러한 자연현상이 김일성과 문선명의 관계에서도 나타나고 있다. 극과 극이 마주치는 정점에서 극적인 변화로 적이 동지로 돌변할 수 있음을 보여주었다. 이것은 1991년 평양에서 서로가 얼싸안고 화해와 형제애를 나누면서 조국통일이라는 공동목표를 이루고자 했던 것으로 나타났다. 신이 악을 용서하고 포용하는 변곡점變曲点이었던 것이다. 다만 그 결실을 이루지 못한 채 끝나고 말았지만 그것을 이어받아 성취해야 할 것은 산자들의 몫이라고 하겠다.

다시한번 말하고 싶은 것은, 세계종교가 자신들만의 절대적인 유일신을 버리지 않는 한 인류평화실현은 어렵다고 본다. 절대 권력이 절대적으로 붕괴하듯이 절대가치(유일신)도 상호충돌 하면서 절대적으로 붕괴하기 마련이기 때문이다. 여기서 문선명이 '이 세상으로부터 통일교가 없어져도 좋은 날이 바로 지상천국이다.'라는 취지의 이야기는 엄청난 의미와 철학이 함축되어 있는 것이다.

그리고 남북통일 문제도, 남한이 북한보다 단순히 월등한 경제우월성으로는 진정한 통일은 어렵다. 물질과 함께 정신이 따라야 한다. 도덕정치, 도덕경제, 도덕교육의 문제인 것이다. 인도의 간디M. Gandhi의 비문에는, 나라가 망할 때 나타나는 일곱 가지의 사회악으로, 1) 원칙없는 정치, 2) 노동없는 부, 3) 양심없는 쾌락, 4) 인격없는 교육, 5) 도덕없는 상업, 6) 인간성 없는 과학, 7) 희생없는 종교라고 쓰여 있다. 이 모두가 우리의 현실에서 과연 이루어지고 있는가를 생각하면 대답은 아니다라고 보지만 다행히 박근혜 정부가 국정기조로 내세우고 있는 '비정상의 정상화'라는 원칙주의는 매우 희망적인 것으로 생각한다.

자본주의 사회의 이기적 개인주의와 탐욕을 버리고 문선명이 통일철학으로 삼은 두익사상頭翼思想에서 제시한 공존共存과 공영共榮, 공의共義로 정치, 경제, 사회문화의 기본가치로 건전한 인간성을 함양하고 높은 도덕사회를 실현할 때만이 북한을 용해할 수 있는 조건이 갖추어질 것이다.

그래서 "남북통일은 악질적인 공산주의로도 안 되고 저질적인 자본주의로도 안 된다."(주관중)라는 말은 적확한 표현이다. 여기서의 악질적인 공산주의란, 전례 없는 인권말살과 공포정치 그리고 위선과 허위로 통치하는 북한의 독재정권을 말하며, 저질적인 자본주의란, 돈벌이가 된다면 지옥에라도 찾아가는 황금만능사상 그리고 청부살인이나 성Sex의 상품화도 예사로운 가치관, 가진 자들의 끝없는 탐욕과 부정부패의 남한사회를 의미한다.

우리들이 살고 있는 이 세상에는 절대선이 없듯이 절대악도 없다. 다만 비교평가의 결과일 뿐이다. 이러한 의미에서 본다면 김일성은 전부 악이고 문선명은 전부 선이라고는 단정할 수 없을 것이다. 다만 그 양量과 질質의 차이일 뿐이다. 가령 김일성이 젊었을 때부터 항일독립 투쟁으로 간고의 세월을 보냈고 그의 통치기간 중에는 민족적 주체성을 강조하고, 그러나 너무 강조하여 오히려 21세기의 시대정신에 안 맞는 쇼비니즘적 민족주의로 왜곡된 잘못은 있다. 그리고 토속어를 많이 발굴하여 민족 얼을 강화한 것은 그의 어둠과 그늘 속에 남아있는 한 점의 불빛이라고 하겠다.

이글을 마무리 하면서 다시한번 독자들에게 양해를 구하는 것은, 북한정권의 본질과 김일성의 실체는 어느 정도 알고 있다고 자신하지만 세계의 주요 종교교리는 물론이고 통일교의 본질과 핵심가치를 깊이 알지 못하는 데서 오는 오류와 오해가 있을 수도 있다는 점이다. 앞으로 독자들의 지적과 비평으로 수정과 보완을 거듭하겠다.

* 문선명에 관한 보다 자세한 정보자료는, 〈평화를 사랑하는 세계인으로〉 2009, 김영사

* 북한의 김일성에 관한 자세한 정보자료는, 김동규, 〈북한학 총론〉 2003, 교육과학사

| 부 록 |

이 글은 필자의 극히 개인적인 삶의 궤적임과 동시에 1980년대 우리 사회가 이념갈등의 소용돌이 속에서 지적인 신념을 생명으로 살아가야 할 지식인들이 이데올로기 앞에서 얼마나 무력했으며 거대권력과 집단 앞에서는 얼마나 왜소화될 수 있는가와 함께 그들의 좌표가 흔들리면서 나약한 모습으로 변할 수 있는가를 보여주는 것을 기록한 것이다.

이것은 개인적인 삶의 상처이면서 동시에 지구상에서 남북분단이라는 우리 민족만이 안고 있는 시대상이요 슬픈 운명이었던 것이다. 먼 어느 훗날 후손들이 살아가면서 지난날의 분단 조국의 비극과 함께 한국 지성사의 단면을 조감할 수 있을 것으로 여긴다.

신념과 현실, 방황하는 지식인의 자화상

그러니까 지금부터 27년 전, 1987년 9월 28일 월요일 새벽 5시경, 이른 아침이었다.

침대 머리맡의 전화벨이 두어 번 울렸다. 어째 이상한 예감이 스쳤으나 습관대로 선잠을 깨면서 손을 수화기로 가져갔다. "여보세요! 000의 댁입니까?……" "그렇습니다만…… 제가 바로 본인인데요?"

낯선 남자의 목소리는 더 이상 이어지지 않았고 이쪽에서 누구시냐고 상대방을 확인도 하기 전에 수화기 끊는 소리가 들려왔다.

전화가 끝나고 약 5분 후 대문의 초인종이 울렸다. 나는 입었던 잠옷 바람으로 일어나 2층의 침실에서 내려가 급한 대로 대문을 열어주었다.

건장한 체구의 세 사람이 마당으로 들어섰고 나의 신분을 재확인하였다. 내가 누구시냐는 표정으로 그들을 바라보자 안주머니에서 지갑을 꺼내 무슨 신분증을 순간적으로 보여주더니 금방 접어 넣으면서, 잠깐 같이 가서 협조해 주겠느냐는 이야기였다.

언뜻 느낌에 사복형사는 아닌 것 같고 어떤 정보기관의 수사요원이라고 판단했으나 전혀 예기치 않았던 일이고 또한 무엇보다도 그런 일에는 아무런 주저할 일도 없어 떳떳하였으므로 나는 "그렇게 하지요. 조금 기다리십시오. 옷을 갈아입고 나오겠습니다."라는 말을 하고는 다시 2층으로 올라가 급히 양복을 챙겨 입었다. 그런 나를 보고 아내는 누운 채로 어디 그렇게 일찍 나가냐고 묻는 말에 급히 학교에 가보아야 되겠다는 대답으로 얼버무리고 그들과 함께 대문을 나섰던 것이다.

대문 앞 골목길에는 이미 검정색 승용차가 시동을 건 채 내가 타기를 기다리고 있었다. 젊고 건장한 수사관이 나의 양쪽에 앉자 자동차가 움직이기 시작했다. 그때서야 나는 정색을 하면서 무엇 때문에 어디로 가느냐고 물었던 것이다.

"뭐 별 것 아닙니다. 가보시면 곧 알 것입니다. 협조해 주십시오."라고 운전석 옆자리에 앉은 사람이 대답했다. "오후에 약속이 있는데 그동안에는 끝나겠지요?"라는 나의 순진한 물음에 그렇다는 이야기였다.

청명한 가을, 이른 아침의 들판은 추석을 며칠 앞둔 벼 이삭으로 풍성하였고 촉촉이 밤새내린 이슬에 젖은 아스팔트길을 자동차는 빠른 속도로 어디론지 달렸던 것이다.

나는 갑자기 닥친 일이라 아무 생각 없이 그저 침묵하고 있었고 그들도 그랬다. 이윽고 자동차가 멎은 곳은 나에게도 낯설지 않는 D시 근교의 휴양지 가운데 있는 장소였지만 평소 가보지 못한 매우 생소한 분위기였다.

"우리가 이런 곳에 모신 것은 교수님의 사회적인 지위를 생각해서 특별한 대우임을 아십시오!"라는 수사관의 첫마디였다. 그곳은 당시로서는 중급 호텔수준의 건물이지만 평소 일반인들은 출입이 안되는 군 장교들만의 전용 휴양소였다.

나는 그때부터 그들의 지시에 따르게 되였고 거실 같은 곳에 혼자서 한참을 기다리게 하고는 옆방에서 분주하게 들락거리는 소리가 들렸으며 어디엔가 전화연락도 자주 취하고 있는 듯 했다.

이윽고 안내한 방으로 들어가니 방 한가운데 임시 테이블이 설치돼 있었고 양쪽에는 걸상이 마주 놓여 있었다. 집에서 나를 처음 연행한 사람과는 다른 초면의 몇 사람이 방 가운데 서 있었는데, 나는 한 사람의 수사관과 테이블을 사이에 두고 서로 마주앉게 되었다.

"자! 지금부터 제가 묻는 말에 솔직히 대답만 해 주시면 됩니다. 김 선생! 언제 일본에 갔으며 가서 귀국 할 때까지의 모든 일을 여기에 낱낱이 적어 주십시오."

무엇 때문에 내가 여기에 와 있고 갑자기 당하는 전혀 예측할 수 없었던 일인지라 멍멍했지만 나는 약 20년 전의 기억을 되살리면서 가능한 숨김없이 있는 그대로 진술서를 기록해 나갔다.

나는 1957년에 시골의 농고를 졸업하였으나 가정형편이 어려워 대학진학을 포기하고 3년간 고향의 초등학교 준교사 생활을 하는 동안 월급으로 매월 정기적금을 하여 입학금을 마련한 다음에 1961년, 고교동기들이 4학년 졸업반일 때에야 고려대 신입생으로 입학하게 되었다. 그러나 등록금은 자력으로 해결했지만 서울의 비싼 하숙비를 어떻게 감당할 수 없게 되자 1학년 1학기를 마치고는 군대에 자원입대를 했다.

당시 일반병은 3년간 복무하였으나 학보學補(당시 병역법에는 초중고교 교사들은 교보로 1년간, 대학재학 중 입대자는 학보로 1년 6개월의 복무기간으로 규정)로 1년 6개월의 단축복무를 하는 대신에 무조건 최전방의 소총소대에 배치되었다. 낮에는 진지구축 밤에는 DMZ 근처(강원도 철원군 동송읍 화지리)에서 보초를 서는 군 생활을 하였다. 밤이면 북한의 대남방송(주로 여성들이 '황성옛터'를 구성지게 부르면서 공화국 북반부의 따스한 품으로 귀순하라는 유혹으로 실제로 귀순한 병사도 있었다.)을 들으면서 달빛 아래서 보초를 서야 하는 참으로 배고프고 춥고 고된 군대생활을 했다. 얼마나 배고프고 잠이 부족했던지 실컷 먹고 실컷 잘수만 있다면 내일 죽어도 좋겠다고 느꼈던 것이다. 더욱이 군기가 엄하기로 이름난 수도사단이었다.

당시 155마일 휴전선 일대에 지뢰를 매설한 것도 학보와 교보 출신의 병사들이었다. 그때는 최전방으로 배치된 병사는 거의가 소위 빽도 없고 가난하고 무식한 농어촌 출신 가정의 청년들이 아니면 교보나 학보병들 뿐이었는데, 극히 위험한 지뢰매설을 하기 위해서는 특별교육이 필수기 때문에 문맹자들로서는 안전교육 내용마저 이해시키기가 어려웠기 때문에 교보나 학보의 병사들이 작업에 동원되었다. 심지어 일선의 각 부대에는 한글학교가 개설되어 학보나 교보 출신의 병사들이 문맹자 병사들을 가르치기도 했다. 고향서 온 편지도 대신 읽어주어야 했고 부모에게 부치는 편지도

대필해주기가 예사였다.

18개월 만에 수도사단 제26연대에서 졸병제대를 하고 복학하였으나 역시 서울에서의 경제생활이 어려운 것은 마찬가지였다. 그래서 시간제 가정교사, 입주 가정교사, 자취생활 등등으로 근근이 지내다가 졸업은 했지만 이번에는 인문계 졸업생이라 기업체 취직은 응시자격마저도 없었던 때였으므로 유일한 희망은 100대 1에 가까운 경쟁률의 신문사(동아-조선-한국일보)의 기자시험에 응시하는 정도였다. 몇 번의 도전에도 합격은 높은 나뭇가지 위에 매달린 열매였던 것이었다. 이제 남은 길이라고는 공부하는 것밖에 없자 무조건 대학원에 들어가 고학을 계속하다가 1968년에야 겨우 졸업하였던 것이다.

대학원 생활 중 나에게도 두세 가지의 희망적인 일이 있었다. 하나는, 늘 문학에 대한 열망을 가지고 있었던 나는 서울신문사의 신춘문예 현상모집에 응모하여 최종후보(두 사람)에 이름이 올랐다는 것과 1968년도 조선일보사가 신춘문예의 한 영역으로서 미리 지상에 논제를 제시하고 공모한 '신춘문예 학생논문'에 당선되는 영광을 가졌다는 것이다.(이후 이 제도는 중단됨) 나의 당선논문은 신문전면에 소개되면서 교수들로부터 칭찬도 많이 받았다. 그리고 대학원 마지막 학기에 응시한 문교부 5급 공무원시험에 합격하여 일본으로 유학하기 전 몇 달 동안 종로구 동숭동에 있었던 서울대 본부 사무처 직원으로 근무했던 일이다.

그러나 나는 직장생활보다 학문에 대한 미련을 버리지 못하고 있던 중, 〈국제워크캠프〉라는 농촌봉사활동이 함석헌 선생님의 지도 아래 고향 남해섬에서 개최되었는데, 한국대표의 일원으로 참가하였던 것이다. 그때 일본의 와세다대학생으로 캠프에 참가한 스웨나가(末永)라는 교포여학생을 만나 이야기를 나누다가 일본유학의 꿈을 가지게 되었다.

마침, 일본서 해방직후부터 사업을 하는 일가의 친척 형이 재일교포로 살고 있는 덕분에 그것만을 믿고 유학수속을 시작했으나 당시로는 한일간에는 국교도 없는 형편이라 여권신청에서 발급까지 무려 6개월이나 걸렸으며 비자가 나오기까지는 수개월이 더 소요되었다. 어려운 곡절 끝에 드디어 수속을 끝내고 당시로는 국내의 유일한 국제선이었던 노스웨스트 항공기를 타고 1968년 11월 11일에 드디어 청운의 꿈을 안고 일본 와세다대학早稲田大學으로 유학을 떠나게 되었다. 그러나 몸에 지닌 돈은 50달러가 전부였지만 그것마저 세이코Seiko라는 일제 손목시계가 너무나 갖고 싶어 그것을 사는데 모두 써 버렸다 그러나 젊음과 도전과 용기가 나의 모든 재산으로 남아 있었던 것이다.

일본의 도쿄(東京)에 있는 친척의 형 집에 임시로 거처하면서 학교에 가는 시간 말고는 가방제조공장을 운영하는 형의 공장에서 일을 밤낮으로 열심히 거들어주면서 밥값이라도 해야 했다. 형 집에서 학교까지는 너무 멀고 더구나 말과 지리에 서툴다 보니 지하철을 잘못 갈아타서 밤중에 겨우 집에 돌아 올 때도 있었기에 자력으로 지낼 고생을 각오하고 학교 근처에 싸구려 방 한 칸을 빌려 자취를 하면서 공부와 아르바이트로 생활하기 시작했다.

1970년대 당시 일본은 1964년의 도쿄올림픽 개최를 계기로 경제발전이 급속하게 이루어지면서 노동력이 부족해지자 말이 서툰 외국인 유학생들도 시간제 아르바이트를 얼마든지 구할 수 있었다. 마침 나처럼 유학을 와서 와세다대학의 일본어 연수반에서 같이 공부하고 있었던 조웅기 학형의 소개로 일본에서도 유명한 대기업체인 〈일본인쇄 주식회사〉의 야간작업반에 취업하였다.

낮에는 학교에서 일본어를 배우면서 밤이면 공장에 가서 오후 6시부터 뒷날 아침 8시까지 철야작업을 하는 일을 하게 되었다. 자동 벨트에서 줄지어 나오는 아시아 판 〈타임〉TIME 잡지를 발송국별로 분류하고 묶어서 트럭에 싣는 단순노동이었지만 무거운 책꾸러미를 나르는 힘든 노동이었다. 당시 미국의 주간지 〈타임〉지나 〈뉴스위크〉NEWS WEEK지는 동남아에 배포하는 것은 일본에서 찍어 아세아 각국으로 배포했던 것이다. 싱가포르, 대만, 필리핀, 서울 등지별로 묶어서 발송하는 시스템이다. 종이가 얇고 질이 좋은 〈타임〉이나 〈뉴스위크〉라 부피에 비해 무게가 어찌나 무겁던지 그것을 높은 트럭 위로 들어 올리는 것은 꽤 힘든 중노동이었다. 그러나 고된 철야작업이므로 여타 식당 같은 곳의 아르바이트보다도 시간당 급료가 두 배나 되었기에 참고 견디었다. 아침 8시에 작업을 끝내고 밖으로 나오면 너무 지치고 힘들어 하늘이 노랗게 보이면서 어질어질하기도 했다.

집에 가서 조금 눈을 붙이다가 아침밥을 간단하게 해먹고는 학교의 수업시간에 맞추려고 달려가서 교실에 앉게 되지만 졸음과 피로로 교수님의 강의 소리는 먼 메아리처럼 들릴 뿐 머릿속은 휑하게 비어 있는 듯했다.

도저히 이런 생활을 견딜 수 없어 몇 달을 버티다가 다시 구한 일자리는 지금 주일 한국대사관과 같은 구역에 있는 미나토구港區의 〈일본거류민단 미나토지부〉 사무실의 수금원이었다. 임무는 제일교포단원들이 매달 내는 회비를 가가호호 방문하여 수금하는 일이었다. 월급도 괜찮고 비교적 시간적인 여유가 있었지만 여기에도 어려움은 많았다.

아직 일본말도 서툴 뿐만 아니라 더구나 그 복잡한 도쿄의 번잡한 주택가를 단원들의 주소록만 하나 들고 일일이 집을 찾는다는 것은 여간 힘들지 않았기 때문이다. 자동차는 고사하고 오토바이나 자전거도 탈 수가 없었던 나로서는 대중교통을 이용하였던 것이다. 거미줄같이 엉켜 있는 지하철, 수금처의 주소지와 비슷한 지역의 역을 찾아 이리저리 갈아타고 한참을 가다가 지상으로 나오면 동서남북을 분간할 수가 없었고 주소록을 보면서 복잡한 거리를 종일 헤매다 보면 다리도 아파오면서 길가에 주저앉고 싶은 마음만 들었다. 그래서 시내의 상세한 지도와 지남철을 가지고 다니면서부터는 상당한 효과를 거두기도 했었다.

그럭저럭 세월이 2~3년이 지나가자 나름대로 일본어도 소통되고 일본생활도 안정되었으며 박사과정 시험도 통과하여 정규학생의 신분도 얻게 되었다. 그런데 그때 나이도 벌써 서른을 훨씬 넘은 노총각의 신세여서 일시 귀국하여 일주일 만에 고향처녀와 급속한 중매결혼을 하게 되어 다소 정신적인 안정을 갖게 되었지만 대신에 가족까지 먹여 살려야 한다는 의무감이 따랐다. 그러나 더욱 열심히 노력한 결과 생활과 학업에도 안정을 취하게 되었고 학교와 외부단체로부터 장학금도 받게 되었다.

그런데 1972년경, 한국정부는 재일 한국거류민단에 매우 중대한 과업을 부여했다. 한일 간의 외교협정에 의하여 조총련 소속의 교포일지라도 한국국적으로 옮기면 한국여권을 발급받을 수 있었고, '재일교포 추석성묘단'이라는 행사로 모국방문이 가능한 정책이 시행되면서 일본 전국의 민단지부에서는 조총련소속 교포가정을 방문하여 국적취득 권유운동을 시작하는 일이었다.

미나토구港區 지부의 단장과 나는 매일같이 아침부터 밤늦게까지 조총련 집을 일일이 찾아다니면서 민단가입을 권유하는 운동(활동)을 하였는데, 그러자 조총련 중앙본부에서는 단원들의 조직이탈과 전향을 방지하기 위하여 우리들의 동향에 대한 감시와 함께 특히 조총련 조직원들의 이탈방지에 총력을 기울이고 있었다. 그래서 민단간부들이 조총련단원을 만나거나 가정을 방문하면 갖은 악담과 신체적인 위협까지 했던 것이다.

한번은 어느 조총련 소속의 가정을 방문하여 한국의 실상을 선전하고 국적의 변경으로 모국방문을 권유하고 있었다. 그때 마침 민단가입 반대운동을 하기 위해 종일 외출했다가 귀가하는 그 집 아주머니를 집에서 마주치게 되었다. "당신들 잘 만났다. 이리 방으로 좀 들어오시오!"라는 위압조의 말에 방으로 들어갔더니 안방의 벽에는 김일성의 초상화와 무슨 표창장 같은 것들이 많이 걸려져 있어 핵심 열성당원의 집으로 느껴졌다. "뭐라고요! 우리 공화국을 버리고 남조선 괴뢰정부의 인민이 되라고요. 내가 지금 벤또(도시락)를 싸 가지고 날마다 반대운동을 다니고 있는데 잘 만났다!"고 하면서 공포분위기 속에서 악을 쓰는 바람에 우리들은 설득할 겨를도 없이 쫓겨나오고 말았던 경우도 있었다.

이러한 나의 일본에서의 고학생활과 애국활동에도 불구하고 간첩혐의자로 국군 보안사에 연행돼 죽을 곤욕을 치루게 된 까닭은 대강 다음과 같은 너무나 순진한 나의 진술과정에서 비롯되었다고 본다. 진술서에서 말한 대강의 이야기는 다음과 같다.

내가 일본에 가서 처음에 몇 개월간 신세지고 살았다는 일가의 친척 형(사업상 일본인으로 귀화하였고 부인은 일본인)과 역시 집안 어른(무슨 이념이나 신념이 있어서가 아니라 북한의 선전만 접하면서 살다보니 덩달아 남따라 장에 간다는 말처럼 아무것도 모르고 조총련의 말단조직원으로 활동하다 오래전에 고인이 된 열성당원)과의 교류는 일본이라는 외국생활을 하다보면 별다른 경계심이 없이 자연스럽게 지속되는 분위기인 것이다.

그런데 도일渡日한 지 얼마 되지 않은 1969년 어느 날, 내가 임시로 거처했던 가방공장을 운영하였던 형의 집으로 어떤 사람이 사업상 자주 왕래하더니 어느날 형이 나를 한국서 온 유학생이라고 그에게 소개하자 그 뒤부터는 매우 친절하고 다정하게 이런저런 이야기를 해 주었다.

하루는 형이 "너 엊그제 만난 그 사람이 북조선 영화를 가져와서 보여주고 싶다고 하는 데 보겠느냐?"고 물었다. 나는 굳이 피할 것도 없고 사상문제라면 확고한 신념과 자세였기에 호기심으로 좋다고 대답했다. 그때의 영화 내용은 확실히 기억되지 않으나 아마 사회주의 혁명정신을 고취시키는 8mm 필름의 영화였다고 생각된다.

그 뒤부터 그는 틈만 나면 나에게 찾아와서는 은근히 접근하기 시작하였다. "나는 전공이 정치와는 상관없는 분야이고, 또한 내가 판단하여 공산주의가 좋다고 생각되면 내 발로 걸어서 스스로 들어가겠으니 괜히 나에게 와서 노력하는 시간에 다른 사람에게 가서 선전하라."고 분명하게 말하자 그는 별말 없이 가더니 그 뒤로는 오지도 않았다.

그러나 보다 구체적으로 조총련 조직원과 만난 것은 그 이후의 일이었다.

박사과정도 수료하자 학위논문 주제에 대하여 대강의 방향을 결정하고 관련된 자료와 서적을 이리저리 찾고 있었던 때였다.

당시의 국내적 상황과 조건으로는 전혀 생각할 수도 없었던 연구 분야지만 일본이라는 여건에서는 비교적 가능했던 "남북한의 초중등 학교교육 실태와 언어이질화에 관한 비교연구"로 결정하고 우선 제1차 자료의 수집을 목적으로 조총련의 조직원에게 접근하여 관련서적이나 대외비의 논문을 구해야겠다고 마음먹고 있었다. 그래서 조총련의 핵심조직에서 일을 보고 있는 집안의 그 어른에게 부탁해 보았다. 그렇게 하겠다고 쉽게 응해 주었다.

어느 날 소개해 줄 사람을 집안 어른의 집에서 만나기로 하고 가서보니 예상 외로 김일성의 사진과 표창장이 안방 벽면에 걸려 있었고 할머니는 나를 만나자마자 북한의 선전과 남한에 대한 비판을 했다. 한번은 나에게 이러한 재미있는 질문까지 했던 기억이 새롭다.

"동규야! 지금 남조선에는 어찌나 먹을 것이 없던지 봄에 논두

렁에 돋아나는 잔디의 뿌리(삘구)를 캐어 먹어서 언덕이 죄다 무너지고 있다면서?" 나는 너무나 허황되게 날조된 북한 선전책자만 보고 하는 말씀 같아서 "어르신이 정말 배고프고 살기 힘들었던 해방 직후에 일본으로 밀항하여 오신 뒤로 한 번도 고향에 나가시지 않고 있어서 그 때의 헐벗고 굶주렸던 남한농촌의 모습이 머리속에 그대로 남아 있어서 그렇습니다. '지상천국'이라고 선전하면서 근사한 화보로 좋은 곳만 보여주고 있는 북한을 상상하면서 직접 가보시지도 않고 그대로 믿고 비교하는 것은 틀린 것입니다. 만일 어르신께서 북한에 가셔서 몇 개월만이라도 살다 오시고, 또 지금 남한의 고향도 다녀오신 뒤에 그런 말씀을 하시면 저는 믿겠습니다!" 라고 했더니 그 이후부터는 다시 그런 이야기는 꺼내지 않았다.

내가 그 집을 가까이 한 이유는, 그 집에는 아이들이 많았기 때문이었다. 초등학생부터 고등학생까지 모두가 조총련 학교에 다니고 있었다. 나의 목적은 오로지 총련계 학교서 사용하고 있는 교과서를 입수하는 것이었다. 조총련 학교의 교과서는 북한의 교과내용을 대부분 그대로 옮겼고 일부 단원만 일본생활에 알맞은 내용으로 재편집했기에 거의 북한원전과 같았던 것이다. 그러나 자료확보는 쉽지 않았다. 만일 교과서를 한국인이나 다른 사람에게 빌려주면 엄한 조사와 함께 학부모도 처벌을 받게 된다는 것이다. 그래서 나는 조총련조직원 중에 잘 아는 분이 있으면 소개시켜 달라고 부탁했던 것이다.

얼마 후 소개받은 사람은 건장한 젊은 청년으로 당시 조총련 중앙당의 조직부장급의 핵심당원인 듯했다. 이름은 조성주(진술

당시는 수사관의 끈질긴 심문에도 불구하고 그 청년의 이름이 도저히 생각나지 않아 애를 먹었고, 그래서 더욱 의심과 혐의를 많이 받았다.)라고 기억되는데, 고향은 경남의 고성이며 북한도 자주 왕래하는 듯했다. 나의 이야기를 듣더니 며칠만 기다려 보라고 했다. 그에게도 그것만은 상당히 힘든 일인 듯했다. 왜냐하면 아동학생들에게 배부한 교과서에는 모두 일련번호를 매겨 학기가 끝나면 회수하여 다음 학년의 학생들에게 물려줄 뿐 아니라 한 권이라도 분실하면 교장이 문책 당할 정도로 외부유출이 엄격하였고 관리체계가 잘 갖추어져 있었던 것이다. 그것은 지금도 여전하다.

그 뒤부터 그는 나를 포섭의 대상으로 삼았는지 매우 친절하였고 봉사적인 태도로 접근해 왔다. 그러나 나는 일정한 거리를 두었고 정치적인 대화에서는 항상 애매하고 무관심의 태도로 일관했다.

그러나 그가 나에게 전화를 걸어 만나자고 하면 나는 가볍게 만났는데 그도 헤어질 때면 항상 무슨 말을 하고 싶지만 망설이는 표정을 짓기도 하였다. 그는 가차없이 냉정하게 나를 간첩의 조직원으로 만들고 싶기는 하나 너무나 인간적으로 자기를 대할 뿐 김일성의 주체사상과 같은 이론이나 계급혁명론 같은 것에 심취하는 투사적인 모습과는 아예 어울리지 않는 사람으로 판단했는지 그도 막연한 긴장관계를 유지하면서 그러나 심리적인 갈등을 느끼면서 나를 관망하고 있는 듯 했다. 다만 나의 입에서 스스로 반정부적인 불평이나 이념적인 이야기가 나오기만을 기다리고 있는듯했다.

한번은 다방에서 만나 나의 본심을 파악하려는 목적으로 몇 가지 질문을 하였다.

"김 선생! 지금 남조선에서는 학생들이 군사독재에 맞서서 날마다 싸우고 있는데 김 선생은 여기서 공부만 하고 있으면 됩니까?"라면서, 귀국하여 반독재 투쟁에 가담하여 싸우라는 어조의 말로 나의 반응을 시험하기도 했다. 그러자 나는 "저는 전공이 정치와는 상관도 없고 그거야 국내 대학생들이 하고 있지만 나처럼 외국서 학문에만 몰두하는 사람도 있어야 안 되겠습니까?"라고 말했다. 이것이 아마 그때 그가 나의 대답에 매우 실망하고 내게 공작적인 가치가 희박하다고 평가절하한 계기가 되었을 것이다.

당시 일본의 대학가에서도 미군이 주둔하고 있던 오끼나와沖縄 반환투쟁과 월남전 반대운동으로 급진파인 세끼군파赤軍派와 가꾸마루革マル(혁명적 마르크스주의)파로 갈라져 상호납치와 살인사건까지 번진 데모로 혼란스러웠는데 끝내 세끼군파는 서울행 여객기를 납치하여 평양으로 간 사건도 발생하였던 무렵이다. 마치 국내 운동권 대학생들의 NL파와 PD파의 분립과 같았다.

그러나 나의 머리속에는 오로지 그를 통하여 북한의 초등학교 교과서를 입수하여 학위논문을 조속히 끝내고 귀국하여 대학 강단에 서는 일만 가득했기에 그가 조총련의 핵심 간부인 줄 알면서도 계속 교제했던 것이다. 그러나 그는 나를 포섭하여 노동당에 입당시켜 북조선을 방문하고 귀국하여 국내비밀정보를 제공하는 간첩으로 만들고 싶었을 것이다. 서로 다른 두 사람이 다른 속셈을 지닌 채 만나다보니 눈에 보이지 않는 심리적인 갈등에서 오는 긴장감은 만나면서 더욱 고조되었다.

어느 날, 나의 간절한 요구에 그는 하루만 빌려준다는 조건으로 인민학교 국어과 교과서 일부와 〈조선말 사전〉을 어렵게 전해 주었다. 그래서 밤새 복사하고는 뒷날 되돌려 주었던 것이다. 한번은 그를 통하여 내 쪽에서 먼저 조선대학교의 유명한 교수 한 분을 소개해 달라고 제의하였다. 나의 속마음을 알듯 모를 듯한 상태에서 어떤 결정적인 계기를 포착하지 못하고 포섭실적의 부진 때문에 침울해 있던 그는 무척 반가워하면서 약속이행에 적극적이었다.

그는 〈현대조선교육의 발전〉現代朝鮮教育の發展이라는 책을 쓴 일본, 조선대학교 P라는 교수였다. 어느 날 시내 다방에서 세 사람이 만났다. P교수는 별 말이 없었고 주로 조 씨가 가운데서 예의 북한찬양과 남한의 정치비판으로 분위기를 조성하고 있었다.

나는 그 교수와 헤어질 즈음에 이런 말을 물었던 기억이 난다.

"교수님, 한 사람의 학자로서 주체사상이라는 절대가치를 신봉하고 무비판적으로 따르는 것에 어떤 학문적인 갈등이나 한계성을 느껴본 적은 없으십니까?" 이 말에 그는 아무 대답 없이 미소만 띄우고 말았던 모습이 뇌리에 남아있다. 유학생 수준에서 원로 교수에게 꽤나 당돌하지만 격조 높은 질문을 했다고 스스로 느끼기도 했다.

다시 세월이 흘러 와세다에서 박사학위과정도 끝났고 논문준비도 나름대로 진행하고 있음에도 지도교수는 논문지도를 받아 논문을 제출하라는 이야기를 전혀 하지 않았다. 와세다는 학위를 여간해서 수여하지 않는 대학으로 알려져 있기는 하지만 힘든 고학생활을 끝내고 귀국하여 모교의 강단에 서고 싶은 나에게는 박사학위 취득이 매우 절실하고 초조했던 것이다.

한국의 모교에서는 무조건 학위를 받아 돌아오라는 말 뿐인데 일본의 지도교수는 귀국하여 교수생활을 하면서 전공분야 학술지에 논문도 발표하고 저서도 내면서 기다리면 논문제출 자격을 통보해 주겠다는 것이다. 일본의 와세다대학의 경우 박사과정을 이수하면 학생능력에 따라 언제든지 논문을 제출할 수 있는 한국이나 미국의 경우와는 다른 전통이 있었음을 몰랐던 것이다.

일본유학생활 5년이 지나자 나에게는 아이가 둘이나 태어나 있었다. 세 식구나 먹여 살리면서 공부도 해야 하고 정말 어렵고 힘든 나날이었다. 더구나 학위취득의 예측은 불투명하고, 그래서 답답한 마음에 기분전환으로 일본에서도 교육학 전공분야로는 전통과 실력을 인정받고 있는 동경교육대학(그 뒤에 현재의 쯔꾸바대학筑波大學으로 개편)에 연구생으로 등록하여 한 학기를 다니기도 했다.

그리고 그동안 소홀했던 한국 유학생들의 모임에도 적극적으로 참가하였다. 1973년에는 한국유학생회 회장직을 맡아 동창회지인 〈한종〉韓鐘 제2호를 발간하면서 와세다 무라이村井資長 총장과 문부대신 이나바稲葉 修를 비롯하여 한국의 와세다 출신 원로선배인 김상만(동아일보 사장), 기세훈(사법연수원장), 이병도(역사학자), 성백선(고려대 교수), 최형섭(과기처 장관), 이 호(주일대사)의 기념사와 축사도 부탁하여 게재하였다.

한편 도쿄 중심의 각 대학 유학생들의 전체모임은 주로 재일교포 사업가가 창립한 〈신한학술회〉新韓學術會라는 이름의 연구모임을 주축으로 이루어졌다. 여름이면 유학생들은 가족동반으로 해수욕도 갔으며 가을이면 동경한국학교東京韓國學校의 교정에 모여 친선 체육대회도 개최하면서 정말 친숙하고 긴밀하게 지냈던 것이다. 지금과는 달리 전체 유학생 숫자가 40여 명에 불과했기 때문이다.

그러던 그 어느 날, 이러한 유학생 모임이 갑자기 소원해지고 모임에도 좀처럼 출석을 안 하거나 꺼리게 된 사건이 일어났다.

그것은 유학생 모임의 핵심 멤버였던 한 사람 때문이었다. 그는 우수한 두뇌로 서울의 S대학을 졸업하고 일본에 유학하여 누구보다 먼저 그 어려운 학위도 먼저 받고, 유학한 그 대학에서 전임강사라는 직위까지 가졌던 K(후에 국내의 K대 교수와 국회의원까지 지냄)라는 교수가 간첩혐의로 체포되면서 당시 한국과 일본의 언론에 대대적으로 보도되자 유학생들간의 상호불신풍조가 모임을 꺼리게 만들었기 때문이었다. 이러한 K교수도 일본서 나와 교류하던 사이였기에 정보기관의 수사관들은 나를 더욱 의심하였고 간첩활동 혐의자로까지 지목했을 것이라고 본다.

실제로 K교수는 방학을 이용하여 일본에서 북송선을 타고 밀입북 하였고 북조선 노동당 대남총책인 김중린 앞에서 노동당 입당선서까지 했다는 수사당국의 발표까지 알려지고 보니 우리들은 그 사실을 믿을 수밖에 없었던 것이다.

이러한 와중에서도 나는 겁없이 상대가 조총련이든 민단계이든 상관없이 대할 수 있었던 것은 나름대로 확고한 대북관을 가졌고 있었기 때문이었다. 사실 그때만 해도 해외여행자를 위한 필수교육 과정이었던 '소양교육' 강사들은, 특히 일본 여행자나 유학생들에게는 조총련계 인사는 만나서도 안 되고 심지어 조총련계 식당에도 들어가면 안 된다는 주의사항을 강조하였던 것이다. 실제로 북한은 간첩침투 루트로 일본의 재일교포를 많이 이용하고 있었던 것이다. '나름대로의 신념'이라고 표현한 이유는 앞서의 민단 아르바이트 때의 활동과 함께 다음과 같은 경험에서 근거하고 있다.

1972년 7월 4일, 소위 남북 당국자간의 '7·4공동성명'으로 한국은 물론 일본에 있는 교포사회까지 금방 통일이 이루어지는 것처럼 흥분했고 덩달아 우리들 유학생들도 온통 들 떠 있었다. 그 때 마침 와세다대 한국유학생회 회장이었던 나는 일본 대학들 중에서도 가장 강력한 조직과 활발한 활동을 하고 있다는 와세다 대학의 조총련계 소속 학생단체를 방문하여 이 문제를 두고 남한의 유학생들과 함께 만나서 자유로운 토론을 하는 것이 어떻겠느냐고 먼저 제의를 하였다.

그러자 조총련 소속의 학생단체의 회장이라는 친구가 좋다고 하면서 날짜와 장소를 결정하였다. 드디어 그날이 다가왔고 우리 쪽에서는 약속된 장소에 모였다. 그런데 약속시간이 거의 다 됐을 쯤 전화가 걸려 와 "사정상 출석할 수 없다" 는 일방적인 통보로 약속을 파기하였다. 나는 그러한 무례가 어디 있느냐고 항의했지만 어쩔 수도 없었다. 추측하건대 아마 상부에 이러한 사실을 보고하자 안 된다고 불허했던 모양이었다. 학생들의 활동까지도 독자적으로 결정하지 못하고 일일이 조총련 중앙집행부의 지시에 의하여 조종되고 있다는 사실도 그 때 알았다. 공산주의 집단의 생리는 상대방이 먼저 주도권을 쥐고 적극적으로 나가면 물러서고 반대로 소극적이면 적극적인 공세로 침투해 오는 특성을 확인하는 계기이기도 했다.

당분간 와세다 대학으로부터 학위를 받을 전망은 막막하고 일본생활 6년이 되자 일본사회의 빈틈없는 질서와 구조는 숨쉬기가 답답할 정도로 느껴지면서 어쩐지 견딜 수가 없었다. 이 무렵에 나에게 하나의 탈출구를 제시한 은인 한 분이 나타났던 것이다.

서울에서 〈동서문학〉東西文學이라는 문예 교양지를 출판하면서 사회활동을 하고 계셨던 전숙희田淑姬 여사가 도미했다가 귀국하는 길에 일본에 들렸을 때, 마침 일본에서 공부하고 계시는 동안 가까이 지냈던 추은희秋恩姬 여사의 소개로 만나게 되었다. 전 여사는 나에게 만일 미국으로 유학가고 싶으면 뉴저지 주에 있는 몽클레어 주립대Monclair State College의 김병서 교수(연세대 출신의 사회학과 과장)의 조교로 갈 수 있게 소개해 주겠으며, 학비면제와 장학금도 받을 수 있도록 주선해 주겠다는 것이었다. 나로서는 과분한 기회여서 무조건 가겠다고 하였다. 그동안 일본서 받은 각종의 장학금과 아르바이트로 생활하면서도 저축한 돈이 2천불은 모여 있었다.

1974년 8월 18일, 나는 어린 아이들 둘과 아내까지 딸려 있는 주제에 달랑 2천불을 가지고 미국이라는 초행지를 감히 겁도 없이 가겠다고 결심하고 하네다국제공항의 출발선 대합실에 가서 서울서 출발한 미국행 KAL기를 기다리고 있었다.

그 때가 마침 육영수 여사의 저격사건으로 일체의 외국행 여객기가 며칠간 김포공항에 묶여 있다가 풀렸던 날이라 비행기는 초만원이었다. 우리 식구들이 가지고 있었던 티켓은 이웃에 살았던 KAL 동경지사의 직원 C씨의 주선으로 값싼 대기 좌석표였던 것이다. 이런 판국에 빈자리를 바라기란 거의 절망적이었다. 구질구질

한 살림 보따리까지 잔뜩 싸가지고 나온 터에, 더구나 그동안 사귀었던 일본의 유학생 친구들의 가족들이 배웅을 나와 있는 판에 비행기도 못 탄다면 정말 어떻게 하나 하고 초조했다.

더운 여름 늦은 밤, 좌석을 알아보려고 출입국장의 카운터를 이리 뛰고 저리 뛰면서 땀으로 흠뻑 젖은 나의 몰골은 말이 아니었다. 좌석은 없었다. 하는 수 없이 늦은 밤이지만 C씨 집에 연락하여 죽는 소리를 했더니 잠시 후에 출국장의 어디로 가 보라고 하여 찾았지만, "도저히 어떻게 할 수가 없군요."라는 대답이었다. 그런데 조금 후에 "그러면 좋습니다. 일등석이 몇 자리 비어 있으니 그리로 가십시오!"라는 말이었다. 얼마나 황공하고 고맙고 부끄럽기도 했던지…….

이렇게 우리는 싸구려 대기 좌석표로 엄청난 가격의 일등석 침대에 누워서 태평양 상공을 밤새 날았고 미지와 꿈의 땅, 미국 뉴욕의 라가디아La Guardia 국제공항에 도착했던 것이다. 그러나 미국 생활은 시작부터 고난이 우리 가족을 기다리고 있었다.

뉴욕에 도착하여 셋방을 얻은 곳이 어느 교활한 유태인 영감의 집이었다. 한번은 그 영감이 내가 영어도 어눌하니까 저능아처럼 보였던지 자기 앞으로 나온 전기세 청구서를 나에게 주면서 내가 납부하라고 속이기도 했다. 미국은 원래 이렇게 전기료가 비싼가 하고 의아하여 먼저 유학 온 친구에게 물어 보았더니 아니라고 하면서 전기회사에 문의하자 직원이 와서 그 영감을 나무랐던 일도 있었다.

대학의 조교생활도 형편없는 나의 영어발음 실력 때문에 먼저 소개해준 전 여사와 김 교수에게 부끄럽고 부담을 주는듯하여 서너 달 버티다가 스스로 조교 자리를 내어 놓았다. 이제는 학적도 없는 불법체류자의 신세로 전락하는 처지였고 당장 다음 달 방값도 못내게 되자 그 유태인 노인집에서 쫓겨나 식구들이 길거리에 나앉을 지경에 이르렀던 것이다.

이제 공부는 고사하고 가족까지 굶어 죽게 되자 아내는 아이들을 나에게 맡기고 일본어를 할 줄 안다는 밑천으로 일본인 식당의 종업원으로 나가기도 했지만 생활비로는 어림도 없는 벌이에 불과했다. 일본을 떠날 때 예의 조총련의 조씨가 나에게 만년필을 하나 선물하면서, "김 선생! 미국에 가서 살기가 힘들면 미국에도 우리 조직원이 있으니까 그곳에 연락하면 도와줄 것입니다."라는 말이 떠올랐으나 나는 고개를 가로저었다.

암흑의 절박한 위기의 끝에는 한줄기의 빛이 있고 기회가 주어지듯이 나에게도 살아날 구멍이 있었다. 그 구멍 속으로 보이는 것은 여성의 아름다운 머릿결이었다. 다름 아닌 가발행상이라는 아르바이트였다. 당시 미국의 유학생들 중 고학으로 공부하는 학생들에게는 흑인 아줌마들에게 가발을 파는 행상이 유행이었다. 온갖 고초와 흑인들의 총칼 속에서 생명을 담보로 하면서까지 가발행상을 한 이유는 위험부담이 높은 만큼 수입도 많았기 때문이다. 여름방학 중 2개월 동안만 땀을 흘리면 다음 학기의 등록금과 최소한의 생활비는 가능했던 것이다. 그리고 매주말이면 뉴저지주의 남부에 위치한 뉴 브룬스윅New Brunswick이라는 조그마한 시골도시에서 열리는 '벼룩시장'에서 한국서 수입되는 유화를 파는 그림가게도 운영했다. 이번에는 주 고객이 흑인 아주머니들이 아닌 백인 아주머니들이었다.

나의 가발행상 스토리를 1976년 동아일보사가 공모한 논픽션에 〈가발행상기(假髮行商記)〉라는 제목으로 응모했던 것을 계기로 후에 명진사明進社라는 출판사에서 단행본으로 발간하여 국내에 소개되기도 했다. 그럭저럭 3년간의 미국생활이 지나자 컬럼비아대학 Columbia University, Teachers College에서도 석사학위를 겨우 취득하게 되었지만 박사학위 과정까지는 더 이상 버틸 힘도 모자랐기에 한 많은 미국생활을 정리하고 1977년 8월 귀국의 길을 택하였다. 세 식구와 함께 단출한 이삿짐을 자동차에 잔뜩 싣고 10여 일간에 걸쳐 뉴욕에서 L.A.까지 대륙횡단을 하였다. 이상이 나의 유학생활의 역정이었다. 귀국하자 곧바로 바라던 대학교수로 임명되고 강단에 서게 되었다. 그리고 나는 1987년에 국내대학에서는 주간부 정규학과로는 처음으로 고려대학교에 '북한학과'를 창설하였던 것이다. 당시 홍일식 총장의 도움이 결정적이었다.

수사관의 심문에 대하여 대강 이러한 나의 일본과 미국의 고학생활과정을 진술하였던 것이다.

나의 숨김없는 진술이 끝나자 그는 고개를 들고 나를 한참 응시하더니 "정말 이것이 전부냐!"고 다그쳤다. "적어도 나의 기억으로 그것일 뿐"이라는 대답에 그는 알았다면서 조서철을 들고 말없이 방을 나가버렸다.

한참 후에 다시 나타난 그는 "김 선생! 이것으로는 안 됩니다. 처음부터 다시 시작합시다."고 말하더니 일본에 가서부터 몇 월 몇

일자에 누구를 만났고 구체적으로 무슨 말을 했다는 식으로 다시 말해야 한다면서 험악한 표정으로 추궁하기 시작했다. 이른바 '양파까기'의 고문이 시작된 것이다. 이것은 나에게는 어떤 육체적 고문보다도 괴로운 정신적인 고문으로 나의 기력은 점점 소진되면서 이유도 알 수 없는 불안감이 자라나기 시작했다.

이미 짧은 초가을 해는 사라지고 창밖은 어두워지고 있었다. 저녁이라고 가져온 밥은 전혀 먹히지 않았다. 이번에는 다른 수사관이 들어오더니 또 다시 새로운 진술을 강요하면서 압박했으나 나는 그 이상은 아무것도 생각나지 않았다. 이러한 방법으로 몇 시간동안 심문과 진술이 반복되었으나 전혀 새로운 진술이 없자 그들은 점차 거친 말투와 위협적인 분위로 바뀌면서 나를 압박하기 시작했다. 그래도 간첩으로서의 결정적인 자백을 얻지 못하자 초조한 기색을 보였다. 다시 다른 사람으로 수사관을 바꾸더니 처음부터 진술을 새로 하라는 명령에 나는 지치기 시작했다. 시간은 새벽 1시에 이르고 있었다.

이러한 나를 보더니 옆방 침대에서 잠시 수면을 취하라고 했지만 훤하게 켜진 형광등 아래서 감시병이 지켜보고 있는 가운데 잠을 잔다는 것은 상상도 할 수 없는 조건과 분위기였다. 두어 시간 누워 있었을 뿐, 다른 수사관의 명령에 벌떡 일어나 또다시 책상 앞에 마주앉게 되었다. 역시 나의 대답은 마찬가지였다. 나의 진술에 하나도 새로움이 없는 것만큼 수사관의 언성과 태도는 거칠어져 갔다.

"당신 안 되겠어! 그래도 교수라고 특별대접을 해 주었더니 형편없어! 좀 고생해야겠어!"라면서 어투도 달라지기 시작했다. 어느새 긴 밤이 지나고 창문 틈으로 비치는 희부연 빛으로 날이 밝아지고 있음을 느꼈다. 철야 심문에 심신이 지친 나를 방에서 나오라고 하더니 군용 지프차에 태우고는 가을 아침의 짙은 안개 속을 달리기 몇 십분 후 도착한 곳은 D시의 중심가에 자리한 〈○○공사〉라는 간판이 달린 오래된 건물의 지하실이었다. 보안사의 D시 본부였다.

교도소 감방처럼 연달아 있는 지하의 콘크리트 방들에는 아무도 없는 듯 조용했고 오로지 나 혼자만 중간쯤의 좁은 방에 수용되었다. 천정에 매달린 희미한 알전구 하나, 사방 벽은 천정 높이에 설치돼 있는 통풍구만 먼지로 덮여 있을 뿐 푸르스럼한 시멘트벽으로 둘러싸여 있었다. 그리고 야전군용 침대 하나. 출입문 옆에는 야구 방망이 같은 때 절은 몽둥이가 두어 개 놓여 있었고 출입문에는 무장한 군인이 나를 지켜보고 있었다. 방 가운데는 책상 하나를 사이에 두고 수사관과 내가 앉아야 하는 걸상이 두개 마주하고 있었다.

얼마 후에 옷 보따리를 든 젊은 청년이 들어오더니 입은 양복은 모두 벗고 이 옷으로 갈아입으라고 했다. 예비군 훈련복 같은 헐렁한 얼룩바지에 고무신, 혁대도 매서는 안 된다는 지시였다. 아마 혁대로 자살을 시도할까 봐 그런 듯 여겨졌다.

다시 똑같은 심문과 진술이 시작됐다. 계속하여 반복되는 자백……자백. 그러나 여기서도 수사관을 다른 사람으로 자주 바꾸면서 어떤 때는 설득조로 어떤 때는 협박과 위협조로 심문과 진술이 계속되었다. 호텔 급의 장교휴양소와의 차이라면 수사관이 심문할 때 항상 건장한 젊은 사람 둘이 수사관의 양쪽에 바짝 붙어 앉아, 내가 생각이 안 나서 더듬거릴 때마다 "이×× 죽고 싶지 않으면 빨리 말해!"라는 위협과 함께 매서운 눈초리로 나를 응시하고 있었다는 점과 이제는 욕설도 예사였다는 점이다.

그러나 나는 양심적으로 아무런 가책이나 두려움이 없었기에 늘 여유 있는 미소까지 띄우면서 일관된 태도를 지키고 있었다. 이러한 나의 태도 즉, 주눅이 들고 두려움으로 떨면서 위축되어야만 하는데도 나의 여유로운 태도가 그들에게는 못마땅하고 기분 나빴던 것이다. 그러자 "여기 들어오면 성하게 살아 나가는 사람이 없으며 죽어도 아무도 모른다."는 말로 위협과 공포분위기를 조성하였다.

벌써 몇 끼의 식사시간이 지나갔지만 음식이란 전혀 입에 댈 수가 없었고 너무 긴장해서인지 목이 타면서 혀가 입천장으로 말려 올라갔다. 말도 잘 안 나올 뿐만 아니라 찬물만 마시고 싶었다. 아직도 늦여름의 더운 날씨였는데도 밤이면 온몸이 떨리면서 추웠다. 그러자 수사관은 내의를 사다가 입으라고 주기도 했지만 몸은 여전히 으스스했다.

며칠이 지난 어느 날, 나는 화장실에 가겠다고 하자 감시관의 입회 아래 화장실 문을 연 채 용변을 하라고 했지만(아마 문을 닫으면 안에서 몰래 혀를 깨물거나 목을 졸라 자살을 시도하는 경우가 종종 있었는 듯함.) 먹은 것이 없어서인지 그대로 일어서고 말았다. 심문하는 방으로 돌아오면서 얼핏 본 검은 줄, 내 방 바로 문 앞에까지 임시로 설치한 야전용 전화선을 보고 나는, 전기고문용 전선으로 착각하고 얼마나 겁을 먹었는지 모른다.

시간이 흐를수록 나의 머리 속은 일상의 모든 지각과 판단이 하얗게 바래지면서 시간과 공간의 감각마저 몽롱한 상태로 빠져들기 시작했다. 금방 끊어질 것처럼 팽팽히 당겨진 고무줄 같은 긴장과 초조의 연속……반딧불처럼 꺼졌다 살아났다 하는 의식의 편린을 붙들고 버티고 있던 힘도 점점 허물어지기 시작하였다.

“이××, 우리는 벌써 너의 모든 활동정보를 확보하고 있으니 네 입으로 자백해!” 수사관이 한번 더 윽박질렀다.

“그렇다면 그런 자료를 제시하여도 내가 반증을 못하면 범죄가 입증될 게 아닙니까?” 나의 대답이었다. “이××가! 너 지금 우리에게 보고 받으러 와 있는 줄 알아!” 벼락같은 호통이었다.

나의 진술로는 그들이 예상했던 목표와는 전혀 못 미치는 답보상태라 이제는 그들이 나보다 더 초조해 했다. 한계점을 느낀 수사진은 마지막으로 한번 더 강하게 조였다. 그런 가운데 몇 분 후 기관의 책임자로 보이는 책임장교가 방으로 들어서더니 나에게 욕설과 함께 구둣발로 몇 차례 걷어차고 귀쌈을 후려 갈겼다. 정신없이 그저 멍했을 뿐 별로 아프다는 감각조차 없었다. 그런데도 하나도 그들에게 원한이나 분노심이 생겨나지 않고 오히려 동류의식 같은 희한한 감정이 그때 엄습했던 것은 나도 알 수 없는 아이러니였다.

그것은 아마 나 역시 그들 못지않게 극우 보수적 반공사상으로 지내왔던 과거의 삶이었기 때문인지도 모르겠다. 다만 그들의 서툰 수사태도와 능력, 심문수준에 대한 동정심과 다른 사상범을 심문할 때도 이래서는 안 되는데……… 하는 여유로운 생각이 들었기 때문이었다.

내가 계속 밥을 먹지 못하자 수사관은 혹시 이러다 큰일이 생길지도 모른다고 여겨서인지 구내식당으로 데려가 뭐든지 먹고 싶은 것을 말하라고 했다. 그의 친절에 감동하여 라면을 시켰다. 그러나 음식이 나왔을 때는 냄새도 맡을 수 없었고 구토증까지 느껴져 겨우 국물만 한두 숟갈 뜨고는 일어서고 말았다.

드디어 다음날부터는 입안이 더욱 바짝 바짝 마르기 시작했다. 이제는 혀가 말려 올라가면서 목구멍을 막아 말도 제대로 할 수 없었다. 동시에 체온이 급격히 떨어지고 의식이 흐려지자 그들은 서둘러 군의관을 불렀고 나의 혈압이 60으로까지 내려갔던 것이다. 원래 저혈압이었던 나였지만 그들은 당황하면서 당분간 안정을 취하게 하였다.

자꾸만 떨리는 몸을 웅크리고 침대에서 잠을 자려고 했으나 머리 바로 위에 매달린 전구의 촉수가 낮아 희미한 불빛임에도 왜 그렇게도 눈부시고 밝은지…… 모포를 머리 위로 둘러쓰려고 하자 출입문에서 보초를 서 있던 감시병이 그렇게 하면 안 된다는 것이었다. 얼굴과 손은 밖으로 내고 자라고 했다. 혹시 이불 속에서 몰래 혀를 깨물고 자살하지나 않을까 하는 우려에서인 듯했다.

그러나 몸이 조금 회복되자 똑같은 심문과 진술이 반복되었다. 하루에도 몇 차례 수사관이 바뀌면서 똑같은 심문과 진술이 처음부터 시작되었다. 같은 이야기의 반복과 반복, 그들도 지쳤고 나도 지쳤다. 정말 미치고 환장할 일이었다. 칼로 가슴을 쪼개서 그들 앞에 펼쳐 보이고 싶은 심정이었다. 또다시 정신적인 인내의 한계점에 이르면서 차라리 이렇게 죽어가는 것이 행복한 길인 듯이 느껴졌다.

"그럼 좋습니다. 만일 내가 지금까지 한 이야기가 거짓말이거나 또는 스파이 행위를 한 사실이 후에 탄로날 경우, 아무런 재판과정 없이 그대로 총살시켜도 좋다는 서약서를 쓰고 지금 도장을 찍겠습니다!"라는 나의 단호한 호소에 취조수사관은 그저 웃었다. 그러자 이러한 나의 정신적 버팀목도 흔들리기 시작하였고 허위와 진실의 가치기준도 흐려지기 시작하면서 정신적인 패닉상태가 또다시 찾아왔다.

다음날 나는 모든 것을 수사관들의 머리속에 이미 그려져 있는 그림대로 따라가면서 지시에 따라 색칠해 주기로 마음을 결정했다. 그것은 간첩행위의 허구적인 실토이며 자백이다. 이렇게 작심하게 된 것은, 다음에야 어떻게 되더라도 당장 이곳 밀실로부터 벗어나고 싶은 간절한 욕구와 허위자백도 일단 공개적인 재판과정에서 번복하면 되지 않겠냐는 생각으로 허위자백을 하기로 결심했던 것이다.

이렇게 결심한 나는 수사관에게 나의 고백에 앞서 한 가지 소원(전제조건)을 들어준다면 모두 자백하겠다고 제의하였다. 그것은 나의 자백을 일체 신문에 발표하지 않겠다는 약속이었다. 왠지 그때 나의 머리 속에는 그동안 보아왔던 '대 간첩단조직 검거'라는 일간지 사회면의 특종제목과 함께 조직책은 누구, 연락책은 누구라는 형식의 도표로 발표되는 신문기사가 떠올랐고, 동시에 그것을 보고 고향의 형제들과 가까운 친구들, 학교의 동료교수들이 얼마나 놀랄 것이며 두려워할까가 상상되었기 때문이었다.

가령 내가 후에 무혐의로 풀려났다고 하더라도 신문지상에 한 번 알려진 사실을 4천만 국민들 한 사람 한 사람 찾아다니면서, 내가 무죄로 석방되었다고 일일이 해명하고 다닐 수도 없는 일이 아닌가. 또한 한 번의 잘못된 각인은 평생을 따라다니면서 고통을 주기 마련이기 때문이다. 이와 같은 우려에서 요구한 전제조건을 그들은 쾌히 수락하였고 나는 간첩활동의 그림을 그들의 요구대로 그리기 시작하였다.

"언제 노동당에 입당했지요? 1970년인가 와세다 대학 유학생이었을 때입니다. 북한은 갔다 왔습니까? 북한에는 안 갔습니다. 그럼 일본에서 주로 무슨 활동을 했지요? 1973년인가 일본의 안국진安國鎭 사장, 일본명으로 야스모도安本國鎭(민단소속의 재일교포 건축사업가) 사장과 함께 당시 이희근李喜根 공군사관학교 교장의 초청으로 공사 졸업식에 참가하여 열병식의 사진을 찍었던 것이 있습니다."

야스모도安本 사장은 경남 함안 출신이었다. 그는 불같은 성격의 재일교포로 문자 그대로 조국(한국)에 대한 애국심이 대단하여 일종의 쇼비니스트Chauvinist였다. 내가 없는 돈에 유학생 잡지(韓鐘)을 만들 때 거금을 희사해 주었다. 당시 주일대사 이호李澔와도 친밀하여 대사관 증축 공사를 거의 원가로 준공해 주었는데 어떤 인연으로 이희근 공군사관학교장과도 친교하여 졸업식의 로얄 박스에 초대되었던 것이다. 나는 그의 건설회사에서 사장의 비서처럼 일하는 아르바이트를 했기 때문에 서울까지 동행하였던 것이다.

그의 애국심과 나에 대한 은혜를 못 잊어 미국서 귀국하던 1977년에 동경에 들러 인사차 찾아 갔더니 일년 전에 돌아가셨다는 부인의 말에 얼마나 서운하고 안타까운 마음이었는지 몰랐던 분이다.

"이것만으로는 안 됩니다! 그러면 조선로동당에 입당선서를 하고는 김일성에게 충성전문을 보냈지요?" "예 그렇게 했습니다." 그리고 본국에 비상 연락책이 있어야 하는데, 그가 누구누구입니까?"

나는 누구라고 말하기가 어려워 대답을 못하고 머뭇거렸다. 가령 서울의 친척이나 산부인과 의사였던 처형의 이름을 대면서 얼버무릴 수도 있었지만 그러면 당사자가 날벼락 같은 일로 곤욕을 치를 것이 두려웠다. 또한 확인한 결과 허위로 판명되어 나의 진술(자백)이 거짓으로 드러나면 나는 여기서 영원히 풀려나지 못하고 만다는 어처구니없는 걱정까지 했던 것이다. 이처럼 허위자백이 사실이 아니라고 드러날 것을 우려하고 있는 피의자가 있다니…… 이렇게 하는 내가 누구인지 자신도 모를 만큼의 심리적인 착란에 빠져 있었다.

"그러면 됐습니다."하고 어떻게 가장 중요한 부분을 그대로 넘어가면서 다음 심문으로 이어졌다. 다음은 내가 일본서 학위논문 자료를 얻기 위해 자주 만났다는 조총련의 중앙 조직원이었던 조성주씨와의 접촉사실만을 집중적으로 심문하고는 모두 끝났다고 하면서 진술서 한장 한장마다 이상 없음의 확인용 손도장을 찍게 함으로써 그 지루하고 긴 고통스런 수사는 막을 내리는 듯했다.

곧이어 나에게 발길질을 하며 격노했던 수사책임자가 부하들을 대동하고 지하실로 내려오더니 "진작 그렇게 할 일이지. 김 선생

정말 수고했소!"라는 인사와 함께 다음과 같은 말을 덧붙이는 것이었다. "사실 우리는 처벌만이 능사가 아니며 우리들 사업에 협조를 할 수도 있지요. 그러나 당신이 그런 자격이 있는가, 없는가의 판정은 우리들이 아니고 서울 중앙의 심판관이 내려와서 당신의 진술조서를 보고 면접을 한 뒤에 결정하니까 그분들이 올 때까지 기다리십시오."라면서 방을 나갔다. 밤은 점점 깊어갔고 잠은 들었다 깨었다 했다.

나는 다시 새로운 불안에 휩싸이기 시작했다. 그 불안이라는 것은 만일 심판관이 나를 학원가의 정보 협조자로서는 자격미달이라면서 불합격시키면 어떻게 되는가 하는 엉뚱한 걱정까지 하였다. 여하튼 당시 나는 도저히 상식적으로 이해가 안 되는 사고의 흐름 속에서 몽유병자처럼 둥둥 떠다니고 있었다.

연락을 받은 중앙본부의 심판관은 젊고 건장한 체구의 두 사람과 함께 밤 12시경에 D시로 급히 내려왔다. 잠깐 졸다가 일어나 탁자를 사이에 두고 마주 앉아 이제는 심문보다는 자격심사가 시작되었다.

60대에 가까운 조그마한 체구의 면도칼날 같은 인상의 중앙심판관은 예리한 시선으로 나를 한참 응시한 뒤 두툼한 조서기록과 자백서 등을 훑어 내려가기 시작하였다.

나는 마치 입학시험 면접고사장에서 수험생이 시험관의 표정과 말에 긴장하면서 혹시 부정적인 이야기를 하면 어쩌나 하는 심정으로 그의 반응을 기다리고 있었다. 그는 지금까지의 현지 수사관들과는 판이하게 달랐다. 뱀처럼 지혜롭고 예리한 판단력으로 내 마음 속까지 훤히 꿰뚫어 보는 듯이 느껴졌다.(사실 마음속으로는 그가 틀림없이 귀순간첩 출신으로 이런 일에는 도통한 사람일 것이라고 생각했다.)

드디어 그의 반대 심문이 시작되었다.

"당신의 자백조서에 의하면, 일본서 북한 노동당에 가입선서를 하고 김일성에게 충성전문을 보냈다고 했는데, 원칙적으로는 자필로 편지를 쓰도록 돼 있는데 어떻게 전문을 보냈다고 했느냐?"는 질문이었다. 나는 대답을 못하고 얼버무리고 있었다. 나로서는 아무것도 모른 채 다만 수사관이 그렇게 물어서 그렇다고 했을 뿐이었다. 그만큼 지방의 대공간첩 수사관들은 간첩활동에 관한 기초지식이 모자랐기 때문에 그렇게 물었던 것이다.

"그리고 가장 중요한 국내 연락책이 누군지 진술이 없구먼!"

이때 그 중앙의 심판관과 함께 온 키가 크고 잘 생긴 젊은 청년 두 명이 나의 건너편에서 말없이 나를 주시하고 있다가 버럭 고함을 지르면서 바른대로 자백하라고 협박하기 시작하였다. 그러나 나는 또 다시 얼버무릴 수밖에 없었다. 밤은 깊어가고 있었다.

예리한 눈매의 심판관은 두툼한 나의 모든 수사 기록철을 한 장 한장 넘기면서 꼼꼼하게 살펴보기 시작하였다. 자칫하면 나의 운명은 영원히 그의 판단 여하에 의하여 좌우될 듯이 느껴지면서 또 다른 불안과 초조가 엄습해 왔다.

이러한 와중임에도 이상하게 마음이 편해지면서 여유 있는 웃음이 나도 모르게 입가로 번져 나왔다. 이러한 나의 태도를 보고 있던 젊은 청년 중 하나가, "당신 그 태도가 기분 나빠! 똑바로 앉지 못해! 이××야"라는 말과 함께 공포감을 조성하였다. 아마 그

청년도 앞서의 수사관과 같이, 내가 초조해 하고 우울하며 심각한 얼굴로 몸을 떨면서 겁을 먹고 있어야 마땅한데 이놈은 어떤 판국인지 어떻게 보면 여유작작하고 유연한 자세로 입가에 웃음까지 보이고 있으니 그런 피의자의 태도가 도대체 매우 못마땅했던 것이다.

원래 나는 평소에도 늘 웃는 인상이며 여간해서는 심각하거나 우울한 표정을 잘 못하는 위인이기도 했다. 그래서 이런 나를 두고 아내는 곧잘 "당신은 남의 집 상가에 문상가기는 틀렸다."고 말하기도 했던 것이다.

세상의 이치는 본질적으로 극과 극은 항상 공존하는 것이다. 적당히 슬퍼야 눈물이 나오지 슬픔이 극에 달하거나 고통이 극에 달하면 눈물보다는 웃음이 나오게 마련인 것이다. 그래서 삶과 환희의 절정임에도 '죽도록 사랑한다거나, 너무 기뻐서 눈물이 난다.'는 말의 아이러니가 있지 않는가 싶다. 사실 너무 슬프면 눈물보다 웃음이 나거나, 너무 기쁘면 웃음보다 눈물이 먼저 나오는 것이 인간의 묘한 심리인 것이다.

나는 그 순간에 마음속에서 이상한 격렬함이 느껴지면서 심판관에게 한 가지 부탁이 있다고 했다. "선생님! 제가 선생님에게만 꼭 하고 싶은 말이 있으니 이 두 사람은 좀 밖으로 나가게 해 주시겠습니까?" 그러자 심판관은 서류뭉치에서 눈을 떼면서 나를 보더니 "있어도 괜찮으니까 무슨 이야기든 해 보라."는 것이었다.

"사실은 제가 여기 수사관에게 허위자백을 했습니다." 이 말에도 그는 별로 놀라거나 동요하는 기색이 없이 이미 알고 있었다는 표정으로 아무 말도 하지 않았다. 다만, 왜 신문에만 내지 말라고 했는지에 대하여 물었던 것이다. 그러자 다시 입안의 침이 마르기 시작하면서 혀가 꼬부라져 말을 잘 못하자 종이를 주면서 글로 써내라고 지시하고는 밖으로 나가 버렸다.

나에게 위협을 가했던 청년이 살며시 옆으로 다가오더니 "혹시 여기 수사관들이 심한 고문을 하더냐?"고 물었다. "별로 그런 것은 없었다."고 대답했다.

실제로 그 당시에는, 그 유명한 박종철 군의 물고문 치사사건으로 정권이 흔들릴 정도로 여론이 악화되어 있던 사회분위기였기에 내가 당한 고초는 아무것도 아니라고 느꼈기 때문이었다.

한참 후에 다시 들어온 중앙심판관은 나의 이른바 '신문발표 거부 이유서'를 넘겨받아 한참 읽어 보더니 갑자기 진술서를 던지면서, "당신은 간첩이고 정보원이고 아무 자격도 없어!" 하면서 곧바로 나가버렸다.

그때 나를 엄습했던 절망감과 공허함은 나를 당황하게 만들었다. 도저히 정상적인 논리로는 설명이 안되는 마음의 혼란에서였다. 마치 피의자가 혐의에서 벗어나려고 애를 쓰다가 막상 무혐의로 판정됐을 때의 희열과 안도감에 동반하는 허탈감 또는 공허감이 더욱 자신을 불안하게 만드는 것처럼, 이것은 일종의 매조키즘적Masochism인 성격특성일 것이다. 여하튼 나는 더욱 불안해했다. 그 결과가 무엇을 의미할지도 모르면서 오로지 지금의 구속 상태에서 탈출할 수 있는 유일한 희망으로 여겼던 '합격(적격)'이 '불합격(부적격)'으로 판정이 났기 때문이다.

모두 떠나고 혼자만 남았다.

이제 곧 수사관들이 들이닥치면서 성난 얼굴을 하고 "이 배신자 ××, 뭐라고? 허위로 자백했다고! 그래 한번 본격적인 맛을 좀 보아라!"면서 고함을 지르는 소리가 귀에서 들리고 환영이 보이는 듯했다. 이러한 환상과 환청은 이내 현실로 나타났다. 수사과장을 앞세우고 들어선 그들은 나를 한번 더 족치기 시작했다. 그러나 의외로 그들의 태도는 곧 누그러지면서 심문태도도 부드러웠다. 나는 오히려 이러한 변모가 더욱 불안하였고 무서웠다. "당신 겉으로는 반공투사, 투사하면서 실제로는 그렇지도 않은 고등수법을 쓰고 있는 게 아니야!"라고도 했다.

그것은 그동안 국내의 여러 잡지와 신문, 출판물에 쓴 글들을 스크랩으로 만들어 두었던 것을 학교연구실의 수색으로 입수하여 가져다가 읽어 보고는 한 말이었다. 한편 1985년 여름방학 때, 오랜 기간 관련했던 PWPA(통일교 산하의 세계평화교수협의회 명칭으로 국내의 각 대학교수들로 구성된 일종의 학술연구 단체)의 중심회원들과 세계 각국에서 온 외국교수들과 팀을 이루고 전국 각지를 순회하면서 주로 지역의 주민들을 상대로 승공이론과 같은 시국강연을 하였는데, 나도 충남 일대와 경남 일대에 참가했던 것이다. 이러한 정보를 입수하여 자료를 분석한 결과 나의 강연내용이 모두 반공이데올로기에 투철해 있음을 보고 하는 말이었던 것이다.

녹음된 테이프의 강연 내용 중에서 듣기에 따라서는 충분히 간첩혐의자로 옭아 맬 수 있는 대목이 있었다면 다음과 같은 말이었을 것이다.

충남 금산에서의 주민들 앞에서 말한 강연에서라고 기억된다.

"제가 일본 유학하고 있을 때의 이야기입니다. 저의 친척 어른(조총련 열성활동가로 10년 전에 작고한 집안 어른)이 있었는데, 어쩌다 그 집에 조상의 제사가 있다고 왔다 가라고 하여 찾아가면, 예의 '남한은 굶주림으로 나물과 풀뿌리마저 모두 뜯고 뽑아 먹어서 논밭의 언덕이 무너졌다는 소리'나 하면서 남한의 실상을 왜곡하면서 북한의 허위 선전만을 믿고 엉뚱하게 비교하기도 했으며, 한번은, 역시 먼 친척이 되는 한국의 해군장성이 도미했다가 귀국길에 일본에 들러 그 집에 인사차 방문했는데 벽에 걸린 김일성 사진을 보고는 기겁을 하고 방에도 안 들어가고 마루에서 인사만 드리고 도망치듯 가 버렸다는 이야기를 하면서 그 어른은 덧붙이기를, 소위 한국의 장성이라는 사람이 김일성의 초상화만 보고도 기겁을 하는데 만일 실물을 만난다면 기절해 버리지 않겠느냐!"고 하더라는 이야기와 함께, "정말 좌익분자들은 말 하나는 근사하게 갖다가 붙이는 기술이 있다."고 했던 강연이었을 것이다. 이것만으로도 친북인사와의 접촉이며 특히 조총련 간부와의 접선으로 반공법에 저촉되는 행위이기 때문이다.

그리고 "이곳 충남 금산에는 유명한 〈5백 의총〉이 있는데, 기념비문 중에는 당시의 유명한 의병 조헌선생에 대하여 이런 문구가 쓰여 있었습니다. …… 학자들이란 평소 이론적으로는 시비를 잘 따지고 아는 체하지만 막상 행동으로 나서야 할 자리에는 몸을 사리고 비겁하기까지 한 사람이 많은데, 조헌 선생님은 불의에 분연히 맞선 분이시다.라는 것입니다. 지금 우리나라의 세태가 바로 그렇습니다. 학자들이 소신과 용기가 없어 지금 대학가에서는 제자들이 그릇된 좌경 이념에 물들어 잘못되어가고 있음을 보면서도 누구 하나 용기있게 나서서 그들을 지도하지 못하고 있습니다.

그리고 이에 못지않게 이 나라의 정치가들이 모두 입만 살아 있고 몸과 정신은 썩어 있습니다. 그래서 군사독재도 생겨났고 정보기관이 국민 위에 군림하는 정보정치의 공포 분위기로 이 나라의 민주발전은 위축되고 있습니다. 우리는 이 고장의 조헌 선생님의 의분과 용기 그리고 그 실천력을 본받아야 합니다."

대강 이러한 내용도 당시 정보기관의 관점에서는 듣기에 따라 반정부적이며 이적집단에 대한 찬양고무요 정권에 대한 도전으로도 해석했는지는 알 수 없었다. 이러한 강연이 정보기관원의 눈에는 나를 '수박 빨갱이'나 '고등 전술을 쓰는 간첩교수'의 한 사람으로 보게 된 빌미가 되었을 것이다.

이제 나의 몸과 마음은 지칠대로 지쳐 있었다. 며칠이 지나갔는지조차도 몰랐고, 완전히 시공개념을 상실한 좌표 위에서 나는 흔들리고 있었던 것이다. 더구나 그도 그럴 것이 신체적으로는 바로 몇 년 전에 담석증으로 대수술을 하여 죽을 고생을 한데다가 은행 빚을 얻어가면서 무리하게 집을 짓고 그 힘든 이사를 하게 된 직후의 일이라 나의 체력은 탈진 상태에 도달해 있었던 것이다. 그러나 이상하게도 며칠을 굶어도 배가 고프다는 감각은 전혀 없었다. 다만 정신만은 깜깜한 밤하늘의 별빛처럼 깜빡이면서 미몽에서 헤매고 있었다.

나는 불침번 담당 감시병에게 춥다고 사정을 하여 모포를 뒤집어쓰고 처음으로 소리 없이 울었다. 나는 그때 중대한 결심을 했기 때문이다.

'하나님! 정말 당신이 계신다면, 그리고 나를 살려 주어서 당신의 뜻 길에 도움이 된다면 구해 주시고 그렇지 않으면 버려 주십시오! 당신의 뜻이 버리는 쪽이라면 내일은 어떠한 일이 있더라도 죽을 각오가 돼 있습니다.' 신앙생활에 서툰데도 성경의 여러 구절이 머리속에 저절로 떠올랐던 것이다.

겟세마네 동산에서 예수께서 그의 아버지 하나님에게 피맺힌 마지막 담판기도를 했던 것처럼 나도 정말 처음으로 심각한 마음을 가지고 간절하고 처절한 기도를 했던 것이다.

'인간은 결국 신 앞에 벌거벗은 존재일 뿐'이라고 말한 덴마크의 실존주의 철학자 키에르케고르의 이야기가 이때보다 더 나에게 실감으로 다가온 적도 없었다. 우리는 평소에 얼마나 자신을 모르고 살고 있는가이다.

어김없이 날은 밝아왔고 먼 곳에서 자동차의 경적 소리도 아스라이 들려왔다. 낮이 되자 젊은 수사관이 들어오더니 날더러 밖에 나가 운동이라도 좀 하자고 했다. 그를 따라서 모처럼 지상에 나왔을 때 태양의 눈부심과 떨리는 몸, 무엇보다도 바로 쇠창살 울타리 밖으로 지나가고 있는 시민들과 온갖 삶과 생활의 소리들……. 바로 철책 너머 보이는 거리에 넘쳐흐르고 있는 자유, 자유들……. 그 신선한 공기와 함께 마침 높고 푸른 하늘에 날아가고 있던 기러기들의 모습……. 그런데 한편으로는 잠깐 나에게 주어진 자유가 생소하게까지 느껴져 왔던 느낌을 어떻게 글과 말로 표현할 수 있단

말인가! 감옥생활을 해보지 않고는 진정한 자유의 의미를 실감할 수 없을지도 모른다. 괴테가 말했다는, “눈물에 젖은 빵을 먹어보지 않고는 삶이 무엇인가를 모른다.”는 것처럼.

마당에서 간단한 몸 운동으로 외출을 끝내자 나는 다시 지하실의 제 위치로 돌아왔다. 아마도 이것이 세상이 나에게 마지막으로 주는 삶의 마감 선물로 생각하면서 수사관과 마주 앉았다.

그는 그동안의 진술서를 내 앞에 내밀면서 “당신이 지금까지 진술한 내용 중에서 진실이 아니라고 한 부분만 표시하고 다시 진술서를 작성하여 제출해 주시오!”라고 말하면서 곧바로 방을 나가고 말았다. 왠지 이상한 예감이 들면서 이것은 수사의 종결을 의미하는 듯 느껴졌다. 그런데 그때는 나도 모르게 운명의 전환이 이미 나에게 다가오고 있었던 것이다.

조금 지나자 담당 감시병이 나의 양복을 들고 오더니 갈아입으라고 했다. 하나님은 나를 버리지 않고 택하기에 앞서 진실을 택한 듯하였다. 이 진실은 아내가 집에서 불안과 초조 속에서 간절한 기원과 노력에 의해서도 연결되고 있었다.

내가 정보기관에 구치되고 있을 때 가택수색으로 집에 갔던 수사관이 아내에게 대강의 내 사정을 이야기한 탓에 아내는 처가에 알렸고 처가의 처형은 친척관계인 당시 보안사령관으로 재직하고 있던 00장군에게 연락하면서 상의했던 것이다. 그러자 곧바로 그는 나의 취조 책임자에게 긴급연락을 취하면서 사실대로 사건을 처리하라고 지시했던 것이다. 나를 어떻게 하든지 간첩혐의자로 조작하여 사건을 마무리해 보려던 시도는 단번에 중단되었고 사태는

180도로 반전되었던 것이다. 내가 심문받던 곳이 바로 보안사였던 것이다.

뒷날 아침 날이 밝자마자 지하실로 내려온 수사관들의 돌변한 친절 속에 나는 간단한 절차를 거친 다음 지프차에 태워졌고 연행된 역순을 따라서 휴양소에서 목욕을 하고 식당에서 일반 손님들과 같이 앉아서, 정말 일반 손님들과 똑같이 앉아서 점심도 먹고 커피도 마신 다음 수사관들이 집에까지 조용하게 태워다 주는 것으로 기나긴 악몽의 장막이 내려졌던 것이다.

그때만큼, 이상하게도 평소에는 늘 토닥거리기만 하던 아내가 그렇게 보고 싶고 눈물이 나도록 그리웠을 때가 없었다. 집에 들어가면 누가 곁에서 보든지 말든지 껴안고 실컷 울고 싶은 심정이었다. 이리하여 내 나이 49세, 마흔아홉 살의 아홉 수, 죽을 고비를 넘기는 액땜이었는지 모르지만, 이 민족과 이 시대가 낳은 비극의 무대에서 내려왔고 제1막은 닫혀졌던 것이다. 열흘에 가까운 악몽의 역사는 오로지 나에게만 커다란 변화를 주었을 뿐, 세상은 여전히 있는 그대로 변함없이 어제처럼 흘러가고 있었고 사람들은 살아가고 있었다.

수사기관에서 주위의 주의를 피하기 위하여 일부러 공휴일이 많이 낀 추석기간을 택하여서인지 직장이나 주변에서 누구하나 나의 실종을 눈치채지 못하였다. 다만 연구실 건물의 수위가 출근하는 나를 보더니 "지난주에 어떤 사람이 찾아와서 연구실에서 이것저것 뒤지다가 갔다"는 이야기만 들려주었을 뿐이었다. 어느 날 연구실을 수색해야겠다는 수사관들에게 연구실 열쇠를 주면서 내가 심부름을 시키는 것처럼 말하라고 했기 때문에 별로 의심을 받지 않았던 것이다. 그러나 직장의 책임자는 적어도 알아야만 되겠기에 모처럼의 출근 날 아무 일 없었던 듯이 강의를 끝내고 학장실에 들러 간단한 신상보고를 하였을 뿐이었다.

사실 엄격하게 따지고 보면, 당시의 정보기관들의 기준에서는 나는 충분히 간첩혐의자의 조건을 갖추고 있기도 했다. 그것은 첫째로, 북한의 제1차 자료인 인민학교의 교과서를 가지고 있었으므로 '불온서적 소지죄'이며, 무엇보다 조총련 중앙조직원과 수시로 회동한 '접선죄'에 해당되었기 때문이다. 그리고 조선장학회 장학생(남북분단 이전에 어느 재벌이었던 재일교포의 유언으로 결성된 장학회다. 국적에 관계없이 모국의 유학생들을 위한 장학재단으로 당시 한국유학생들과 조총련 학생들이 다 같이 받았다. 나도 주일한국대사관에 가서 받아도 좋으냐고 사전에 허락을 받았다. 그런데도 장학금을 받았던 한국유학생들 중에는 귀국하여 그것 때문에 정보기관에 소환돼 곤욕을 치룬 경우가 많았다.)으로 장학금을 오랫동안 받았던 것이다. 이런 것만으로도 당시의 공안정국에서는 보안법위반으로 얼마든지 연행하고 취조할 수 있었던 것이다. 그러나 나는 조총련의 자금을 받아 국내의 군사기밀을 수집하여 제공 또는 보고했거나 이적행위를 한 것은 전혀 없었기에 양심적으로 어떤 조사나 수사에도 떳떳했던 것이다.

그런데 무엇 때문에 수사기관에서 나를 간첩혐의자로 지목하고 연행까지 했는가는 또 다른 하나의 결정적인 나도 모르는 이유가 있었다. 그것은 내가 일본에 건너가 처음 몇 달간 집안의 형 집에 머물렀던 때 형의 형이 되는 집에는 한국(부산)에서 말썽만 피우고 있던 큰아들을 밀선을 이용하여 일본에 불법으로 데려다가 자신의 가방공장 일을 거들게 하고 있었는데 그는 시키는 일은 안하고 게으름을 피우면서 한번은 노름을 하다가 일본경찰의 단속에 적발되면서 강제출국을 당하고 말았다.

귀국한 뒤에도 여전히 아버지로부터 송금을 받으면서 사업을 한다고 했지만 망했고 유흥가에 돈이나 쓰고 다니는 형편이었다. 당시 그에게는 그의 동태를 감시 보고하는 경찰서 전담형사가 있었다. 그와 자주 만나던 중, 일본에서 본 어떠한 정보라도 알려주면 감시활동을 완화해 주겠다는 형사의 제의에 나를 떠올리고 내가 조총련간부와 접촉하면서 북한의 체제선전 영화도 보았다는 이야기를 했던 것이다. 그 형사는 곧바로 상부에 보고했고 그때부터 나의 동태를 몇 년간에 걸쳐 살피기 시작했던 것이다.

그러나 당시 나는 통일교의 〈남북통일운동국민연합〉이라는 단체에 가입하여 앞서 말한 것처럼 여름방학 동안 몇몇 회원 교수들과 같이 전국을 나누어 순회하면서 반공강연을 하고 있었고 신문과 잡지 그리고 학술지 등에 분명한 반공논조의 글을 발표하고 있었기 때문에 아무런 혐의점을 찾지 못하자 수사당국에서는 무조건 한번 연행하여 본격적인 취조를 해 보자는 결론이었던 모양이다. 무엇보다 1980년대 대학가에는 주사파 학생들의 격렬한 데모로 정국안정에 골머리를 앓고 있던 참이라 간첩교수 체포라는 실적이라도 쌓아 공안정국의 정당성을 꾀하려고 했던 동기도 작용했다고 본다.

이러한 이유와 경과를 거쳐 무혐의로 처리되면서 보안사로부터 귀가하자 나는 곧바로 학교에 정상적으로 출근했다. 다만 지나간 악몽이 하룻밤에 일어난 꿈처럼 느껴지면서 오히려 대공 수사팀들에 대한 어떤 분노나 증오심보다는 연민으로 동류의식과 같은 감정이 생겼다.

그러나 이와 같은 죽음의 문턱까지 이른 고통의 대가로 나는 아마 국내에서는 처음으로 북한의 학교교육에 관한 학위논문을 1981년에 일본의 와세다 대학으로부터 취득하게 되었다. 제목은 '남북한의 학교교육과정에 있어서의 이질화현상의 비교연구'(南北韓の學校教育過程における異質化現象の比較研究)로서, 주로 남북한의 초등학교 국어과 교과내용을 중심으로 남북한 간의 언어의 특성을 다루었던 것이다. 참으로 값비싼 대가의 논문이었다.

그런데 나에게는 전혀 다른 각도에서 제2의 비극적 운명이 서서히 다가오고 있었던 것이다. 제1막이 끝나고 두 달 정도의 중간 휴식은 너무도 짧았는데도 전혀 다른 드라마가 연출되는 제2막의 커튼이 올라가고 있었던 것이다.

1987년 11월 20일경, 정계는 군사독재를 마감하는 민주화의 시민혁명이 이루어졌다. 그러나 당시의 대학가는 여전히 여러 가지 이유로 운동권학생들의 데모와 폭력사태, 기물파괴, 총학장실의 점령과 농성으로 제대로 된 강의도 어려운 형편이었다. 교수들은 학생들의 눈치만 보고 있으면서 그들의 무례하고 과격한 횡포에 누구하나 앞서서 그들의 젊은 기세에 맞서지 못하는 분위기가 대학가의 실정이었다.

당시 운동권 학생들의 투쟁이슈는 '전방입소-훈련 반대' 또는 중동파병을 두고 '미 용병제 철폐'였으며 반미반제-자주통일과 같은 급진좌경적인 구호와 데모와 함께 이데올로기 논쟁으로 번져가고 있었다. 주로 고려대 학생들이 주사파의 핵심 멤버를 이루면서 극렬했다.

이러한 학생들의 투쟁과정에서 교내집회가 교외로 확산되자 당국에서는 전투경찰 병력을 앞세우면서 어김없이 최루탄으로 방어하였고 학생들은 투석전으로 대치하는 과정에서 체포와 구속의 악순환이 반복되었던 것이다.

한편으로 학생들은 대내적인 공격 목표로 일부 사립대학 이사장들의 학교경영과 관련된 부정과 재정적 비리를 문제 삼았다. 심지어 교수들 개개인의 이념적인 성향까지 조사하여 공개 비판하거나 인격적인 모욕과 폭언으로 매도하고 있었다. 사학비리나 부정부패에 대한 투쟁으로 대중성을 확보한 운동권 세력들은 점차 친북좌경의 학생운동으로 변질되어 가고 있었다.

당시 투쟁의 최대 이슈였던 '전방입소 반대투쟁'의 주도 세력의 중심에는 주사파가 장악하고 있었는데, 그 중심지는 PD파가 장악해 있던 고려대 총학이었다. 마르크스 혁명론에 근거한 PD(민중민주파)보다는 NL(민족해방파)가 친북좌경 세력이었던 것이다.

이러한 가운데서도 나는 열심히 강의에 임하였고 출결석 체크도 엄격히 했던 것이다. 어떤 강의실은 데모로 빈자리가 많았음은 물론이고 데모의 소란으로 정상적인 강의도 어려운 형편이었다. 그러나 누가 뭐래도 학생들의 본분은 면학이며 학생운동은 어디까지나 부수적이고 필요에 따라 일시적으로 그쳐야 한다고 나는 믿고 있었다.

그런데 어느 날 교양과목의 수업시간이 되어 강의실에 들어갔더니 빈자리가 너무 많았다. 왜 결석자가 많으냐고 묻자 지금 운동장에서 데모하기 위한 집회로 그렇다는 것이었다. 결석자가 많아 본격적인 강의는 안 될듯하여 나는 현 시국문제를 두고 강의가 아닌 강연을 시작했다.

“여러분들, 지금 학생들 중에는 전방입소 결사반대니 미군철수, 미용병제 반대 투쟁을 하면서 공부는 안 하고 데모에만 열을 올리고 있는데, 그런 데모의 참가이유로 출석을 안 하는 학생들은 학기말 시험을 아무리 잘 본다고 하더라도 모두 F학점으로 처리할 것이다.

왜냐하면 전방입소 훈련제도도 이미 희망자 중심의 지원제로 바뀌었고, 따라서 각자의 자유의지에 의하여 결정해 놓고는 ‘전방입소 반대’ 구호를 외치는 것은 자가당착일 뿐만 아니라 반대투쟁을 하기 위해 일부러 입소한 것은 비겁한 행동이라고 본다. 또한 미군철수, 미군철수 하고 있으나 그것은 한반도의 정세로 볼 때 학생들의 잘못된 시국관이요 판단인 것이다.

1950년 6월 김일성에 의하여 남침전쟁이 발발했을 때도 미군이 철수한 바로 한 달 후였다는 역사적 교훈이 있음을 알아야 한다. 북한의 김일성이 몇십 년간 줄기차게 미군철수만을 주장하고 있는 것을 그대로 추종하는 것은 바로 반국가적 친북행동이며 극히 위험하고 잘못된 생각이다. 누가 우리 국민으로서 외국군의 자국주둔을 좋아할 사람이 있겠는가. 자주국방이 우리의 희망이지만 당분간 그러한 충분한 국방력을 키울 때까지는 필요악으로서도 미군의 주둔이 필요한 우리의 실정임을 알아야 한다. 그것은 북한의 전술전략에 놀아나는 결과를 가져올 뿐이다.”

대강 이러한 설명과 논리를 전개하면서 운동권 핵심부에는 불온분자들이 침투하여 순진한 학생들을 뒤에 숨어서 보이지 않는 끈으로 조종하고 있으며 그런 사실을 감지하면서도 그들과 동조하는 학생들은 친공친북세력이라고까지 말하면서 앞으로 그놈들을 만나면 닭 모가지 비틀 듯이 비틀어 가만두지 않겠다고 단호하게 말했던 것이다.

나의 이러한 강경한 태도와 원색적인 말이 강의가 끝나자 그대로 총학의 투쟁본부에 보고되자 드디어 총학의 비상총회가 열리고 행동부대에 투쟁지침이 하달되었던 것이다. 그 다음날로 커다란 전지의 대자보가 건물 벽에 나붙었다. 한편 학생들의 출입이 잦은 캠퍼스의 길바닥에 붉은 페인트로 ‘어용교수 ○○○는 즉각 퇴진하라!’라는 글씨가 등장하기 시작했다.

나는 이러한 일련의 인신공격에도 별로 개의치 않고 강의와 연구를 계속하였다. 머리에 붉은 띠를 두르고 총학장실을 점거하여 그곳에서 숙식을 하기도 하고 보직 교수들의 사무실에 난입하여 집기를 끄집어내기도 하며 강의실 책걸상까지도 운동장과 복도로 쳐들어내 아예 정상 강의를 원천적으로 방해하면서 기세등등하게 돌아가는 이 판국에 대관절 무슨 강심장으로 무엇을 믿고 감히 우리에게 도전하다니……. 마침 공격목표를 찾던 참에 잘 걸렸다. 이때에 한번 결판을 내자는 전략을 세우고 나에게 총공격의 화살을 집중하였던 것이다.

이러한 그들의 초기 공격에도 당사자인 내가 별 반응이 없이 의연하게 버티자, 며칠 뒤 총학의 기획부장이라는 학생이 연구실로 나를 찾아와서 하는 말이, "교수님! 이번에 우리 총학에서 선생님을 모시고 공개 질의 및 토론회를 한번 가지려고 하는데 나와 주십시오!"라는 일방적인 요구조의 이야기였다.

"그래 정말 잘 됐다. 그렇지 않아도 내가 먼저 그런 자리를 만들고 싶었는데 그렇게 하자. 그동안 너희들이 나에 대한 일방적인 비판과 공격만 있었지만 나의 의견도 여러분들에게 직접 알리는 기회를 주어야 되니까……." 날짜와 장소, 진행의 형식은 너희들 마음대로 하고 미리 알려주면 나간다고 약속을 했던 것이다. 과연 2~3일이 지나자 전교생 시국토론을 위한 집회의 공고문이 나붙었고 나는 그 시간에 맞추어 대형 강당으로 들어갔던 것이다. 이미 4~5백 명의 학생들이 과별로 붉은 깃발을 앞세우고 강당을 거의 메우고 있었다. 나는 복도를 통해 걸어 들어가 단상의 의자에 앉아 회의진행을 기다리고 있었다.

기획부장이 사회를 맡았고 총학의 대표가 단상에 올라 간단한 집회의 취지에 대한 설명을 끝내자 사회자는 '바람직한 교수상'이라는 제목으로 학생대표가 발표를 한 다음에 선생님의 이야기를 듣겠다고 하였으나, 나는 "그럴 필요가 없다. 이번 문제를 두고 자유스런 질의응답의 형식으로 진행하자."고 말하여 그렇게 하기로 합의를 보자 나는 곧바로 단상의 마이크를 쥐고 누구든지 어떠한 질문이든 해 보라고 말했던 것이다.

나의 말이 끝나자 즉시 손을 치켜든 어떤 학생이 "소문으로는 교수님은 통일교 집단에 돈으로 매수 돼 향응을 받고 보수 반동세력 조직에 가담하여 중심활동을 한다는데 사실이냐?"는 질문이었다. "종교 신앙의 자유는 우리의 기본권이며 그리고 교수가 어떻게 돈에 팔려서 자신의 학문과 권위를 버리겠느냐? 아마 그것은 학생이 근거 없는 뜬소문이나 잘못 이해하고 비방하는 소리를 들었을 것이다."라고 답변하였다.

당시 대학가에는 특히 운동권 중심의 핵심조직들은 보수적 반공이론으로 무장된 통일교의 '원리연구회'라는 학생서클을 가장 싫어했다. 학내 동아리 공간도 제외시킬 정도로 미워했고 한편으로는 두려워했던 나머지 대학의 각종 서클연합회에서 추방한다는 결의까지 하고 있었다. 좌경적인 이념에 의한 의식화로 철저히 무장된 학생들까지도 '원리연구회'의 회원과의 논쟁에서는 당하기 십상이었다. 더러는 통일사상의 승공이론을 접하기만 하면 투쟁성이 약화되면서 운동권을 탈퇴하는 변절자까지 생겨나고 있었기 때문이었다. 그러나 이러한 '원리연구회'의 조직과 회원들을 누구보다 더 미워하고 축출에 앞장 선 집단은 운동권 학생조직들 보다도 개신교 계통의 일부 광신적인 학생들이었던 것이다.

다음에 손을 든 학생의 질문은 본질적인 이념의 문제였다.

"선생님은 강의시간에 왜 우리들을 공개적으로 친북좌경세력으로 규정합니까? 그 근거를 대고 설명해 보십시오."

"그거야 충분한 이유와 근거가 있다. 왜냐하면 만일 너희들이 항상 투쟁구호로 외치는 민족이니 민주라는 말의 기준에서 보더라도 진정한 민주주의적 이념으로 남북통일을 원하고 평화적인 통일을 성취하기 위해서는 학문을 추구하는 학생답게 객관적 위치에서 남북한을 비교평가하면서 남과 북을 구분 없이 옳은 것은 옳고 그른 것은 그르다고 말하는 자세가 중요한 것이다. 그런데도 불구하고 너희들은 남한의 사회와 정치현실에서의 부정부패, 그리고 군부독재적인 정치체제만 규탄하면서 남한과는 비교도 안 되는 북한 김일성의 봉건영주적인 장기 독재와 수많은 정치범 수용소와 같은 인권말살, 굶주리는 주민을 팽개치고 군비에만 국력을 쏟는 허울뿐인 북한의 실상에 대해서는 한마디의 비판이나 비난을 한 적이 있느냐? 따라서 남한사회는 부정적인 것만 골라 비판하고 북한은 긍정적이거나 무비판적으로 대하거나 오히려 동조한다면 그것은 친북적 좌경이지 어떻게 우경이나 중도라고 설명할 수 있다는 말인가?"라는 논리로 반박하였던 것이다. 그리고 너희들의 대자보에 쓰인 단어들이 북한용어를 그대로 인용하고 있는 것은 무엇 때문인가?라고 지적하였다. 반응은 묵묵부답이었다.

계속하여 자질구레한 문제를 놓고 설왕설래를 하다가 거의 한 시간쯤 시간이 지나갔으나 분위기가 그들이 애초에 계획했던 대로 일방적 인민재판식 공세로 주도권을 장악하려 했던 것이 어렵게 되자, 대뜸 집회의 주동자인 학생이 앞으로 걸어 나오더니 "일언지폐하고 김 교수는 이 자리에서 사직서를 쓰든지 아니면 우리의 투쟁노선에 동조하든지 결단을 내리라!"는 취지의 발언을 하였다.

"교수직의 임명은 이 학교의 이사장이 했으므로 이사장이 그만 두라면 몰라도 나는 학생들의 요구에는 응할 수 없다."고 웃으면서도 단호하게 대응하자 다시 장내는 수군거리다가 조용해졌다. 이때 갑자기 한명의 학생이 앞으로 나와 마이크를 잡더니 "이러한 집회는 완전히 학생들이 다수의 숫자로 교수 한분을 일방적으로 몰아가는 인민재판식이므로 나는 반대이다. 그리고 교수님들이야 나름대로 깊은 학문으로 지적 판단과 가치관, 시국관이 있음도 우리는 인정해야 한다.………"라는 취지의 발언이었다. 이에 동조의 움직임마저 보이자 서둘러 그 집회는 총학의 판정패로 끝나고 말았던 것이다.

며칠 후 어느 학생의 이름으로 〈어용교수 ○○○, 폭력교수 ○○○는 즉각 퇴진하라〉는 제하의 대자보 곁에, 대자보의 모순과 오류를 조목조목 비판하는 반대의 대자보가 나붙기도 했다.

학생들이 나를 두고 '폭력교수'라고 내세운 근거는 충분히 있었다. 이런 집회가 있기 전, 학교에서는 운동권 학생들이 부총장실을 점거하고 밤낮으로 며칠간 숙식하는가 하면 동아리실에서 밤늦게까지 대자보 유인물을 제작하다가 부주의로 난로불에 의하여 화재가 발생했고 학생 하나가 불에 타서 중환자실에 입원했으나 죽은 사건이 발생했던 것이다. 그러자 총학은 전적으로 자신들의 잘못임에도 학교당국에 책임을 전가하면서 입원비를 요구했으나 뜻대로 안되자 밤중에 학교건물의 대형 유리창을 박살내기도 했다. 나의 문제와 이러한 일련의 긴급사태를 두고 어느 날 긴급교수회의가 열리게 되었다.

교수회의를 끝내고 각자 연구실로 돌아가는 길목에 학생들이 연좌하여 침묵시위로 교수들의 통로를 가로막고 있었다. 비교적 앞서 나온 나는, "너희들 데모를 하려면 밖에서 해야지 왜 건물 안에까지 들어와 행정업무마저 방해하고 이러느냐? 선생님들이 나오니까 걸어갈 수 있도록 길을 비켜 주라!"고 데모대의 리더 같은 학생에게 말을 했지만 그는 앉아서 치켜 볼 뿐 들은 체도 안했던 것이다. 갑자기 열이 오른 나는 무조건 그 학생을 잡아 일으켜 세우고는 데모 대원들이 보는 앞에서 뺨을 후려 갈겼던 것이다. 그때는 반항없이 가만히 맞고만 있더니 그 보복으로 이번의 공격대열에 바로 그때 학생들이 다수 참가하여 나에게 보복의 기회를 엿보고 있었던 것이다.

이와 같은 1~2차의 나에 대한 공격작전에서도 별다른 성과가 없자 총학은 최후의 결정타를 위하여 또 다른 제3의 전략을 세우고 있었던 것이다.

드디어 D-데이. 그날도 나는 평소처럼 별일 없이 출근을 하였고 연구실에 들어가려고 했다. 그때 건물 입구의 수위가 달려오더니 "교수님! 큰일 났습니다. 어제 밤늦게 아무도 모르는 사이 학생들이 교수님의 연구실 문을 박살내고 들어가 서가의 책들을 전부 복도로 끄집어내고 난장판을 만들고 말았습니다."고 말하면서 불안한 목소리로 나를 쳐다보았다.

과연 연구실 문짝은 박살이 나 있었고 서가는 비어 있었으며 몇 권의 책만이 바닥에 흩어져 있었다. 연구실 벽면과 바닥에는 빨간 페인트 스프레이로 '폭력교수 어용교수 자폭하라!' 등의 글씨가 여기저기 쓰여 있었다. 미안하여 어쩔 줄 몰라 하는 수위 아저씨를 걱정 말고 가시라고 말하여 보내고 나서 나 혼자 연구실 한가운데

멍하니 서 있을 때, 너무나 나의 모습이 초라하고 처량하게 느껴졌다. 지금까지 그래도 학생들과 함께 지내면서 쌓아온 정과 신뢰감 그리고 학자적인 어떤 보람과 희망이 온몸 속에서 일시에 빠져나가면서 몸의 중심을 잃고 한동안 쓰러질 듯했으나 겨우 버티고 서 있었다. 여기서 좌절해서는 안된다는 용기로 마음을 가다듬고 심호흡을 하면서 그래도 예정된 1교시의 강의시간에 맞추어 교실로 향했다.

여느 때처럼, 아무런 감정의 변화 없이 강의실에 들어섰고 강의를 마치고 와서 지하실에 버려진 책들은 수위와 청소 아주머니들을 시켜 다시 제자리로 가져가 정리하게 했다. 이리하여 잠시 흔들리고 이탈하였던 나의 좌표는 곧바로 제 위치로 돌아가면서 며칠이 지났다. 그러나 학생들의 나를 향한 끈질긴 공격은 여기서 물러나지 않고 더 거세고 막다른 골목으로 나를 세차게 몰아 부쳤던 것이다.

그러나 이런 풍파가 지나간 며칠 후 이번에는 아예 책뿐만 아니라 책걸상과 소파같은 연구실 집기까지도 모두 운동장으로 쳐들어내고는 그곳을 그들이 점령한 채 데모의 작전본부로 사용하고 있었던 것이다. (뒤에 들은 이야기지만 트럭을 불러 책을 싣고 집으로 갖다 준다고 설치는 학생들을 교무과와 학생과 사무직원들이 극구 그것만은 참아 달라고 사정하여 막았다는 것이다.) 그래도 나는 여전히 평소처럼 출근하였고 강의는 계속했지만 학교에 가도 연구실이 없어 집 잃은 개처럼 거의 한 달 동안 캠퍼스의 도서관이나 휴게실 같은 곳으로 이리저리 헤매는 신세가 되고 말았던 것이다.

하루는 교무과 직원이 나를 보더니 나를 두고 '화형식'을 치른다는 보고도 있었다. 적어도 화형식이라면 당시 대통령이나 북한의 김일성, 김정일 정도는 되여야만 자격이 있는 줄 알았는데 일개 교수를 화형식까지 한다니 정말 영광(?)스럽기도 하다는 생각마저 들었던 것이다. 그러나 결정적으로 나의 자존심과 정체성에 대하여 도전하고 부정하는 사건은 다음에 있었던 것이다.

그것은, 그들이 나의 연구실에서 끄집어 낸 책들을 한밤중에 수위가 학생들 몰래 전부 한데모아 박스에 넣거나 묶어서 건물 지하의 보일러실 구석에 숨겨두고 있었는데, 그 뒤에 학생들이 여러 번 수위실에 찾아와서 그 책을 어디에 숨겨 놨느냐, 어서 알려주라, 모두 불 태워 버리겠다는 이야기를 걱정스럽게 전해주는 것을 수위로부터 듣고는 나의 피는 전부 머리로 몰려들었던 것이다. 결국 한 달 정도 지나서야 나는 다시 학교용원들과 같이 연구실에 책을 옮겨 놓았다.

나는 곧 엽총을 하나 구입하였다. 만일 다시 연구실로 쳐들어오거나 책에 조금이라도 해를 가할 때는 가차 없이 발사하여 살해할 각오를 했던 것이다. 그리고 나도 살인범으로 재판정에 당당하게 설 것이요 응분의 죄과를 치를 각오였다. 여하튼 총은 당분간 연구실에 숨겨두고 있으면서 칼도 준비하고 있었다. 사람에 따라서는 그런 일로 그렇게 극단적인 반응을 보일 필요가 있느냐고 비판할지 모르겠으나 적어도 나에게만은 그렇지 않았던 것이다.

학자들에게 책은 생명이요 자신의 분신과 같은 것이다. 가령 누가 돈을 빌려가서 갚지 않는다고 한다면 그저 잊고 넘길 수도 있지만 책을 빌려가서 안 가져오면 두고두고 잊지 않고 꼭 받아내는 것이 학자의 심정인 것이다.

이처럼 자신의 분신처럼 느끼고 있는 책들을 불태우거나 찢어 없앤다고 상상하면 도저히 참고 견딜 수가 없었기 때문인 것이다. 이것은 마치 강도가 침입하여 부모가 보는 앞에서 자녀를 겁탈하는 것과 같은 분노와 격노의 감정인 것이다.

이러한 일련의 사건과정에서 학교는 긴급 교수회의를 열었고 나름대로 성명서를 게시했지만 교수의 신분과 안전을 적극적으로 보호해야 할 대학본부의 최고 책임자는 나의 문제는 먼 남의 일처럼 안중에도 없는 듯한 태도였고 이런 일련의 사태를 해소하기 위해 주동학생들을 만났지만 오히려 그들의 눈치만 보는 꼴이었다. 이런 와중에 그래도 몇몇 교수들은 민망하여 나를 대하기가 부끄럽다고까지 하면서 연구실에 찾아와서 위로를 해 주었고 학생들의 무지막지한 폭행에 흥분을 감추지 못했다. 그런가 하면 어떤 교수는 오히려 학생들 편에 서서 은근히 그들로부터 자신의 신변안전을 꾀하면서도 막상 나에게 와서는 학생들에게 잘 말해 주겠다는 속보이는 말로 위로하는 교수도 있었다.

이러한 어느 날, 나는 부총장실을 찾아 "이제 저는 스승과 제자의 정이 끊어진 듯하여 더 이상 교단에 설 의욕도 면목도 없어졌으므로 사표를 쓰고 사회에 나가 장사나 하면서 살까 합니다."라는 말과 함께 나의 결심을 말하였다. 이러한 나의 이야기를 가만히 듣고 있던 그는 엉뚱한 이유로 나의 사표 제출을 극력 만류하였던 것이다.

"김 선생님! 선생님의 심정은 충분히 이해합니다. 우리 학교가 생기고 이런 불상사는 처음입니다. 만일 김 교수님이 이 시점에서 사표를 쓰고 그만둔다면 김 선생님만으로 끝나는 것이 아니고 다음에는 누구 또 그 다음에는 누구다 하는 식으로 당하게 됩니다." 대강 이러한 논조의 설득이었다.

아니 그러면 내가 운동권 학생들의 총공격에 학교와 교수들의 방패막이로 희생되면서 버티고 있으란 이야기가 아닌가! 솔직히 그런 명분으로는 남아 있고 싶지 않았다. 최고 책임자라는 분이 동료가 당하고 있을 때 전화 한 통화도 없이 학생들의 비위나 맞추면서 숨죽이고 있다가 직접 찾아가니 그런 이야기라니……. 정말 무엇 때문에 그 자리에 앉아 있는지 한심스럽기도 했다. 아무런 소신과 의미도 없이 그저 보직 자리에 연연하면서 자기안일만을 꾀하는 최고 책임자 모습. 한 사람의 학자적인 양심과 소신도 없는 나약한 모습에서 우리나라 대학의 수준과 유치한 교수상을 느끼게 하였다.

사건은 이것으로 끝나지 않았다. 다른 건물로 연구실을 바꾸고 모든 짐을 옮긴 다음 책장을 정리하고 마음의 안정을 찾을 무렵 곧 여름방학이 시작되었지만 나는 매일 연구실로 나갔다. 그런데 다시 학생들이 한밤중에 연구실에 몰래 침입하여 이번에는 귀중한 값비싼 책과 일제 고급 카세트, 그리고 선풍기까지 훔쳐 달아났던 것이다. 메모용 소형 흑판에는 '사이비 종교 교수'라는 낙서까지 쓰여 있었다. 외부의 소행으로는 짐작이 가지 않았다. 운동권에 가담한 기독교 단체의 동아리 학생이라고 직감했다. 마침 여름방학 농활준비로 연구실과 가까운 교실에서 남녀학생들이 밤낮없이 기거했던 것이다. 이제 그들은 절도라는 것도 예사로 생각하는 도덕적인 타락으로 전락하고 있었던 것이다.

이른바 민족과 국가를 위하여 투쟁하는 혁명과정에서 그리고 성업聖業의 통일을 위해 싸우는 우리들은 좀 가진 자들의 재산과 돈 만큼은 빼앗아 사용하더라도 아무런 양심적 가책이나 범죄가 되지 않는다는, 그들만의 정의감과 전도된 가치기준이었던 것이다. 그들은 자신들의 행위는 곧 사회정의이며 정당하다는 절대논리로 자신들의 행동을 합리화, 정당화시키는 단계에까지 추락했던 것이다.

1970년대 일본의 좌익강경 학생투쟁조직이었던 적군파赤軍派의 말로가 바로 그랬음을 나는 일본유학시절 직접 보았다. 운동자금은 떨어지고 대중으로부터 소외되자 그들은 은행강도로 돌변했고 비행기(KAL)를 납치하여 평양으로 갔던 것이다. 그들의 행위는 더러운 모습으로 변해가고 있었다. 하는 수 없이 나는 연구실의 중요한 책과 물건들을 모두 집으로 옮기고 말았다.

그런데 내가 연이은 공격에도 그들을 무시하면서 의연하게 버티고 연구실에 엽총을 준비해 두고 있다는 정보가 들어가서인지 그 뒤로는 연구실 침입 같은 극단적인 공격의 표적에서 벗어나고 있었다. 그러나 평온 속의 긴장감은 지속되었다.

한편 내가 학교에 끝내 사직서를 내지 않고 마음을 바꾸게 된 것은 다음의 몇 가지 이유에서였다.

우선, 당시 부총장의 말대로 내가 그만두면 학생들은 또 다른 교수로 공격목표를 옮기는 것이 아니었음을 여러 가지 정보에 의하여 확인했던 것이다. 적어도 총알받이라는 모욕은 아니었던 것이다. 그리고 나를 공격목표로 정하게 된 이유라면, 평소 강의 시간에 강의 내용과 연관시켜 공산주의 이데올로기의 반역사성과 비인간성, 그리고 북한 김일성의 주체사상이 갖고 있는 허구성과 허위성을 학생들에게 강조하면서 분명하고 확고한 나의 학문적 소신에 대한 운동권 학생들의 반감과 함께 총학에 침투한 외부 친북좌경분자들의 부추김이 있었다. 다른 하나는 내가 관계하고 있던 통일교의 교수모임에 대한 극성스런 개신교 대학생선교회 소속의 학생들이 총학과 연대하여 나에 대한 종교적인 증오와 탄압이었기 때문이다.

무엇보다 내가 학교를 떠나지 않고 마음을 바꾼 이유로는, 나를 그렇게 미워하고 반대한 학생들이 만약 과반수라면, 가령 총장이 말려도 스스로 물러나야 도리이지만, 극히 소수의 의식화된 운동권 학생들이 주동한 것으로 판단하였기 때문이다. 그런 일이 있고나서 많은 학생들이 연구실로 개인적으로 찾아와서 미안해했고 수업에 빠짐없이 출석하여 열심히 강의를 들었던 것이다. 오히려 운동권 학생들보다도 더 실망하고 한심하게 생각한 대상은 몇몇 보직교수들의 보신주의적인 태도와 기회주의적인 처신이었다.

그것은, 학생들이 난폭한 언동으로 나를 핍박한 다음에 학교당국에 협상조건으로 제시한 것은 '앞으로 000교수의 강의는 똑같은 시간대에 복수로 개설한다.'라는 제안이었다. 이것을 학생지도의 책임자라고 자처하는 학생처장과 소속대학의 책임자가 그렇게 하겠다고 학생들과 합의했다는 점이다. 더구나 사전에 장본인인 나와는 아무런 상의도 없이 무책임하게 그저 학생들의 위세에 눌려 약속한 그들의 태도는 완전히 나를 무시하는 것으로 그들에 대한 증오심은 오히려 공격한 학생들보다 더했고 증오감을 넘어 불쌍하게 느껴졌다.

학생들이 나의 강의만 복수로 개설하라고 요구한 것은, 나에게 행패를 부린 학생들 중에는 내가 맡은 강의를 필수적으로 이수해야만 되는 전공과목이 있었기에 혹시 내가 학점으로 보복할 것을 두려워해서 취한 전략이었던 것이다. 실제로 다음 학기에 강의를 복수개설을 했으나 오히려 나의 강의실로 오는 수강자가 더 많았다.

그럭저럭 한 주일이 지나고 또 한 달이 지나자 나와 학교는 그런대로 평온을 찾아 가면서 옛 모습과 별반 변한 것이 없는 듯 했다. 그러나 나의 마음과 몸은 많이 늙어 버렸고 쇠잔해지기 시작했다. 특히 나를 대하는 동료 교수들이나 직원들의 마음이 어딘지 서먹서먹하다는 느낌이었다. 어떤 사람은 미안함 때문인지 나와는 알 수 없는 거리를 두는 듯이 보이기도 했다. 그러나 나 자신은 확실히 달라져 있었다.

모교에서 근무하다 보니 그 동안은 학교와 학생(후배)들에 대한 애정과 애착을 남다르게 느껴왔다. 자신이 생각해도 조금 원색적인 본능이었다. '세상이 파멸해도 고대교우회-호남향우회-해병대전우회만은 살아남는다.'는 세간의 우스개 말이 있기는 하지만 실제로 고려대는 학교와 선후배, 교직원-교수와 학생간의 유대감은 유달리 강했던 것이다. 데모학생들이 학교 기물을 파괴하면 보고만 있을 수 없었고, 어쩌다 졸업생들이 취직을 부탁해 올 때는 내 일처럼 발벗고 나서서 안면 있는 사업체의 책임자를 찾아가 체면불구하고 사정을 하기도 했다. 자식을 사랑하는 아버지일수록 자식에게 항상 엄하고 야단을 치듯이 제자들에 대한 애정은 많았다.

그리하여 강의 시간에도 학생들이 마치 친동생이나 자식들처럼 느껴져 항상 공부 안한다고 야단부터 쳤으며, 기말시험에서 성적이 너무 나쁜 학생에게 F를 매기는데도 매우 안타까웠던 것이다. 이처럼 애착과 사랑이 있었기에 더욱 실망과 허탈이 심했는지 모르겠다.

흔히들 이 나라의 교육풍토는 "스승은 있어도 제자는 없다." 또는 "교사는 있어도 스승은 없다."라는 말이 한때 풍미됐지만, 나는 스승이 되려고 노력했고 제자를 만들려고 노력도 해 왔다고 자부하고 있었다.

전공이 이념문제를 주로 다루는 정치학도 아니고 경제나 사회학도 아닌 교육학을 가르치면서 무엇 때문에 골치 아픈 이데올로기 문제나 시국문제에 관심을 가져 운동권 학생들과의 충돌을 자초하느냐고 충고하는 교수도 있었지만 나는 그렇게 생각하지 않았던 것이다.

이미 20여 년 전부터 교육학의 연구영역 중에서도 주로 북한의 사회주의 교육론과 학교교육에 관심을 두고 자료를 모아 연구해 왔으며 학위논문도 바로 그러한 주제였다. 자연히 사회주의 이데올로기와 북한의 정치와 사회문제 관한 지식을 토대로 가치평가와 비판의 시각을 지니게 되었던 것이다.

김일성의 주체사상과 주체교육학이라는 것이 너무나 허구적이고 비교육적이므로 언제나 진리와 진실만을 추구하면서 살아가는 학자적 생리에서는 허위와 위선에 대하여 비판과 분노를 본능적으로 나타내게 되었던 것이다. 그리하여 강의 중에는 운동권 학생들을 보고 "너희들 반정부 투쟁이나 사회적 부조리에 대한 분노와 데모는 얼마든지 해도 좋다. 왜냐하면 그것이 바로 자유민주주의요 민주정치 발전의 원동력이 될 수 있기 때문이다. 그러나 사회개혁의 대안모델로 북한 김일성의 계급혁명론이나 주체사상을 추종하는 것은 매우 잘못된 선택이다. 아무래도 그 문제만은 내가 너희들보다 많은 지식과 정보를 가지고 있으며 두 번이나 북한현실을 직접 보고 와서 알고 있기 때문"이라고 강조했다.

또한 투쟁방법에 있어서도 과격한 폭력이나 파괴를 수반하는 사회주의 계급혁명과 같은 것은 반대한다. 설사 권력이 폭력으로 엄습해 오더라도 비폭력으로 대하여라. 그래야 대중성을 확보하게 될 것이고 결국은 비폭력이 승리할 것이다. 인도 간디의 비폭력주의가 엄청난 힘을 지닌 대영제국의 식민지정책을 이겨내지 않았느냐, 등등의 논리였던 것이다. 세계사의 교훈은 '악은 언제나 선을 치고 먼저 빼앗아 가지만 결국에는 선은 맞고 도로 빼앗아 온다.'는 것이 진리라고 설득하기도 했다.

언젠가 〈교육사〉라는 과목의 강의에서 마르크스-레닌주의 교육사상에 관한 이야기를 하게 됐다.

마르크스의 사회주의 계급이론은, 당시 영국의 사회경제적 조건과 현실에서는 확실하게 사회정의를 구현할 수 있는 외침이었다. 따라서 그는 누구보다도 용기있고 참된 휴머니스트였으며 그의 사회주의 계급혁명론은 역사발전의 진리였던 것이다.

그러나 그의 이론에서 결정적인 오류는 인간의 본능적인 욕구에 대한 자기 통제력을 너무 과신했고 낙관적으로 보았다는 점과 사회개혁의 방법을 혁명과 투쟁으로만 가능하다고 단정했다는 점이다. 그리고 그는 사회현상을 사회심리학을 경시하면서 경제사회구조를 중심으로 갈등관계의 기준에서 해석하고 비판했다는 점이다.

다시 말해 역사는 개인과 집단의 형이상학적인 정신문화와 형이하학적인 물질문화의 총합적 상호작용으로 형성 발전되는 것임에도 마르크스는 물질문화를 독립변수, 정신문화를 종속변수로 단정하였다는 점과 개개인의 능력차에 따르는 정당한 보상마저 부정하는 전체적인 산술적 평등만을 강조하게 되어 경제발전의 동기원動機源인 인센티브가 배제됨으로써 그의 유물변증사관의 발전법칙은 빗나가고 말았다. 그 결과 오늘날 공산권 국가들이 하나같이 경제발전에서 밀려난 빈곤국으로 전락하게 되었던 것이다.

대강 이러한 나의 설명에 가만히 듣고 있던 어느 학생이 손을 치켜들면서, "교수님! 저는 반대입니다. 지금까지의 어떠한 이론도 마르크스의 이론보다 뛰어난 것은 없다고 봅니다. 마르크스-레닌주의는 절대적인 진리일 뿐입니다."라고 단호한 어조로 반론하였던 것이다. 이러한 상태를 불교에서는 무명無明이라고 하던가.

그래서 강의가 끝나고 둘이서 좀 더 토론해 보자고 말한 뒤, 그 학생과 나는 설왕설래를 했지만 의견은 팽팽하게 맞설 수밖에 없었다. 그는 상대방에 대한 논리적인 설득보다는 마르크시즘은 무오류의 절대적인 진리라고 전제하고 다소 감정적인 표현으로 반박하기까지 했다. 젊은 청소년들에게 있어서 의식화가 얼마나 무서운지를 느낄 수 있었다. 나 자신도 과연 어느 것이 진리이며 과연 인류사에서 절대적인 판단기준이 존재하는 것인지에 대한 회의가 들기도 했다. 여기서 이른바 칸트Kant가 개념한 '판단유보'라는 말이 생각났기 때문이다.

사실, 오늘날 그동안 절대 진리와 절대기준에 기초하여 학문연구가 진행되고 발달돼 왔던 자연과학에 있어서까지도, 가령 독일의 물리학자 하이젠베르그W. Heisenberg가 정립한 '불확정성이론'의 대두로 종래의 절대진리가 상대진리화로 변모해 가고 있는 추세에, 하물며 인문·사회과학에서의 절대적 진리란 성립할 수 없는 영역일지도 모르기 때문이다. 그러나 인권, 평화, 자유, 평등과 같은 개념은 살인, 폭력, 전쟁과 같은 개념에 대하여 상대적으로 보편적 진리이며 우월가치라고 단정할 수는 있을 것이다.

따라서 학문의 대상이 가시적이고 경험적이며 논리적인 사실판단에 근거하는 맞고 틀림의 자연과학과는 달리 이념문제와 가치판단을 요구하는 옳고 그름의 사회과학은 공간과 시간에 의존하는 상대성과 특수성이 허용되므로 선과 악의 구분은 더욱 어렵기에 그 학생의 가치기준이 옳은지 그른지는 판단 불가능할지도 모르겠다. 다만 가치판단의 기준에 대한 유일한 것이라면 상대적 보편가치일 뿐이다.

이러한 운동권 학생들에게는 나의 확고한 반공논리와 지적 신념 때문에 어용교수로 몰리고 정보당국으로부터는 엉뚱한 오해와 그들의 무지 때문에 간첩교수로 족침을 받아야 하는 일개의 나약하고 초라한 지식인. 다시 말해 좌경 운동권학생들에게는 보수우

익의 반동분자, 정보기관이나 보수우익 집단으로부터는 좌경 불순분자로 매도되는 현실세태에서 나는 박쥐처럼 쥐도 아니고 새도 아닌 모습으로 변하면서 소외와 번뇌 속에서 좌표를 못 찾고 헤맬 수밖에 없었던 것이다.

1987년 9월, 보안사에 연행되어 갔던 약 열흘간의 곤욕은 나에게 신체적으로는 고문이었고 정신적으로는 초긴장의 연속에서 오는 공황상태였다. 나에게는 열흘이 10년간의 형무소 생활보다 더 한 폐해를 안겨다 주었다. 심신이 허약해 있었던 나에게 이와 같은 충격은 긴 악몽을 안겨다 주었으나 이상하게도 그 엄청난 권력, 그 끝을 알 수 없는 공포감은 한편으로는 나의 나약함과 소심증을 감싸면서 하나의 철벽을 쌓아 주기도 했다. 그리하여 저항과 도전의 몸짓이 아니라 순종과 순응의 안일함을 느끼는 반동형성反動形性의 심리상태가 생겨났던 것이다.

그해 12월, 제6공화국을 향한 대통령의 선거전이 가열되기 시작했다. 두 야당의 대권 후보자는 동시에 '군사독재정권종식'을 선언하면서 제5공화국의 정보정치와 폭력정치를 폭로, 규탄하였던 것이다. 이른바 '6월 민주항쟁'으로 힘을 얻은 민심은 이러한 야당의 목소리에 호응하면서 대세는 반 군부독재로 흐르고 있었다. 이러한 와중에서도 당시 나의 마음은 대세와 역류하는 방향으로만 흐르면서 반공주의적인 군부를 지지하는 심리로 나타났던 것이 하나의 예라고 하겠다. 군사독재보다는 반공사상이 더 강했기 때문이다.

이처럼 피해자가 가해자에게 접근하고 의존하는 이상행동심리, 이것은 확실히 일종의 변태적인 매조키즘Masochism의 심리기제였던 것이다. 프로이트의 정신분석학에서는, 극단적인 증오는 극단적인 애정과 맞닿아 있다는 이론이 있다. 나는 극과 극을 오갔던 것이다.

이것은, 수사관들과 헤어지면서 나는 눈물이 나도록 고마웠고 다정하게까지 느껴졌던 묘한 감정으로 나타났기 때문이다. 아마 나와 그들은 다같이 반공전선의 일선에 서 있다는 동류의식에서였다고 해석되었다. 그러나 운동권 친북좌파학생들에 대한 감정은 오로지 증오와 적개심뿐이니 아마 사상과 사상의 부딪힘에는 이러한 논리가 안 맞는가 생각되었다.

한 가지 재미있는 현상은, 워낙 세고 무시무시한 보안사에 갔다 온 뒤로는 평소 괜히 죄 없는 사람도 그들과 부딪히면 주눅부터 생기는 경찰관이나 형사들도 맹물처럼 느껴졌고 중앙정보부 요원까지도 하나도 겁나는 대상으로 느껴지지 않게 되었다는 점이다.

최강의 충격에서 얻어진 학습효과였다. 그렇지만 점차 내 마음속 정체성의 좌표는 흔들리기 시작하고 있었다. 그것은 바로 운동권 학생들이 나를 보수반동우익이니 어용교수라고 단정했던 그 초점(아이덴티티)이 흔들리면서 그 자리에 회의와 비판력이 자라나기 시작하였다. 좌표 이동인 것이다. 김일성이 아닌 마르크스에 대한 긍정적 이해인 것이다.

그러나 약 한달 후 이렇게 변신한 나에게 또 다른 하나의 역풍이 휘몰아쳐 왔다. 지금까지 한쪽 모서리에서 다른 한쪽의 모서리만 쳐다보다가 그 모서리가 나를 흔드는 바람에 다른 쪽의 모서리를 기웃거리는 나의 흔들림이었던 것이다.

운동권 학생들이, “일언지폐하고 우리의 투쟁노선에 동조하든지 아니면 당장 이 자리에서 사표를 쓰시오.”라고 압박했던 사실과 “겉으로는 반공주의자인 척하면서 실제로는 용공주의 분자가 아닌가. 당신 지금 우리들에게 고등수법을 쓰고 있구먼”이라고 했던 수사관의 말, 아무도 모르는 어느 지하실에서 삶과 죽음의 문턱을 헤맸던 기억, 연구실을 빼앗기고 집 잃은 개처럼 한 달여를 캠퍼스를 방황했던 나의 몰골이 서로 오버랩 되었다. 사상과 신념의 혼란이었다.

그러나 나는 그러한 것들이 어쩌면 약과이며 행운이라고까지 여기면서 위로하고 감사하기까지 했다. 당시, 지방의 어느 대학에서는 운동권 학생들과 맞서다가 멱살을 잡히고 걷어차이는가 하면 심지어 끌려가 머리를 깎인 교수도 있었고, 사상문제로 정보기관에 연행되어 취조의 괴로움을 감당 못해 구치실의 창문에서 뛰어 내려 죽음으로 스스로를 해방시킨 교수도 있었기 때문이다.

그들에게 비하면 나에게는 이러한 수모를 감당하는 자제력과 이러한 극한상황을 받아들이는 용기가 부족했는지도 모르겠다. 현실에 순응하면서 얼마든지 쉽게 살아갈 수 있는데 무엇 때문에 일부러 어렵게 살아가는가를 문득문득 자문해 보는 때가 많았다. 그러나 분단민족이 숙명적으로 안고 있는 아픔이 있기에 그래도 아는 자와 배운 자는, 특히 미래의 젊은이들을 가르치는 자는 그 아픔을 같이 해야 하고 결코 진실을 외면해서는 안 된다고 보았다. 지적 신념과 용기가 바로 학자의 생명이요 보람이기 때문이다.

민중들은 그 시대의 지도자와 지식인들에게 명예와 지위를 준다. 대신에 희생과 순교를 요구하는 것이다. 이태리의 철학자 브루노G. Bruno가 자신의 지적 신념 때문에 종교적인 화형을 당했고, 루터M. Luther가 종교적인 양심으로 핍박을 당했기에 역사와 대중들은 그들을 위대한 학자와 종교인으로 평가하고 월계관을 씌어주고 있는 것이다.

나는 지적 신념과 양심으로 주사파 학생들에게 또한 제도권 권력층에게 분명한 충고와 나아갈 길을 밝히고 동시에 이 땅의 지성인들이 조국문제에 대하여 기본적인 자세가 어떠해야 하는가를 알아야 할 의무가 있다고 생각했다.

주사파운동권 학생들의 말대로 김일성의 주체사상만이 이 민족의 유일한 희망이며 통일철학이라면, 김일성의 주체사상을 자랑하거나 선전하지 말고 그것 때문에 변한 자신의 모습부터 우리들에게 보여주어야 한다. 그런데도 변한 모습이 폭력이요 파괴라면 그들이 그렇게 외치는 '민족단결', '자주평화', '자주통일'들의 개념과는 모순으로서 그것은 허위이며 위선적인 구호에 불과하다는 사실을 알아야만 했던 것이다. 우리들이 가장 질타해야 하고 반대투쟁을 해야 할 것이 바로 허위와 위선과 기만이기 때문이다. 어떠한 경우에도 절대가치에 대한 신념은 배타주의를 낳고 배타주의는 곧 독재주의로 발전되면서 결국은 피의 역사로 이루어지는 비극적인 결말을 우리는 세계사에서도, 가까운 우리의 민족사에서도 수없이 보아왔기 때문이다.

북한은 김일성의 주체사상을 '당의 유일사상이며 위대한 수령님의 정치사상으로, …… 수령님의 교시를 곧 법으로, 지상의 명령으로 여기며 수령님의 교시를 관철하기 전에는 죽을 권리도 없다는 강인한 의지를 가지고 사소한 이유와 구실, 조건도 없이 무한한 희생성과 헌신성을 발휘하여 그것을 끝까지 철저히 집행하는 것입니다.'라고 요약하고 있다.

이러한 주체사상의 절대가치에 젊음을 바치고 삶의 보람을 찾는다면 그것은 나치시대의 독일 친위부대나 젊은이들, 그리고 일본 군국주의 시대 일본의 천황 앞에 머리를 조아리고 있는 특공대원의 모습과도 별로 다른 점이 없는 전체주의 국가인 것이다.

일제하의 광주학생사건이나 4·19의 학생혁명은 적어도 그렇지는 않았다. 따라서 앞으로의 학생운동의 과제와 투쟁목표는 아래와 같아야 한다고 강의시간을 통하여 운동권학생들에게 늘 강조하였던 것이다.

21세기 인류가 해결해야 할 가장 기본적이고 심각한 문제는 날로 심각해지고 있는 공해문제로 인한 생태계 파괴문제와 인종간의 갈등, 종교와 교파간의 갈등, 핵 문제와 인권문제라고 학생들에게 강조해 왔다. 핵은 국제간의 엄격한 감시와 통제, 인간 이성에의 호소로 다소 해결될 가능성은 있으나, 인류의 생존터전을 바닥부터 오염시키고 있는 각종의 공해 문제는 정말 무서운 것이다. 기성세대야 앞으로 몇십 년 후면 이 지구상에서 사라질 터이지만 젊은 세대 여러분들이 살아갈 미래의 지구가 오염으로 가득찰 때 이념이고 무엇이고 논의하고 토론할 상황이 아니라 당장 생존터전이 위협받아 인류가 종말을 고하는 심각한 사태에 직면한다는 것이다.

불가사리와 같은 '신인류'의 탄생만이 살아남을지 모른다.

따라서 앞으로의 학생운동은 남북한 간의 이데올로기의 문제가 아니라 바로 정부나 기성세대의 안일한 공해대책에 대하여 신랄하게 비판하는 것은 물론이고 공해업소나 기업체에 몰려가 항의하고 공장문을 때려 부수는 폭력을 휘둘러도 괜찮다는 논리로 학생들에게 역설하였던 것이다.

다음으로는 인종과 종교간의 갈등문제에 있어서도 인류가 극복해야만 될 과업의 하나라는 관점에서, 인종간의 우열의식과 차별대우야말로 마르크스가 말한 계급갈등보다도 더 근원적이고 인류사에 비극을 초래할 요인이 되고 있다고 보았고, 이것은 평등과 인권문제라는 인류보편가치의 문제라고 역설했던 것이다.

무엇보다 종교간이나 종파간의 갈등과 충돌문제는, 특히 개신교 교파간의 반목과 배타주의는 우리 사회가 극복해야 할 당면과제인 것이다. 사람은 제각각의 얼굴모양이나 삶의 양식이 다르듯이 가치관이 다르고 종교적 신념도 다른 것이 자연법칙이고 이것이 곧 다양성을 존중하고 수용하는 민주사회인 것이다. 그럼에도 불구하고 자기의 소속교파가 아니면 모두 이단이고 사탄이라고까지 매도하는 일부 개신교 신앙인들의 신앙관은 극히 독단적이고 반사회적인 사고태도로 민주주의 사회의 건전한 시민정신이라고 할 수 없을 것이다.

서양의 기독교가 인류사에 남긴 폐해는 엄청난 것이었다. 그들의 종교 개척사는 성경이 앞서고 뒤에는 칼이 따라 갔을 때가 많았으며, '하나님의 이름으로 이교도를 처단한' 역사가 얼마나 많았는가.

중동에서의 끊임없는 민족분쟁, 그동안 인도와 영국에서의 이교도간의 대량 학살 사건, 회교의 선교과정에서 나타난 '칼이냐 코란이냐'와 같은 여지가 없는 선택지, 수많은 개신교파 간의 불화 등등도 마르크스-레닌주의나 김일성의 주체사상처럼 닫혀진 세계관과 절대가치관에서 생겨난 결과로서 인류의 비극인 것이다.

인류의 미래사는 핵전쟁이 무서운 것이 아니라 종교전쟁의 가능성이 더 무서운 것이다. 종교전쟁은 중동전에서도 드러났듯이 맹목적이며 결사적이기 때문에 문자 그대로 최후의 한 사람까지 살해한다는 데 그 무서움이 있는 것이다.

또 하나의 해결과제는 인권문제인 것이다. 인권문제는 인간(인격)을 궁극적인 목적으로 생각하지 않고 하나의 수단으로 여길 때 생겨난다. 힘센 자가 약한 자의 생명을 자기만족의 유지수단으로, 가진 자가 못 가진 자를 더 많이 가지는 수단으로 이용할 때 바로 우리의 인권은 유린당하는 것이다. 전자는 독재자의 모습이요 후자는 천민자본주의 사회가 만들어내는 부조리에서 생겨나게 된다.

독재 권력에 의한 인권침해는 자본주의에서보다는 사회주의 국가들에서 더욱 심각하다. 구소련의 스탈린 독재정권하에서는 4천만 명의 무고한 인민들이 '계급혁명'의 이름으로 처형되거나 숙청당했고 중국 공산주의 모택동정권의 말기에 있었던 문화혁명에서는 2천만 명의 인권이 유린되었다. 캄보디아 폴 포드 공산주의 군사정권하에서는 단기간에 1백만 명의 인민들이 해골로 변하였고 북한의 김일성 독재정권도 '반동분자'나 '불순분자'라는 죄명으로 수만 명이 처형되거나 강제수용소에서 동물과 같은 학대를 당했던 것이다.

한편 자본주의 사회에서도 가진 자와 못 가진 자의 차별대우와 인권침해는 경제와 사회구조적 모순과 부조리에서 자행되고 있다는 사실이다. 이러한 가진 자의 횡포와 독선, 사회적 불평등과 부조리를 젊은이들이 바로잡으려고 분노하면서 정의롭고 공평한 사회건설을 위해 투쟁하는 것은 정말 바람직스러우나 그 대안으로 사회주의 이데올로기를 여과 없이 그대로 추종한다거나 더욱이 김일성의 주체사상으로 대치하려고 한다면 그것은 대단히 어리석고 그릇된 방법임을 알아야 한다. 자본주의 사회에서의 착취는 개인과 개인사이의 착취라면 공산주의에서의 착취는 개인에 대한 국가의 착취일 뿐이다.

따라서 학생들은 사회주의 이데올로기가 안고 있는 모순과 한계점, 자본주의 사회가 안고 있는 병폐들(가령, 사회정의의 실종, 이기적 개인주의의 만연, 퇴폐적 문화와 성의 상품화, 부의 불균형 등)을 동시에 극복하는 새로운 이데올로기와 가치관 창출에 전념하고 머리를 싸매야 할 시점인 것이다.

〈녹 슬은 해방구〉나 〈완전한 만남〉과 같은 편향된 책을 읽고 있을 시간에 〈자본주의·공산주의 그리고 공존〉이나 〈자본주의·사회주의·민주주의〉 등과 같은 서적을 읽어야 한다는 말이다. 그대들의 적은 이 땅의 반동세력이 아니라 가까운 일본의 대학교 도서관에서 밤늦도록 공부하고 있는 일본 대학생들이며 밤낮없이 연구실에 붙어서 공부하고 있는 미국의 대학생들인 것이다.

한편 이 땅의 지식인이란 누구이며 어떤 모습인가? 아롱R. Along

이 말한 '고독한 삶의 존재'인가, 아니면 뱅다J. Benda의 '나의 왕국은 현세가 아니고 미래'인가, 아니면 토미오카 무라오富岡村雄의 '끝없는 변신과 자라의 목과 같은 존재'들 중에 어느 것인가를 생각해 볼 일이다.

루이즈 코져L. Coser는 그의 〈지식인들의 환상〉이라는 저서에서 지식인과 권력과의 관계를 다섯 가지 부류로 나누고 있다. 즉 '권력의 시녀로서의 지식인'과 '권력 비판자로서의 지식인', '권력 참여자로서의 지식인', '권력 장악자로서의 지식인', '외국 지향적 현실도피자로서의 지식인'들이다.

불행히도 한국의 지성사는 '권력의 시녀로서의 지식인' 아니면 '외국 지향적 현실도피자로서의 지식인상'이 주류를 이루어 왔을 뿐 참다운 지식인의 모습인 '권력 비판자로서의 지식인'은 많지 않았던 것이다. 권력의 주변에서 비판의 목소리를 높이다가도 권좌에 들어가면 어제의 높은 목소리가 낮아지면서 부드러워졌고, 심지어 그들과 합창하는 꼬락서니로 변하는 모습을 많이 보아왔다. 더러는 똥파리처럼 권좌를 맴돌면서 용비어천가(龍飛御天歌)를 읊조리기도 하였다. 그런데 코저는, 이러한 지식인의 대부분은 결국 권력과 울면서 헤어진다고 했다.

한편 영국의 유명한 언론인 존슨P. Johnson은 1988년 그의 저서 〈지식인론〉에서 지식인들의 이중성, 양면성을 간략한 말로 요약설명하고 있다. 루소의 정신병적인 이중인격, 마르크스의 불완전한 혁명론, 헤밍웨이의 위선과 허세, 러셀의 애매한 논쟁, 사르트르의 오판의 행동, 에드먼드 윌슨의 구원받은 변절자, 촘스키의 잘못된 사회참여 등이다.

참다운 지식인은 절대권력에 대한 절대적 저항, 절대가치에 대한 절대적 부정이 그들의 본질이며 생명인 것이다. 따라서 그들에겐 자유가 유일한 생명원이요 비판이 유일한 과업인 셈이다. 이러한 자유와 비판이 박탈당할 때 그들은 스스로 생명을 마감하고 죽음의 문턱에 서야 한다. 용기있는 자가 미인을 얻듯이 지식인은 지적 용기로 역사의 주인공이 된다.

나는 지식의 지평을 넓힌 대가로 일시적이나마 자유와 인권을 위협 당했으며 학문적인 소신을 굽히지 않고 버틴 대가로 정신적인 고통을 받아야만 했다. 역사발전 과정에서 민주주의는 민중들의 피를 먹고 성장하듯이 학문의 세계는 끊임없는 자기비판과 고통 속에서 발전되는지 모르겠다.

토마토 빨갱이와 수박 빨갱이도 구별 못하는 보안사의 무지한 수사관들, 나의 연구실 압수수색에서 〈프로테스탄트와 자본주의〉를 쓴 막스 베버M. Weber를 마르크스로 잘못 알고 불온서적이라고 압수했던 그들의 지적 수준, 북한의 기초 지식마저 결여된 반공수사관들이었던 것이다. 학생들과 수사관들처럼 내가 쥐가 되려고 하면 새가 되라고 하고 새가 되려면 쥐가 되라고 강요하는 한국적 현실에서는 박쥐로 살아남을 수밖에 없는 처지가 양심적인 지식인들의 현실이었던 것이다.

현실도피나 소외를 스스로 만드는 지식인은 나쁘지만 현실도피나 소외를 만드는 현실은 더욱 비극적이다. 그러나 이러한 갈등적 여건에서도 우리의 지성사에는 끝내 자신의 위치를 지키다가 희생돼 간 수많은 지식인, 지성인들이 있었다. 그들이 있었기에 사회와 국가는 유지되었고 세계사는 진보하고 있는 것이다.

학문세계와 학자의 본질은, 가치중립 즉 막스·베버류의 '탈 이데올로기론'이나 스토아 학파들의 '에포게'Epoche이어야 한다고 보지만 그렇다고 무가치, 무판단의 입장이어서는 안된다. 그것은 회색지대로의 안주이며 일종의 자기포기요 지적 이기주의자이기 때문이다. 적어도 비교우위론적 가치판단 기준에서 현실에 참여하고 대중을 계몽해야 하는 것이 지식인의 역사적 사명이며 기능인 것이다. 학자들이 흔히 빠지기 쉬운 양시양비론兩是兩非論은 무책임한 자기도피요 기회주의자의 모습인 것이다. 실제로 배운 자만큼 용기없고 나약한 사람도 없다. 무식하면 용감하다고 하지만 유식하면서 비겁한 사람보다는 낫다. 우리의 지성사知性史에도 종교재판에서 학자적 신념과 용기로 '그래도 지구는 돈다.'라고 말한 갈릴레이G. Galilei와 같은 학자가 얼마나 있었는지 반성해 볼 일이다.

나는 3년간의 짧은 미국 유학기간이었지만 고학(행상)으로 전국을 돌아다니면서 미국 자본주의 사회가 지니고 있는 기능주의적 가치관과 삶의 다양성을 배우게 됐다. 그리고 1990년 모스크바와 북경을 가 보고는 그들의 소박한 인간성과 갈등 없는 인간관계를 보고 왔다.

'제 아무리 인간이 힘이 세고 지혜롭다고 하여도 닭처럼 달걀을 낳을 수 없다.'는 말에서 우리는 마르크스적 사회갈등론보다는 자유자본주의적인 기능주의가 자연법칙과 우주의 섭리에 합당하다는 것을 깨닫게 된다. 한편 '제 아무리 잘 살고 행복해 할지라도

다 같이 잘사는 것만큼 행복할 수는 없다'는 이야기에서 우리는 더불어 살자는 사회주의적 평등관과 기능적 평등주의의 의미도 미래의 가치임을 잊어서는 안 될 것이다.

그러나 이러한 전체주의적 평등과 개인주의적 자유는, 토크빌A. Toqueville의 말대로 '자유와 평등의 동시적 실현은 과연 가능한가?'라는 물음에 대한 해답이 세계 지식인들에게 주어진 최대과제물이라고 본다. 지금까지의 나의 판단과 신념으로는 자유와 평등 중에서 어느 하나만을 택하라고 한다면 '자유'일 것이다.

H신문 시카고 지사장으로 있었던 기자가 평양을 방문했을 때, 어떤 대학생과의 대담에서 그는 북한사회가 추구하는 평등의 우월성을 강조하면서 "우리는 혼자 부자가 될 수 있는 자유는 없습니다. 그러나 우리는 거지가 될 수 있는 자유도 없습니다."라는 재미있는 말로 표현하는 것을 들었다고 했다. 그러나 빈곤의 평등은 풍요의 평등보다는 하위의 가치일 뿐이다. 그리고 부자도 될 수 없고 거지도 될 수 없다는 자유는 자유가 아니다. 우리는 이러한 평등은 단호하게 거절해야만 한다.

결론적으로 나는 열흘간의 정보기관의 지하실에서는 학자적 양심과 신념을 빼앗기는 고통을 당했고, 한 달 동안 운동권 주사파 학생들로부터는 횡포와 수모를 당하면서 좌표를 잃고 방황하는 나약한 자신의 몰골을 바라보게 되었던 것이다. 그런데 무엇 때문에 남들보다 앞서 꺼려하는 북한연구로 남다른 고초와 시련을 자초했는가?

당시 세계인구의 절반은 공산권 체제하에서 사회주의 교육학

이론에 의한 학교교육을 받고 있었음에도 자본주의 국가들의 학교에서는 사회주의 교육학을 외면한 채 모든 교육학자들이 서구중심의 교육학 이론만을 연구하고 따르면서 현장에 적용하고 있음을 보고 '적을 알고 나를 알면……'이라는 극히 단순한 학문적 동기에 서였던 것이다. 오늘을 살아가는 이 땅의 수많은 지성인들, 지적 양심과 신념으로 살아가려는 지식인들이 과연 설 자리가 어디인가.

1987년, 이 글을 마무리하고 있을 때, TV에서는 매서운 추위의 시베리아에서 처참한 강제노동에 시달리고 있는 북한의 벌목공들과 정치범 강제수용소에서 들짐승들처럼 살고 있는 현장이 방영되고 있었다. 왜 착하기만 한 이 민족의 백성들에게 이런 쓰라린 시련만 있는지, 아니면 어떤 역사적인 섭리의 과정인지, 인류사에 선과 악이 공존해야 하는 것이 신의 뜻인지…… 그들에게 하나님의 가호가 언제쯤 같이 할 수 있을지…… 진리의 길은 정말 어둡고 멀고 험하다고 느낄 뿐이다.

지은이 **김동규**(金東圭)

1939년 경남 남해 출생. 고려대학교와 대학원을 졸업하고 1968년 일본 와세다早稻田대학과 1974년 미국 Columbia University, Teachers College의 유학으로 석사와 박사학위를 취득함. 1977년부터 청주대학, 1981년부터 고려대학교에서 교수생활을 하다가 2003년 정년퇴임과 동시에 고향에서 귀농생활.

그동안 고려대 인문대 북한학과장, 세종캠퍼스 도서관장, 인문대학장, 인문정보대학원장, 세계평화교수협의회 부회장, 서울-평양학회 초대회장, 북한연구학회 2대 회장, 통일부정책자문위원, 민주평통자문위원을 거쳐 현재는 고려대 명예교수와 남해군 〈보물섬남해포럼〉 공동대표.

주요 저·역서로 〈소련의 학교교육〉, 〈중공 교육학〉, 〈사회주의교육학〉, 〈북한의 교육학〉, 〈북한학총론〉, 〈북한교육사〉, 〈Human Remolding in North Korea: coauthor N.Y.〉

김일성과 문선명 - 적과 동지, 극과 극의 접점과 분기점 -

2014년 5월 25일 1판 1쇄 인쇄
2014년 5월 30일 1판 1쇄 발행

지은이 : 김 동 규
펴낸이 : 金 東 奎
펴낸곳 : 교육과학사

경기도 파주시 문발동 광인사길 71
전화 : (031) 955-6956~8 팩스 : (031) 955-6037
Home-page : www.kyoyookbook.co.kr / E-mail : kyoyook@chol.com
등록 : 1970년 5월 18일 제2-73호

ISBN 978-89-254-0837-8

정가 15,000원

잘못 만들어진 책은 바꾸어 드립니다.